KB219575

맥체인성경 정독이 되어지네 (上)

김홍양 지음

신교횃불

맥체인성경 정독이 되어지네 (上)

2023년 1월 1일 초판 1쇄 발행

지 은 이 김홍양

발 행 처 선교횃불

디 자 인 디자인이츠

등 록 일 1999년 9월 21일 제54호

등록주소 서울시 송파구 백제고분로 27길 12(삼전동)

전   화 (02) 2203-2739

팩   스 (02) 2203-2738

이 메 일 ccm2you@gmail.com

홈페이지 www.ccm2u.com

■ 파본은 교환해 드립니다.

■ 이 출판물은 저작권법에 의해 보호를 받는 저작물이므로 무단전재와 무단복제를 금합니다.

1. 로버트 머리 맥체인(Robert Murray M'Cheyne) 목사는?

19세기 스코틀랜드 역사에서 가장 경건한 목회자로 꼽히는 로버트 머리 맥체인은 1813년 5월 21일 스코틀랜드 에든버러 더블린 가에서 5남매 중 막내로 태어났습니다. 에든버러 대학교에서 수학하여 23세에 목사 안수를 받고, 1835년부터 1838년까지 라버트 교구와 두니페이스 교구에서 존 보나(John Bonar)의 조수로 섬겼습니다. 그 뒤, 던디의 성 베드로 교회에서 하나님과 모든 영혼을 사랑하는 목사로 섬기다 1843년 3월 25일, 29세의 짧은 나이에 발진티푸스로 하늘의 부르심을 받았습니다.

맥체인은 시인이기도 했으며, 많은 저서를 남겼습니다. 그는 신앙심이 깊은 사람이었으며 기도의 사람이었습니다. 맥체인의 경건한 삶과 사역의 결과물들은 맥체인의 벗이 낸 회고록이나 후대 믿음의 후배들이 내는 전기를 통해 전해지고 있습니다. 이처럼 이 땅에서 맥체인의 삶은 짧았을지라도, 맥체인이 뜨겁게 전했던 그리스도에게로 초대하는 구원의 외침은 아직도 살아서 널리 울려 퍼지고 있습니다.

① 1836년, 스코틀랜드 성베드로교회 로버트 머레이 맥체인목사가 성경읽기표를 만듦 (14세 때 애든버러대학에서 고전문학을 공부. 형의 죽음으로 신앙과 말씀에 집중, 성도를 위해 성경읽기표를 만듦).
② 80세 노인의 고백, "내 평생에 가장 행복한 나날을 보내고 있습니다"
③ 영향받은 목회자: 마틴 로이드존스(54년간 사용), 존 스토트
④ 1813년~1843년 생애
⑤ 경건한 목회자, 성실한 목회자, 현명한 목회자
⑥ 주변에 있는 훌륭한 목회자에게 조언을 듣는 목회자
⑦ 선교사업에 지대한 관심을 갖은 목회자
⑧ 유대인 선교를 위해 바울처럼 유럽과 팔레스타인을 오랫 방문한 목회자
⑨ 서정적이고 시적인 재능
⑩ 자비롭고 쾌활한 성품

맥체인목사는 짧은 인생을 불꽃처럼 살았지만 그의 거룩한 영향력은 180여년이 지난 지금도 수 많은 목회자와 성도들의 가슴속에 용광로처럼 뜨겁게 살아 움직이고 있다.

2. 맥체인 성경읽기란?

맥체인 성경읽기표는 1842년 맥체인이 자신이 목양하던 성 베드로 교회 성도들의 영적 성장을 위해 개발한 것으로, 매일 구약과 신약을 각각 2장씩 읽음으로써 1년에 구약 1회, 신약과 시편을 각 2회 정독할 수 있도록 만든 표입니다.

이와 같은 맥체인의 방법에 따라 신구약 성경 전체를 골고루 4등분해서 동시에 읽으면, 성경에 기록된 장구한 구속사를 크게 네 시대로 나누어 동시에 묵상할 수 있습니다.

각각의 시대마다 하나님께서는 하나님이 세우신 사람들과 언약을 맺으셨고, 그 언약을 완

성하셨습니다. 그리고 이 시대들은 서로 씨줄과 날줄이 되어 하나님의 구속사를 완성하는 완벽한 하모니를 이루고 있습니다.

때로는 시대별로, 때로는 거시적인 안목에서 구속사 전체를 한 번에 아우르게 합니다. 그렇기에 남녀노소, 교회의 직분을 무론하고, 누구나 맥체인 성경읽기표를 따라 성경을 읽으면, 성경에 대한 명쾌한 이해와 함께 하나님께서 감춰두신 구속의 보화를 찾는 기쁨을 누릴 수 있습니다.

또한 이를 통해 성경의 맥을 보다 쉽게 잡을 수 있습니다. 이렇게 하나님의 계시 목적에 평행선을 그으며 따라가는 것은 맥체인 성경읽기표만의 독특한 방식입니다.

성경을 읽다가 중간에 빠뜨린 부분이 있더라도 포기하지 말고, 그날의 날짜에 맞추어 읽는 것이 좋습니다. 이런 습관은 해가 거듭되더라도 반복적으로 성경을 통독할 수 있게 해 주기 때문입니다. 개인적으로 읽을 때는 아침, 저녁으로 나누어 읽으셔도 됩니다. 각자의 방법대로 성경을 읽으면 됩니다.

"또 어려서부터 성경을 알았나니 성경은 능히 너로 하여금 그리스도 예수 안에 있는 믿음으로 말미암아 구원에 이르는 지혜가 있게 하느니라 모든 성경은 하나님의 감동으로 된 것으로 교훈과 책망과 바르게 함과 의로 교육하기에 유익하니 이는 하나님의 사람으로 온전하게 하며 모든 선한 일을 행할 능력을 갖추게 하려 함이라" (딤후 3:15-17).

3. 맥체인 목사가 직접 이야기하는 맥체인 성경읽기

맥체인 목사는 1842년 12월 30일 송구영신 예배 시간에 자신의 교회 교인들에게 맥체인 성경읽기표에 대해서 다음과 같이 설명해주었습니다. 맥체인 목사가 직접 이야기하는 맥체인 성경읽기를 통해 우리는 맥체인 성경읽기에 대해보다 많은 이해를 할 수 있을 것입니다. (이 설교가 끝난 후 그는 교인들에게 성경읽기표를 나누어 주었습니다.)

▶ 설교 본문: 시편 119편 40절
"내가 주의 법도들을 사모하였사오니 주의 의로 나를 살아나게 하소서"
사랑하는 성도 여러분, 새해가 다가오니 제 마음 속에 여러분의 구원과 구원받은 분들의 영적 성장에 대한 새로운 열망이 생깁니다.

"내가 예수 그리스도의 심장으로 너희 무리를 얼마나 사모하는지 하나님이 내 증인이시니라" (빌 1:8).

다가오는 새해에는 어떤 일이 일어날지 그 누가 알겠습니까? 모든 선한 사람은 분명 이 땅에 다가오는 놀라운 심판의 역사를 예견하며 영혼에 부담감을 느낍니다. 이제 이와 같은 엄숙한 질문을 던져야 할 때입니다.

"만일 네가 보행자와 함께 달려도 피곤하면 어찌 능히 말과 경주하겠느냐 네가 평안한 땅에서는 무사하려니와 요단 강 물이 넘칠 때에는 어찌하겠느냐" (렘 12:5).

자기 자신이나 피조물이 아니라 우리의 의이신 여호와를 의지하는 성도들은 굳게 설 것입니다. 우리가 악한 날에 굳게 서려면 성경 말씀과 은혜의 보좌에 더 집중해야 합니다. 그러면 우리는 다윗처럼 이렇게 말할 수 있을 것입니다.

"교만한 자들이 나를 심히 조롱하였어도 나는 주의 법을 떠나지 아니하였나이다" (시

119:51).

"고관들이 거짓으로 나를 핍박하오나 나의 마음은 주의 말씀만 경외하나이다" (시 119:161).

저는 마음속으로 오랫동안 성경읽기 계획표를 만들 생각을 해 왔습니다. 하나님이 같은 소원을 주신 이들은 다 제 생각에 동의할 것입니다. 그래서 성경 전체를 1년에 한번 통독하고, 모든 성도가 동시에 같은 푸른 초장에서 꼴을 먹을 수 있도록 계획을 짰습니다. 그런데 이 계획에는 다음과 같은 주의해야 할 점이 있습니다.

▶ 주의할 점

형식으로 읽지 말라.

우리는 너무나 연약한 피조물이어서 어떤 의무든 규칙적으로 반복하면 타성적인 형태로 전락하기 쉽습니다. 일정한 규칙에 따라 말씀을 읽는 어떤 사람들에게는 이렇게 형식적인 신앙생활을 낳는 경향이 있습니다. 이것은 말세에 두드러진 죄가 될 것입니다. "경건의 모양은 있으나 경건의 능력은 부인하니 이같은 자들에게서 네가 돌아서라" (딤후 3:5). 이 점을 주의하십시오. 이 읽기표 때문에 여러분의 영혼이 무디어질 것 같으면 차라리 이 표를 없애 버리십시오.

분량 채우는 것으로 만족하지 말라.

어떤 이들은 말씀을 읽기 위해 시간을 정하고 정해진 분량을 다 읽고 나면 자기 자신을 만족스런 눈으로 바라보는 유혹에 빠지기가 쉽습니다. 확신컨대 많은 이가 영혼에 아무런 하나님의 역사를 체험하지 못한 채 살아가고 있습니다. 용서받지 못하고, 성화되지도 않고, 멸망을 눈앞에 둔 채 말입니다. 그들은 그러면서도 개인적으로나 가족과 함께 정해진 경건 시간을 보냅니다. 이런 사람은 오른손에 거짓 것을 들고(사 44:20) 지옥으로 향하는 사람입니다.

아무렇게나 건성으로 읽지 말라.

하나님의 말씀에 두려워 떠는 사람이 별로 없습니다. 말씀을 읽는 동안에도 위엄으로 가득 찬 여호와의 음성을 듣는 이가 별로 없습니다. 이스라엘 백성들은 매일 먹는 만나에 대해 "백성이 하나님과 모세를 향하여 원망하되 어찌하여 우리를 애굽에서 인도해 내어 이 광야에서 죽게 하는가 이 곳에는 먹을 것도 없고 물도 없도다 우리 마음이 이 하찮은 음식을 싫어하노라 하매" (민 21:5)고 불평했습니다. 마찬가지로 어떤 이들은 많은 분량의 말씀을 읽다가 말씀 읽기에 싫증이 나서 말씀을 아무렇게나 건성으로 읽으려는 유혹에 빠지기 쉽습니다. 이런 일은 하나님의 진노를 불러일으킬 것입니다. 이 말씀이 여러분에게 해당되지 않도록 주의하십시오. "만군의 여호와가 이르노라 너희가 또 말하기를 이 일이 얼마나 번거로운고 하며 코웃음 치고 훔친 물건과 저는 것, 병든 것을 가져왔느니라 너희가 이같이 봉헌물을 가져오니 내가 그것을 너희 손에서 받겠느냐 이는 여호와의 말이니라" (말 1:13).

의무감으로 억지로 읽지 말라.

어떤 이들은 한동안 말씀을 잘 읽지만 나중에는 말씀 읽는 일이 감당하기 벅찬 부담감으로 느껴집니다. 그들은 하늘의 양식을 전혀 맛보지 못하고 양심에 질질 끌려 억지로 정해진 의무를 행합니다. 만일 어떤 성도든 이런 경우에 해당된다면, 차라리 이 족쇄를 던져 버리고 하나님의 아름다운 정원에서 마음껏 꿀을 먹으십시오. 제가 바라는 것은 여러분에게 덫을 놓는 것이 아니라 여러분이 기쁨을 맛보도록 돕는 것입니다.

이렇게 주의할 점이 많은데 이런 읽기표를 만든 목적이 대체 무엇일까요? 이 질문에 저는 이렇게 대답하겠습니다. 가장 좋은 일에는 언제나 위험이 따르는 법입니다. 위험한 절벽 틈에 가장 아름다운 꽃들이 피어 있는 것처럼 말입니다. 그러면 이 읽기표의 장점을 살펴보겠습니다.

▶ 장점

성경 전체를 1년 동안 규칙적으로 통독할 수 있다.

구약은 한 번, 신약과 시편은 두 번 통독할 수 있습니다. 안타깝게도 성경을 한 번도 다 읽지 못한 성도들이 많은 것 같습니다. 그러나 성경은 모두 하나님의 말씀입니다. "모든 성경은 하나님의 감동으로 된 것으로 교훈과 책망과 바르게 함과 의로 교육하기에 유익하니 이는 하나님의 사람으로 온전하게 하며 모든 선한 일을 행할 능력을 갖추게 하려 함이라" (딤후 3:16-17). 우리가 성경의 일부분을 그냥 넘어간다면 우리는 불완전한 그리스도인이 될 것입니다.

어느 부분을 읽을지 고르는 데 시간 낭비할 일이 없다.

성도들은 향기로운 산의 어느 곳으로 나아갈지 갈팡질팡할 때가 종종 있습니다. 이 표로 그 문제를 단번에 아주 간단히 해결할 수 있습니다.

부모는 매일 자녀와 주변(구역원, 셀원)을 살필 좋은 주제를 얻을 수 있다.

가정 예배를 현재 일반적으로 드리는 방식보다 더 은혜롭게 드리려면 개선의 여지가 많습니다. 단지 말씀만 읽고 마는 것은 땅바닥에 쏟아진 물과 다름없을 때가 많습니다. 가족 모두가 말씀을 미리 읽고 나서 간단한 질문과 대답을 통해 말씀의 의미를 이끌어 내고 삶에 적용해야 합니다. 성경읽기표는 이러한 일에 도움이 될 것입니다. 친구들도 서로 만났을 때 그 날 읽은 말씀에서 유익한 대화 주제를 얻을 수 있을 것입니다. 어려운 본문의 뜻은 더 지혜롭고 성숙한 성도들에게 물어 볼 수도 있고, 간단한 성경 말씀은 널리 그 향기가 퍼져 나갈 수 있을 것입니다.

목자는 양떼가 초장의 어느 곳에서 꿀을 먹는지 알 수 있다.

따라서 목회자는 주일에 성도들에게 더 알맞은 말씀을 전할 수 있게 됩니다. 목회자와 장로 모두 각 가정을 심방할 때 빛과 위로가 되는 말씀을 전할 수 있게 되고, 그 말씀에 성도들은 더 쉽게 반응하게 될 것입니다.

성도들의 사랑과 연합이라는 아름다운 끈이 더 단단해진다.

우리는 함께 이 읽기표대로 말씀을 읽기로 한 주님 안의 귀한 형제자매들을 시시때때로 자주 떠올리게 될 것입니다. 이 땅 위에서 하나님께 간구할 일들에 대해 더 많이 마음을 합하게 될 것입니다. 똑같은 약속의 말씀을 놓고 기도하며, 똑같이 죄를 고백하며 애통해하고, 똑같은 찬송으로 하나님을 찬양하며, 똑같은 영생의 말씀으로 양육 받게 될 것입니다.

- 『로버트 맥체인 회고록』(p. 363~367), 부흥과 개혁사

맥체인 성경읽기표의 유익을 발견하고 평생 사용했던 대표적인 사람으로는 20세기의 대표적인 복음주의 설교가요 목회자인 마틴 로이드 존스 목사(1899-1981)와 존 스토트 목사(1921-2011)가 있습니다.

① 존 스토트
2011년 7월 27일 소천한 존 스토트 목사의 탁월한 균형감각은 체계적인 성경 읽기에서 나왔습니다. 그는 세계교회협의회(WCC) 가맹교단인 영국성공회 소속이었지만 복음주의 노선을 평생 견지했습니다. 복음주의자이면서도 기독교의 사회적 책임을 소홀히 여기지 않았던 그는 자신의 저서 『기독교의 기본진리(Basic Christianity)』에서 "균형잡힌 신앙은 말씀과 기도의 균형에서 나온다. 이를 위해서는 성경 읽기가 필수이다"라고 밝히고 있습니다. 실제로 그는 1970년대 마틴 로이드 존스 목사로부터 맥체인 성경읽기표를 소개받고 평생 체계적인 성경 읽기를 실천했습니다.

존 스토트 목사는 평소 맥체인 성경읽기표에 대해 "성경 한편을 계속 읽어 내려갈 때 생기는 지루함을 방지해주는 좋은 성경읽기 방식이다. 성경 전체를 체계적이고 균형감 있게 알아야 하는 목회자들과 평신도 지도자들에게 강력히 추천한다"고 했습니다. 그는 또 "성경을 읽는 방법에는 여러 가지가 있지만 천천히, 묵상하고 생각하며 읽어야 한다. 구절의 뜻이 명확해질 때까지 한 구절 한 구절을 읽고 또 읽어야 한다"고 조언했습니다.

평생 맥체인 성경읽기를 사랑하고 실천했던 존 스토트 목사는 맥체인 성경읽기에 대해 다음과 같이 말했습니다.

"개인적으로 나는 전에 웨스트민스터 채플 목사였던 마틴 로이드 존스 박사께서 20년 전쯤 로버트 맥체인의 성경읽기표를 나에게 소개해 준 것에 감사하고 있습니다. 맥체인이 그것을 만들어 낸 것은 1842년 당시 자기가 섬기고 있던 스코틀랜드 던디의 성 베드로 교회 교인을 위해서였습니다. 이것에 따르면 매년 성경 전체를 구약은 한 번씩, 신약은 두 번씩 읽을 수 있습니다. 나는 로이드존스 박사가 『목사와 설교』에서 말한 다음의 내용을 전적으로 동의합니다. '모든 설교자는 적어도 일 년에 한 번씩은 성경 전체를 완전히 통독해야 합니다. …그것은 설교자가 성경을 읽어야 할 최소의 분량입니다.'

맥체인의 성경읽기표는 매일 네 장을 읽도록 배열되어 있습니다. 당시는 평온한 빅토리아 시대였기 때문에 그의 의도는 날마다 개인 경건 시간에 두 장(아침과 저녁) 및 가족기도회에서 두 장(역시 아침과 저녁)을 읽게 하려는 것이었습니다. 나 자신의 습관으로는 오히려 아침에 세 장 -가능하면 두 장은 읽고 세 번째 장은 연구를 하며- 넷째 장은 저녁을 위해서 남겨둡니다.

맥체인이 생각해 낸 성경읽기 방식에 있어서 특히 도움이 되는 것은 장을 할당하는 방식입니다. 그것은 1월 1일, 창세기 1-4장에서 시작하여, 1월 2일에는 창세기 5-8장, 1월 3일에는 창세기9-12장으로 계속되는 방식이 아닙니다. 그보다는 새해 첫 날의 말씀은 성경에 나오는 네 가지 위대한 시초, 즉 창세기 1장(창조의 시작), 에스라 1장(민족의 갱생), 마태복음 1장(그리스도의 탄생), 사도행전 1장(기독교회의 탄생)으로 시작됩니다. 이렇게 하나님의 계시 목적에 평행선을 그으며 따라가는 것입니다. 어느 날에는 족장, 에스더, 예수님의 사역, 바울의 여행에 대해 읽을 것이고, 다른 날에는 왕정의 성쇠를 추적하고, 예언자의 예언 메시지에 귀를 기울이며, 요한이 그리는 예수님의 모습을 보고, 요한계시록에 의해 드러나는 미래를 응시하고 있을 것입니다. 내게 있어서 기복이 심한 성경의 전체를 개관하며, 그 기저에 깔려 있고 반복되어 나타나는 주제를 파악하는 데 이보다 더 도움이 되는 것은 없었습니다."

-(존 스토트, 『현대교회와 설교』283-284쪽)

② 마틴 로이드 존스

존 스토트 목사에게 맥체인 성경읽기를 추천했던 마틴 로이드 존스 목사도 50여 년을 맥체인 성경읽기표에 따라 성경을 읽었던 분이었습니다. 로이드 존스 목사의 딸인 엘리자베스 케서우드의 증언에 따르면, 로이드 존스 목사는 평생 동안 구약은 최소 50회, 신약은 최소 110회이상 통독했다고 합니다. 그 힘은 바로 맥체인 성경읽기에서 비롯되었습니다.

"부친은 로버트 맥체인의 매일 성경읽기표에 따라 성경을 보았습니다. 그는 성경을 좋아하는 부분만 아니라, 처음부터 끝까지 모든 부분을 다 읽는 것이 주는 유익을 믿었습니다. 그는 필요한 본문은 별도로 공부했지만 정규적으로 성경을 반복해서 읽었습니다. 저의 부모님들은 적어도 52~54년을 로버트 맥체인의 성경읽기표를 따라 성경을 꾸준히 통독하였습니다. 이 계획표를 근거로 추정해 보면 저의 부친은 자신의 설교준비를 위한 성경읽기 이외에도 신약을 적어도 110회 통독한 셈입니다.

부친은 3월 1일에 돌아가셨는데, 공교롭게도 2월 28일의 매일성경읽기 본문의 마지막 장이 고린도전서 15장이었습니다. 마치 주께서 저의 부친에게 앞으로 있게 될 몸의 부활을 지적해 준 것 같은 느낌이 듭니다."

-(로이드 존스의 장녀인 엘리자베스 케서우드, 『마틴 로이드 존스의 독서생활』54쪽)

5. 맥체인 성경 특징과 장점

맥체인 성경 장점은 QT와 통독을 하나로 통합해준다는 것입니다.
맥체인 성경 성경을 읽고 묵상하면
- 매일 성경을 읽도록 해줍니다.
- 매일 체계적이고 규칙적으로 성경을 읽도록 도와줍니다.
- 매일 성경 읽기(20분)에 적당한 분량입니다.
- 매일 구약과 신약의 각 부분을 골고루 읽도록 해줍니다.
- 1년에 구약 1독, 신약과 시편 2독을 할 수 있습니다.
- QT와 성경읽기를 하나로! 이제 QT와 통독을 따로 할 필요가 없습니다.
- 구약과 신약(시편)이 짝을 이뤄 구속사를 한눈에 살펴볼 수 있습니다.
- 말씀의 다채로움을 만끽하며 더 넓고 깊은 하나님의 생각을 발견하게 됩니다.
- 하나로 관통하는 하나님의 생각을 찾아내 더 깊은 영적 성숙을 도와줍니다.

6. 맥체인 성경읽기와 말씀묵상(QT)에 실패하지 않으려면

영혼의 양식이요 영적 성숙의 원천이 되는 성경, 누구나 많이 읽고, 깊이 묵상하기를 원합니다. 하지만 막상 성경 통독을 시작하려고 해도 쉽지 않고, 끝내기는 더욱 쉽지 않습니다. 맥체인 성경읽기를 통해 성경을 통독하고, 매일 매일의 말씀묵상에 실패하지 않으려면, 맥체인 성경읽기표를 따라 다음과 같은 방법으로 성경을 읽으십시오.

① 매일 성경을 읽겠다는 결심을 하십시오.
② 성경을 읽는 구별된 시간을 확보하십시오.
③ 성경읽기표를 따라 매일 구별된 시간에 읽으십시오.
④ 가정예배와 교회 공동체에서 함께 성경읽기표를 따라 읽어나가면 좋습니다.
⑤ 너무 완벽하게 읽으려고 하지 마시고, 먼저 성경을 읽는다는 자체에 우선하십시오.
⑥ 빠뜨린 날이 있더라도 오늘 내가 읽어야 할 날짜의 읽기에 집중하십시오.
⑦ 빠뜨린 부분이 있더라도 집착하거나 포기하지 마시고 오늘 날짜부터 다시 시작하십시오.

7. 맥체인 성경 말씀연결 사용하는 법

① 네 성경 본문의 소주제를 통해 중심 단어나 문장을 말씀으로 묵상한다.
② 네 본문의 말씀을 순서대로, 천천히 읽는다.
③ 두 본문에서 반복되는 단어나 유사한 문맥을 찾아 서로 연결한다.
④ 본문에서 반대의 뜻을 가진 단어나 문장을 찾는다.
⑤ 두 권의 책에서 공통되는 하나님의 말씀을 연결하여 기록한다.
⑥ 연결되는 말씀을 다른 두 권으로 확대하여 네 권 전체에 흐르는 하나님의생각과 베푸신 은혜를 누리고, 그 내용을 적어본다.
⑦ 본문에서 지도자나 인도자로부터 배운 신학 주제나 교리들이 함축하고있는 문맥의 짝을 찾아본다.
⑧ 중심 주제를 필두로, 삶에 적용할 일들을 적어보고 생활 중에 실천함으로써 변화를 경험해 본다.
⑨ 하나님이 오늘 나에게 주신 말씀들을 통하여 가르침, 명령과 약속 권면, 경고 및 행해야 할 일들을 하나님과 대화하는 마음으로 읽기를 한다.

8. 맥체인성경 읽기의 열매

성령님이 성경의 저자입니다. 40여명의 저자들이 1,500년간에 기록된 책입니다.

성경은 오래된 책이지만 항상 업데이트된 가장 신선한 생명의 책입니다. 창조주요 구원자이신 하나님을 경외하는 것이 중심 이야기이며, 인생의 마지막 순간에도 유일하게 환영받는 책입니다.

세상 어느 과학자도 성경이 잘못 기술되었다고 입증하지 못했습니다. 성경은 처음부터 끝까지 완벽한 일관성을 유지하고 있으며, 구약과 신약은 예수님에 대한 예언의 완벽한 성취입니다.

맥체인 성경을
1. 영적으로 읽으십시오.
2. 성경 그 자체로 읽으십시오.

3. 하나님의 말씀으로 읽으십시오.

4. 기도하는마음,순종하는 마음으로 읽으십시오.

5. 반복하여 지속적으로 인내심을 갖고 평생 읽으십시오.

맥체인성경 읽기는 성경전체를 체계적이며 균형적이고 감각적으로 이해될 수 있습니다. 구약성경은 시편과 신약성경이 해석하여줌을 느끼고, 매일 연출되어지는 구약과 신약의 절묘한 하모니는 읽을수록 경이로움을 더하여 줍니다. 구약과 신약이 정교하게 엮여지는 영적 순열 조합을 경험하게 되며 감탄의 극치에 이르며 신비로움을 체험하는 풍성한 열매을 맺게 합니다.

● **SNS 참조**

페이스북 : https://www.facebook.com/profile.php?id=100006657647442

네이버 블로그 : https://blog.naver.com/missiontorch

네이버 까페 : https://cafe.naver.com/jesuslovezone

다음 까페 : http://cafe.daum.net/missiontorch

유튜브 : 맥체인성경세미나

1-6월

맥체인성경과
정독구조

하나님의 섭리의 다각성을 살펴보면,
하나님의 섭리(뜻)는 다양한 방향으로 나타난다.
또한 하나님의 섭리(뜻)는 다양한 방법으로 나타난다.
그 방향과 방법을 찾는 구조이다.

맥체인성경의 편집구조는 신구약성경을 네 시대로 보는 구조이다.
창세기~역대하 : 만물의 시작과 이스라엘의 시작
마태복음~요한복음 : 예수의 복음사역과 십자가 구속
에스라~말라기 : 이스라엘의 멸망과 새 시대의 시작
사도행전~요한계시록 : 교회의 시작과 선교

시간적, 공간적으로 역사하시는 하나님을 경험하기:
하나님의 역사는 시간적으로나 공간적으로 섬세하게 나타난다.
맥체인성경은 기존의 편집순 읽기와 연대기 읽기를 뛰어넘어
입체적 읽기를 가능케 하여 다양한 은혜를 경험하게 하는
새로운 통독구조를 제공한다.

사복음서를 통해
입체적인 예수님을 볼 수 있듯이
신구약 네 장 통독을 통해
하나님의 역사하심을 입체적으로 보는 구조이다.

하나님의 일하심에 감동받는 자가 되자

1/1

핵심구절

제 목	하나님의 일하심에 감동받는 자가 되자			
성경본문	창세기 1장	마태복음 1장	에스라 1장	사도행전 1장
개별주제	관심 - 땅과 사람	사람 - 선택과 일	시기 - 시간과 일	능력 - 감동과 편지
핵심구절	2,4,8,11,14,20,26 29~30	2~3,5~6,16,18~19 21~22	1~6,8	1~2,4~5,8,11,13~15 21~22,24~26

묵상(매일묵상, 구역예배, 성경공부)

1. 관심 - 하나님의 영은 땅과 사람에게 관심을 갖으신다.

    1) 관심은 창조의 원인이다.(2)

    2) 일은 만족을 준다.(4)

    3) 작명은 일의 완성이다.(8)

    4) 재료를 보고 내용을 만든다.(11)

    5) 하나님의 운영하심은 계절을 볼 때 알 수 있다.(14)

    6) 하나님의 목표는 번성이다.(20)

    7) 하나님은 동업자를 세우신다.(26)

    8) 하나님은 삯(대가)을 주신다.(29)

2. 사람 - 하나님은 선택된 사람과 함께 일하신다.

    1) 이상한 이력을 가진 여자도 사용하셨다.(3,5~6)

    2) 하나님의 아들을 낳기 위해 선택된 여자가 있었다.(16)

    3) 성령을 통해 의로운 자, 절제된 자를 사용하셨다.(18)

    4) 하나님은 계획된 일을 예언하시고 선택된 자를 통해 그 일은 성취하셨다.(21~22)

3. 시기 - 하나님은 때와 시간이 되면 일하신다.

    1) 하나님은 때가 되었을 때 감동시키신다.(1~3)

    2) 하나님의 감동이 있는 그 때에 풍성한 결과를 주신다.(4,6~8)

4. 능력 - 누가는 성령에 감동되어 첫 편지를 썼다.

    1) 성령을 받지 않고는 사역이 힘들다.(4~5,8)

    2) 사역을 마칠 때까지 주님의 관심과 능력은 계속된다.(11)

    3) 사역에 관심을 가진 자들은 함께 모인다.(13~15)

    4) 하나님의 일이 훼방을 받아 소문이 나빠져도 의식하지 말고 새롭게 계속 전진한다. (21~22,24~26)

기도

1. 주여, 하나님이 오늘도 일하심을 깨닫게 하옵소서.

2. 주여, 하나님의 영, 성령에 감동된 자가 되게 하옵소서.

참된 안식은 경배를 통해서 이루어진다

핵심구절

제 목	참된 안식은 경배를 통해서 이루어진다			
성경본문	창세기 2장	마태복음 2장	에스라 2장	사도행전 2장
개별주제	안식 - 하나님 목적	경배 - 예수 안에서	각오 - 함께한 사람	시간 - 약속한 시간
핵심구절	3,7~10,15~22	1~2,4~5,8,10~13,16 19~20,22~23	1~2,36,40,55,59 62~65,68~70	1~6,14,16~18,21~24 32~33,37~39,42,44~47

묵상(매일묵상, 구역예배, 성경공부)

1. 안식 - 하나님은 목적을 가지고 땅과 사람을 창조하시고 그에게 안식을 주셨다.
　　1) 하나님은 흙으로 사람을 만드시고, 생기로 생령이 되게 하셨다.(7)
　　2) 가장 소중한 존재인 사람을 가장 좋은 곳 에덴동산에 두셨다.(8~9)
　　3) 하나님의 안식과 사람의 안식은 일을 전제로 한다.(15,19~20)
　　4) 참된 안식은 명령을 지키는데서만 가능하다.(16~17)
　　5) 사람이 안식할 때도 하나님은 일하신다.(21~22)

2. 경배 - 예수 안에서 경배하는 자는 참된 안식과 보호하심을 얻는다.
　　1) 동방 박사들이 아기 예수를 경배하러 왔다.(1~2,8)
　　2) 헤롯 왕이 예수를 그리스도라 표현했고 선지자도 그 탄생 장소를 예언했다.(4~5)
　　3) 참된 경배는 마음과 정성에 달려있다.(10~11)
　　4) 참된 경배는 보호하심과 지키심의 안식으로 나타난다.(12~13)
　　5) 참된 경배는 지시에 순종하는 삶으로 표현된다.(19~20,22~23)

3. 각오 - 하나님이 기회를 주셨을 때 귀환할 각오를 하는 자가 함께 돌아와 경배함으로 안식을 얻는다.
　　1) 기회가 주어졌을 때 돌아와야 한다.(1~2)
　　2) 혼자의 귀환이 아니라 더불어 돌아와 연합해야 한다.(70)

4. 시간 - 하나님이 약속하신 시간에 경배하는 자가 성령을 받고 영적 안식에 참예한다.
　　1) 경배는 약속한 시간에 성령이 강림하심으로 가능해졌다.(1,5)
　　2) 성령의 임하심은 전체적인 체험이며 동시에 개인적인 체험이다.(2~4,6,11,13,16~18,33)
　　3) 영적 안식은 때를 얻든지 못 얻든지 모든 자들에게 전파되어야 한다.(14,21~24,32)
　　4) 참된 안식은 회개와 교제에서 비롯된다.(37~39,42,44~47)

기도

1. 주여, 내게 주어진 일을 성실히 감당한 후에 비로소 참된 안식에 들어감을 알게 하옵소서.
2. 주여, 성령 안에서 하나님께 온전히 경배할 때에 참된 안식에 들어감을 알게 하옵소서.

타락은 회개를 통해서 온전히 회복된다

제 목	타락은 회개를 통해서 온전히 회복된다			
성경본문	창세기 3장	마태복음 3장	에스라 3장	사도행전 3장
개별주제	이유 - 목적을 잊으면	회복 - 하나님 앞으로	제사 - 바른 제단에서	기적 - 회복된 현상들
핵심구절	1,3~6,8,10~13,15,17 19,21	2,5~9,11,13~15,17	2~6,8,10~12	1~8,12~16,19,22~23

묵상(매일묵상, 구역예배, 성경공부)

1. 이유 - 타락은 목적을 잊고 거짓된 이유에 빠질 때 나타난다.
    1) 세상에는 여러 성향을 가진 존재가 살고 있다.(1)
    2) 타락은 악한 존재의 유혹을 분별하지 못하고 타협하는데서 온다.(3~6,17)
    3) 타락의 결과는 두려움과 변명과 책임전가와 관계의 단절이다.(8,10~13)
    4) 인간의 타락은 사망이요 그로 인해 하나님은 새로운 계획을 세우신다.(15,19,21,23)

2. 회복 - 회복은 하나님을 피하지 않고 그 분 앞에 나아와 회개할 때 이루어진다.
    1) 하나님께 회개함으로 회복된다.(2,5~8,11)
    2) 회복은 피하는 관계로 되지 않는다.(9)
    3) 회복의 결과는 인정하심이다.(17)

3. 제사 - 제사는 타락한 자가 회복하여 쌓는 제단이요 드리는 제사다.
    1) 타락한 자가 회복되면 하나님께 제사를 드린다.(2~6)
    2) 온전한 제사는 바른 성전과 제단을 세울 때 가능하다.(8,10~12)

4. 기적 - 기적은 타락한 자가 회복되어 주께 기도할 때 예수의 이름으로 나타난다.
    1) 기도하러 성전에 오르는 회복된 자에게 기적의 열매가 있다.(1~8,19)
    2) 기적은 오직 예수 그리스도의 이름으로 일어난다.(6,13~16)
    3) 기적의 열매에 대한 영광은 오직 하나님과 예수님께만 돌려야 한다.(12,22~23)

1. 주여, 원죄로 인해 타락하기 쉬운 우리가 마귀의 유혹을 잘 분별하여 승리하게 하옵소서.
2. 주여, 참된 회개를 통해 온전히 회복되어 풍성한 기적의 열매를 맺히는 주의 제자가 되게 하옵소서.

말씀으로 시험을 이기면 새 삶이 열린다

핵심구절

제 목	말씀으로 시험을 이기면 새 삶이 열린다			
성경본문	창세기 4장	마태복음 4장	에스라 4장	사도행전 4장
개별주제	살인 - 시험에 진다면	수종 - 시험을 이기면	중단 - 시험에 막혀서	증거 - 새삶을 향하여
핵심구절	1~5,7~9,12~14,16~17 19~22,25~26	1,3~4,6~7,9~11,16~19 21,23~24	1~6,11~16,18~21 23~24	1~4,6~14,16~21,24~31 32~35

묵상(매일묵상, 구역예배, 성경공부)

1. 살인 - 시험을 이기지 못하면 여러 가지 죄를 짓게 된다.
> 1) 시험의 대부분은 자신이 만든다.(3~5)
> 2) 시험을 이기지 못하면 범죄를 낳는다.(7~9)
> 3) 범죄의 대가는 혹독한 고난과 피폐함이다.(12~14)
> 4) 세상에는 두 부류의 사람들이 살게 되었다.(16~17,19~22,25~26)

2. 수종 - 시험을 이기면 천사가 수종 들고 높임을 받는다.
> 1) 예수님도 마귀에게 시험을 받으셨다.(1,3,6,9)
> 2) 모든 시험을 말씀으로 이기셨다.(4,7,10)
> 3) 시험을 이겼을 때 천사가 수종들었다.(11)
> 4) 시험을 이긴 자는 사역이 시작된다.(16~19,21,23~24)

3. 중단 - 시험으로 인한 일시적 중단은 패배가 아니다.
> 1) 다양한 시험은 끊이지 않는다.(1~6,11~16,18~21)
> 2) 다양한 시험은 하나님의 뜻이 아니며 일시적인 중단일 뿐 결코 끝이 아니다.(23~24)

4. 증거 - 진정한 승리는 시험 속에서 전파되어 결실하는 것이다.
> 1) 힘있는 자들을 통한 시험은 두려움이 될 수 없다.(1~3,6~14,17~21)
> 2) 시험 중에 담대함을 얻는 것은 기도와 말씀뿐이다.(24~31)
> 3) 시험 속에 전파되는 예수는 놀라운 열매를 맺게 한다.(4,16,32~35)

기도

1. 주여, 날마다 세상 속에서 시험을 이기고 예수를 증거하기 위해 기도와 말씀으로 무장하게 하옵소서.
2. 주여, 성령의 역사하심 속에서 풍성한 열매를 맺고 더불어 나누게 하옵소서.

하나님의 사람은 천대까지 복을 받는다

제 목	하나님의 사람은 천대까지 복을 받는다			
성경본문	창세기 5장	마태복음 5장	에스라 5장	사도행전 5장
개별주제	계보 - 번성함으로	천국 - 복이 있나니	재개 - 예언함으로	정화 - 책망함으로
핵심구절	1~3,21~29,32	3~11,13~14,16~19 22~24,28,32,34~37 39~42,44~45,48	1~5,8~17	1~5,8~10,12~16,17~35 38~42

묵상(매일묵상, 구역예배, 성경공부)

1. 계보 - 번성함과 함께하심의 복을 주셨다.
    1) 여호와의 이름을 부르는 사람들의 계보를 번성하게 하셨다.(2~3,창4:26참고)
    2) 하나님의 사람들에게 승천, 장수, 계시의 복을 주셨다.(21~29)

2. 천국 - 하늘의 복과 새로운 말씀의 복을 주셨다.
    1) 예수의 이름을 부르는 사람들에게 팔복을 주셨다.(3~11)
    2) 예수의 사람들에게 역할과 계명의 복을 주셨다.(13~14,16~19,22~24,28,34~37)
    3) 예수의 사람들에게 생활규범에 관한 말씀의 복을 주셨다.(39~42,44~45,48)

3. 재개 - 선지자의 예언을 대적자들의 고발보다 더 의지하고 힘을 내었다.
    1) 선지자들의 예언으로 성전건축이 재개되었다.(1~2)
    2) 대적자들의 반발과 고발 중에도 담대히 하나님의 뜻과 역사하심을 선포하고 추진하였다.
      (8~17)

4. 정화 - 하나님의 축복은 책망을 통해 정화됨으로 극대화된다.
    1) 물질적인 복을 욕심내어 거짓말을 할 때에 사도의 징계를 통한 정화가 있었다.(1~5,8~10)
    2) 정화를 통해 사도의 권위와 권능이 크게 나타남으로 놀라운 영육간의 복이 이루어졌다.
      (12~16)
    3) 핍박과 박해와 훼방이 있을 때에 하나님의 기적은 더욱 놀랍게 나타났다.(17~35,38~39)
    4) 핍박과 박해 가운데서도 예수의 복음은 널리 전파되니 구원의 축복은 넘쳐났다.
      (32,40~42)

기도

1. 주여, 하나님의 사람이 되어 하나님과 동행하게 하옵소서.
2. 주여, 예수의 제자가 되어 어떤 위협과 핍박, 박해와 훼방 속에서도 사명을 감당하게 하옵소서.

다가오는 때에 맡은바 사명을 준행하라

핵심구절

제 목	다가오는 때에 맡은바 사명을 준행하라			
성경본문	창세기 6장	마태복음 6장	에스라 6장	사도행전 6장
개별주제	방주 - 구원을 위하여	은밀 - 상달을 위하여	건축 - 제사를 위하여	일꾼 - 부흥을 위하여
핵심구절	1~3,5~9,12~14,17~19 21	1~7,9~13,16~18,20~21 24~25,27,31~34	1~12,14,16,18~20,22	1~8,10,15

묵상(매일묵상, 구역예배, 성경공부)

1. 방주 - 의롭고 완전한 자에게 구원의 길을 계시하신다.
1) 하나님의 사람이 세상 사람과 짝할 때 죄악은 세상에 가득하게 된다.(2~3,5,12)
2) 하나님은 자신과 동행하는 의롭고 완전한 자에게 은혜와 구원의 길을 베푸신다.(8~9,14,18~19)

2. 은밀 - 믿는 자(의로운 자)는 주 안에서 모든 일을 은밀하게 한다.
1) 믿는 자는 구제, 기도, 금식을 하나님 앞에서 은밀하게 한다.(1~7,9~13,16~18)
2) 믿는 자는 보물을 하늘에 쌓아 둔다.(20~21)
3) 믿는 자는 염려하지 않고 우선순위를 분명히 하여 행동한다.(24~25,31~34)

3. 건축 - 하나님의 은혜로 건축을 마치고 봉헌한 후 정결한 제사를 드렸다.
1) 때가 되면 어떤 과정과 방법을 통해서든지 진실이 들어나고 유쾌, 상쾌, 통쾌하게 회복된다.(1~12)
2) 신속한 성전건축과 즐거운 봉헌식은 정결한 유월절 제사로 이어졌다.(14,16,19~20)
3) 모든 것은 하나님의 은혜다.(22)

4. 일꾼 - 말씀의 일꾼과 봉사의 일꾼을 따로 세움으로 말씀이 점점 왕성하여 제자의 수가 더했다.
1) 믿는 자들 안에도 원망과 시기는 발생한다.(1)
2) 교회의 문제를 해결하기 위해 믿음, 성령, 지혜가 충만하고 칭찬받는 일꾼을 세운다.(3,5~6)
3) 말씀의 일꾼과 봉사의 일꾼이 세워지니 초대교회에 큰 부흥이 있어났다.(7~8,10,15)

기도

1. 주여, 하나님의 명령을 따라 이 시대에 구원을 위한 방주와 성전을 온전히 짓게 하옵소서.
2. 주여, 모든 교회가 믿음과 성령이 충만한 자를 말씀의 일꾼과 봉사의 일꾼으로 세우게 하옵소서.

19

구원받은 기독교인은 구별된 삶을 산다

제 목	구원받은 기독교인은 구별된 삶을 산다			
성경본문	창세기 7장	마태복음 7장	에스라 7장	사도행전 7장
개별주제	순종 - 미래를 위하여	구별 - 인정을 위하여	예비 - 교육을 위하여	순교 - 증거를 위하여
핵심구절	1~4,6,9,11,13,15~16 21~22	1~3,5~8,11,13~19 21~27	1,5~6,9~21,24~26	2~4,6~7,9~10,14,17 20~23,28~30,34~36 38,41,44~47,51~60

묵상(매일묵상, 구역예배, 성경공부)

1. 순종 - 새로운 세상을 위해 주어진 준비에 충성하라.
> 1) 여호와 하나님은 의로운 노아의 가족에게 구원의 길을 명령하셨다.(1,6,13)
> 2) 여호와 하나님은 물 심판 이후에 다시 세워질 새로운 세상을 준비하셨다.(2~3,15~16)

2. 구별 - 새로운 세상에 필요한 인물이 되라.
> 1) 자기의 눈 속에 있는 들보를 보는 자는 남을 비판하거나 헤아리지 않는다.(1~3,5)
> 2) 아버지를 신뢰하는 자는 구하고 찾고 두드림으로 좋은 것을 얻는다.(7~8,11)
> 3) 생명을 얻기 위하여 좁은 문으로 들어가는 자는 아름다운 열매를 맺는 참 선지자를 안다.(13~19)
> 4) 천국에 들어가는 자는 입으로만 믿지 않고 하나님 아버지의 뜻대로 행동한다.(21~27)

3. 예비 - 새로운 세상을 열어갈 준비된 자로 선택함을 입으라.
> 1) 하나님은 귀환한 백성에게 다시 말씀을 가르치시려고 제사장 학자 에스라를 예비하셨다.(1,5~6,9~11)
> 2) 하나님은 바사 왕 아닥사스다를 통해 에스라와 귀환백성을 전적으로 지원하셨다.(12~21)
> 3) 하나님은 왕을 통해 세금과 행정과 사법까지 새롭게 재정하셨다.(24~26)

4. 순교 - 패역한 세상에 빛으로 살아가는 인물이 되라.
> 1) 스데반은 아브라함, 요셉, 모세, 여호수아, 다윗, 솔로몬을 중심으로 하나님의 구속사를 설교했다.(2,9~10,20,30,35,45~47)
> 2) 스데반의 책망적 설교는 백성들의 마음을 찔러 이를 갈게 하며 귀를 막고 돌로 치게 했다.(51~58)
> 3) 구별된 신앙과 성령충만한 전도 중 하나님의 영광과 예수를 본 스데반은 기도하며 순교했다.(55~60)

기도

1. 주여, 모든 영혼을 구원하시기 위해 방주도 사람도 예비하신 하나님을 찬양합니다.
2. 주여, 예수의 제자들과 스데반처럼 구별된 삶과 사역을 위해 성령을 충만히 부어 주시옵소서.

하나님은 연약한 영혼을 늘 기억하신다

핵심구절

제 목	하나님은 연약한 영혼을 늘 기억하신다			
성경본문	창세기 8장	마태복음 8장	에스라 8장	사도행전 8장
개별주제	기억 – 결단하시고	치유 – 고쳐주시고	동행 – 보호하시고	파송 – 역사하시고
핵심구절	1~2,4,6~9,11,13 15~17,20~22	2~3,5~7,10,13~17 19~22,24~32	1~3,15,17~18,21~23 28~29,31,36	1,3~9,12~17,20~24 26~30,35~39

묵상(매일묵상, 구역예배, 성경공부)

1. 기억 – 하나님은 연약해진 노아를 기억하시고 친히 약속하시며 결단하셨다.
> 1) 하나님은 방주 안에 노아와 그의 식구, 모든 들짐승과 가축을 기억하사 물이 줄어들게
>   하셨다.(1,13)
> 2) 하나님은 노아에게 약속을 주셨고 방주에서 나온 후 제단을 쌓았을 때 친히
>   결단하셨다.(15~17,20~22)

2. 치유 – 예수님은 연약한 병자들을 고치시고 구원하셨다.
> 1) 예수님은 연약한 병자들과 귀신들린 자들을 고쳐 주셨다.(2~3,5~7,13~17,28~32)
> 2) 예수님은 자신을 따르려는 자들에게 권면하셨다.(19~22)

3. 동행 – 하나님의 손이 도우셔서 많은 사람들이 귀환했고 유브라데 강 건너편 백성들이 협력했다.
> 1) 하나님은 연약한 에스라와 귀환백성을 도우시사 귀환 길에 적군을
>   막으셨다.(1,21~23,31,36)
> 2) 하나님은 백성이 귀환한 후 성전에서 제사를 드릴 수 있도록 레위인을
>   예비하였다.(15,17~18,28~29)

4. 파송 – 하나님은 큰 박해 가운데 연약한 자들을 흩으셔서 복음 전파를 통해 역사하셨다.
> 1) 하나님은 교회에 큰 박해와 잔멸이 있을 때 약한 자들을 통해 복음이 전파되게 하셨다.(1,3~8,12)
> 2) 영적으로 심히 약한 마술사 시몬을 예수 믿게 하시고 세례를 받아 변화되게 하셨다.(9,13,20~24)
> 3) 무명한 자 빌립을 통해 유명한 자 에디오피아 여왕 간다게 내시를 구원하셨다.(26~30,35~39)

기도

1. 주여, 교회에 큰 박해와 잔멸이 있을 때 흩어져서라도 담대히 복음을 전하는 우리가 되게 하옵소서.
2. 주여, 한 영혼을 위해 성령에 순종하여 어디든지 찾아가 복음을 전하는 자가 되게 하옵소서.

21

하나님의 언약은 사람에게 소망이 된다

제 목	하나님의 언약은 사람에게 소망이 된다			
성경본문	창세기 9-10장	마태복음 9장	에스라 9장	사도행전 9장
개별주제	언약 - 번성하게 하심	성취 - 참소망이 되심	중보 - 가증함을 고백	만남 - 사도로 부르심
핵심구절	9:1~3,6,11~13,15~16 18~25, 10:1~2,5~6 8~12,15~17,21	2,6~10,12~13,16~25 27~29,32~33,35~38	1~3,6~15	1~6,10~12,15,17~20 22,26~29,31,33~34 36~41

묵상(매일묵상, 구역예배, 성경공부)

1. 언약 - 하나님의 언약하심 가운데 노아의 세 아들은 생육하고 번성했다.
　　1) 하나님은 노아와 그 후손 그리고 모든 생물과 더불어 언약을 세우셨다.(9:1,11~12)
　　2) 하나님은 언약의 증거로 무지개와 노아의 세 아들의 번성을 주셨다.
　　　(9:13,15~16,10:1~2,5~6,15~17,21)

2. 성취 - 하나님의 언약의 성취로 오신 예수님은 모든 자를 치료하시는 소망이 되셨다.
　　1) 예수님은 모든 영혼의 몸도 고치시고 죄도 사하시고 귀신도 쫓아내셨다.
　　　(2,6,18~25,27~29,32~33,35)
　　2) 예수님은 모든 세리와 죄인들의 소망이 되셨다.(9~10,13)

3. 중보 - 에스라가 이스라엘 백성과 제사장들과 레위 사람들의 가증한 일을 듣고 기도했다.
　　1) 에스라가 이스라엘 백성, 제사장들, 레위 사람들의 언약을 어긴 가증한 일을 들었다.(1~3)
　　2) 에스라가 이 기가 막힌 가증한 일에 대하여 하나님께 대속의 중보기도를 드렸다.(6~15)

4. 만남 - 사울과 베드로가 언약의 주 예수를 증거함으로 교회가 부흥하였다.
　　1) 부활의 예수님은 위협과 살기가 등등한 핍박자요 박해자인 사울을 만나 주셨다.
　　　(1~6,11~12,17~18)
　　2) 사울은 구원의 언약이신 예수님을 믿고 성령충만하여 복음을 전파했다.(15,20,22,26~29)
　　3) 사울의 변화로 인해 온 유대와 갈릴리와 사마리아 교회가 평안하고 든든히 서가며
　　　부흥했다.(31)
　　4) 베드로가 언약의 주 예수 그리스도로 말미암아 절망적인 사람을 살렸다.(33~34,36~41)

기도

1. 주여, 하나님의 언약을 믿고 순종하되 율법과 말씀에 어긋난 가증한 일을 행치 않게 하옵소서.
2. 주여, 언약의 성취이신 예수님을 믿고 전파하여 많은 영혼을 구원하는 제자가 되게 하옵소서.

주는 인간의 틀을 깨시고 변화시키신다

제 목	주는 인간의 틀을 깨시고 변화시키신다			
성경본문	창세기 11장	마태복음 10장	에스라 10장	사도행전 10장
개별주제	감찰 - 살피고 판단함	선택 - 능력을 부여함	결심 - 변화를 시도함	모범 - 기도가 상달됨
핵심구절	2~4,6~8,10,22~26 29~32	1~4,6~8,11~13,16 19~20,22~23,26~33 36~39,41~42	1~5,8~15,18~19, 23~25,44	1~5,9~15,19~22, 24~25,28~38,42~46

묵상(매일묵상, 구역예배, 성경공부)

1. 감찰 - 하나님은 자기의 뜻을 역행하는 자는 막으시고 순종하는 자는 인도하셨다.
　　1) 인간이 자신의 이름을 높이고자 할 때 하나님은 살펴보시고 그 일을 막으셨다.(2~4,6~8)
　　2) 반면 셈의 후손인 아브함은 하나님의 인도하심을 따라 갈대아 우르를 떠났다.
　　(29~32,행7:2~4)

2. 선택 - 예수님은 제자들을 선택하시고 그들에게 권능과 행동양식을 말씀하셨다.
　　1) 예수님은 제자들에게 권능을 주시고 하지 말아야 할 일과 할 일을 가르쳐 주셨다.(1,5~12)
　　2) 예수님은 세상의 삶을 내려놓고 자기를 쫓는 제자들에게 사명과 미래의 길을
　　말씀하셨다.(16,19~23)
　　3) 주의 일을 하는 자는 세상을 두려워하지 않고 하나님을 두려워해야 한다.(26~33)

3. 결심 - 오랜 문화와 습관으로 생긴 인간의 틀을 바꾸는데는 뼈를 깎는 아픔을 전제해야 한다.
　　1) 인간이 자유롭게 세상을 살면서 만든 관계의 틀을 깨는데는 큰 결심이 필요했다.(1~5,8~15)
　　2) 인간의 틀은 문화가 되어 자연스럽게 모두에게 확산되었다.(18~19,23~25,44)

4. 모범 - 이방문화 속에서 살았던 이방인도 자신의 틀을 깨고 하나님을 향했을 때 영적 축복을 받았다.
　　1) 이방인이지만 모범적인 고넬료는 응답의 대가로 베드로를 만나 변화되게 되었다.(1~5,22)
　　2) 고넬료로 인해 친척과 가까운 친구들이 모두 복음을 듣고 성령 부어주심을 받았다.
　　(24,34~38,42~46)

기도

1. 주여, 우리가 만든 틀을 놓을 수 있도록 깨우쳐 주시고 변화된 새 삶을 살게 하옵소서.
2. 주여, 우리가 참 제자가 되어 세상의 가치관에 빠져있는 자들을 구원하는 사명자로 살게 하옵소서.

택한 자가 실수할지라도 돌려 놓으신다

핵심구절

제 목	택한 자가 실수할지라도 돌려 놓으신다			
성경본문	창세기 12장	마태복음 11장	느헤미야 1장	사도행전 11장
개별주제	순종 - 마침내 도착함	초대 - 쉼을 얻으리라	기도 - 회복을 간구함	수용 - 이방을 용납함
핵심구절	1~5,7,10~13, 16~17,20	2~6,9~12,16~21,23 25~26,28~30	1~9	1~4,12~26

묵상(매일묵상, 구역예배, 성경공부)

1. 순종 - 하나님의 말씀에 순종하여 떠났기 때문에 실수하여도 하나님이 돌려 놓으셨다.
    1) 택함을 입은 아브람은 고향과 친척과 아버지의 집을 떠나 순종함으로 가나안 땅에 도착했다.
    (1~5)
    2) 아브람은 죽음에 대한 두려움 때문에 실수를 했으나 하나님은 돌려 놓으셨다.(10~13,16~17,20)

2. 초대 - 선지자와 예수의 부르심에 응답하지 않는 자는 화(저주)요 응답하는 자는 쉼(안식)이다.
    1) 세례 요한이 와서 외치고 예수님이 권능을 행하여도 응답하지 않는 세대는 망한다.(16~21,23)
    2) 죄와 허물과 실수 그리고 율법으로 무거운 짐을 진 자들이라도 예수께 나오면 쉼을
    얻는다.(28~30)

3. 기도 - 느헤미야는 택함받은 이스라엘 자손의 범죄를 자복하고 다시 회복시켜 주시길 기도했다.
    1) 느헤미야는 사로잡힘을 면한 선민들의 큰 환난과 예루살렘 성의 허물어진 소식을 들었다.(1~3)
    2) 느헤미야는 이스라엘 자손의 범죄를 자복하고 회복시켜 주시길 간절히 금식기도를 했다.(4~9)

4. 수용 - 전통에 의해 고정관념을 가진 할례자들이 베드로를 비난했으나 베드로의 간증으로 잠잠해졌다.
    1) 예루살렘에 있는 할례자들이 통상적인 가치관으로 베드로를 비난하는 실수를 범했다.(1~3)
    2) 베드로가 이방인을 향한 성령의 역사를 간증함으로 이방인의 구원을 수용하게 되었다.
    (4,12,15,17~18)
    3) 바나바와 사울은 안디옥에서 하나님의 은혜를 전함으로 많은 이방인이 돌아오게 하였다.
    (20~26)

기도

1. 주여, 택하심을 입고 순종하지만 육신이 연약하여 실수하고 죄를 범할 때에는 속히 뉘우치게 하옵소서.
2. 주여, 선지자와 예언자와 사도들이 담대히 주의 뜻을 전한 것처럼 우리도 최선을 다해 전하게 하옵소서.

세상 것을 다투기보다 영성을 선택하라

핵심구절

제 목	세상 것을 다투기보다 영성을 선택하라			
성경본문	창세기 13장	마태복음 12장	느헤미야 2장	사도행전 12장
개별주제	인격 - 비전을 위하여	응수 - 진리를 위하여	조사 - 건축을 위하여	기적 - 흥왕을 위하여
핵심구절	1~9,12,14~15,17~18	1~4,7,9~13,19~20 22~28,31~32,34~36 38~40,45,48~50	1~5,7~8,10,12, 16~20	1~3,5,7~9,11~13 16~17,20~24

묵상(매일묵상, 구역예배, 성경공부)

1. 인격 - 아브람은 조카와의 불편한 상황을 인격과 신앙으로 대처하였다.
    1) 아브람은 가축의 문제로 자신의 목자와 롯의 목자가 다툴 때에 양보의 인격을 보였다.(1~9)
    2) 하나님은 다툼에서 성숙한 인격과 영성을 보여 준 아브람에게 풍성한 비전을 주셨다.
      (14~15,17~18)

2. 응수 - 예수님은 바리새인의 고발, 비방, 시비에 대하여 인격과 진리의 영성으로 응수하셨다.
    1) 바리새인들이 안식일에 이삭을 잘라 먹은 제자들의 행동을 시비할 때 예수는 말씀으로
      답하셨다.(1~4,7)
    2) 바리새인들이 안식일에 병고치는 것을 고발하려 할 때 예수는 인격으로 답하셨다.(9~13,19~20)
    3) 바리새인들이 귀신의 왕을 힘입어 귀신들린 자를 고쳤다고 할 때에 예수는 논리로 답하셨다.
      (22~28)
    4) 바리새인들이 표적을 구할 때에 예수는 십자가로 답하셨다.(38~40,45)

3. 조사 - 영적인 사람 느헤미야는 해야 할 일을 살펴보고 계획을 세워 사람들을 모아 추진하였다.
    1) 왕에게 인정받아 편안한 느헤미야는 성읍이 황폐하고 성문이 불탄 것에 대해 수심이 가득했다.
      (1~3)
    2) 왕의 지원을 받은 느헤미야는 업신여기는 산발랏, 도비야, 게셈을 영적 권위로 맞섰다.
      (7~8,12,16~20)

4. 기적 - 세상의 영광을 좇지 않고 주의 나라를 위해 충성하자 기적과 흥왕함이 나타났다.
    1) 헤롯 왕은 교회를 핍박하고 탄압하기 위해 야고보를 죽이고 베드로를 잡아 옥에 가두었다.
      (1~3,5)
    2) 주의 사자 천사는 베드로에게 나타나 쇠사슬을 벗겨주고 옥문을 열어 내보내주었다.(7~9,11)
    3) 헤롯 왕이 세상의 영광을 구할 때 베드로는 천국을 위하여 영적인 사역에 집중했다.(17,20~24)

기도

1. 주여, 다툼의 상황과 핍박의 상황이 올 때에 인격과 영성으로 극복하게 하옵소서.
2. 주여, 비방하고 반대하는 자들이 나타날 때에 말씀과 기도의 깊은 영성으로 대응하게 하옵소서.

능력따라 기쁨으로 주의 일을 감당하라

핵심구절

제 목	능력따라 기쁨으로 주의 일을 감당하라			
성경본문	창세기 14장	마태복음 13장	느헤미야 3장	사도행전 13장
개별주제	전쟁 - 동맹과 훈련	비유 - 천국과 심판	중수 - 역할과 열심	전도 - 기쁨과 성령
핵심구절	9~12,13~16,19~20	3~9,18~23,24~30 34~35,37~43,57~58	1,4~5,21,27	1~3,6~12,16~41, 50~52

묵상(매일묵상, 구역예배, 성경공부)

1. 전쟁 - 아브람은 조카 롯을 구하기 위해 군사와 함께 주의 이름으로 대적들을 쳐부수었다.

    1) 아브람은 동맹한 사람들과 훈련된 자 삼백십팔 명을 거느리고 쫓아가 롯을 되찾아 왔다.(13~16)

    2) 아브람이 승리할 수 있었던 이유는 하나님께서 대적들을 아브람의 손에 붙이셨기 때문이다.(20)

2. 비유 - 예수님은 창세부터 감추인 하나님 나라를 드러내시기 위해 비유로 가르치셨다.

    1) 예수님은 씨 뿌리는 비유를 통해 하나님 나라 말씀을 듣고 깨닫는 비밀을 가르쳐 주셨다.

    (3~9,18~23)

    2) 예수님은 가라지 비유를 통해 세상 끝의 심판과 천국에 대한 비밀을 가르쳐 주셨다.

    (24~30,37~43)

3. 중수 - 이스라엘 자손들은 각자 맡은 역할과 능력에 따라 예루살렘 성벽을 중수하였다.

    1) 대제사장 엘리아십과 그의 형제 제사장들이 선봉이 되어 성벽을 중수하였다.(1)

    2) 일을 먼저 끝낸 사람들은 다른 이를 도와주거나 다른 부분을 더 맡아 감당하였다.(4,21,5,27)

4. 전도 - 바울과 바나바는 박해와 비방을 무릅쓰고 기쁨과 성령충만으로 주의 말씀을 전하였다.

    1) 안디옥 교회는 성령의 인도하심을 따라 금식과 기도를 통해 바울과 바나바를 따로 세웠다.(1~3)

    2) 바울은 성령충만함으로 거짓 선지자 바예수를 물리치고 총독 서기오 바울을 전도하였다.(6~12)

    3) 바울은 안식일에 회당에서 구약의 말씀을 통해 예수의 복음을 전파하였다.

    (16~23,24~25,26~31,32~41)

    4) 바울과 바나바가 박해와 비방 때문에 쫓겨났어도 제자들은 기쁨과 성령이 충만했다.(50~52)

기도

1. 주여, 복음과 구원을 받은 우리가 복음을 전하며 제자의 삶을 살아가는데 나태하지 않게 하옵소서.

2. 주여, 능력과 역할에 따라 우리에게 맡겨진 일들을 오로지 기쁨과 성령충만함으로 감당하게 하옵소서.

하나님의 임재는 삶에 강한 성취력이다

핵심구절

제 목	하나님의 임재는 삶에 강한 성취력이다			
성경본문	창세기 15장	마태복음 14장	느헤미야 4장	사도행전 14장
개별주제	언약 - 땅을 주시리라	축사 - 떡을 먹으리라	신앙 - 능히 세우리라	표적 - 널리 전하리라
핵심구절	1~2,4~8,10,13~18	1~2,5~11,14~21, 23~33,35~36	1~9,11,13~18,20~23	1~5,8~10,12~13,15~23

묵상(매일묵상, 구역예배, 성경공부)

1. 언약 - 하나님은 아브람에게 자손과 땅을 주시겠다고 약속하셨다.
   1) 여호와 하나님은 아브람에게 나타나셔서 관계와 언약과 징표를 보여 주셨다.(1,4~5,7,10,13~18)
   2) 아브람은 하나님의 약속을 믿어 의로 여기심을 받았다.(6)

2. 축사 - 예수님은 큰 무리와 제자와 병든 자를 향하여 능력을 행하셨다.
   1) 예수는 헤롯의 통치하에서 고통당하는 큰 무리를 불쌍히 여기시고 오병이어의 기적을 베푸셨다. (14~21)
   2) 예수는 물 위를 걸어가셔서 풍랑을 만난 제자들을 안심시키며 구원해 주셨다.(23~33)
   3) 예수는 게네사렛 땅에 사는 모든 병든 자를 고쳐 주셨다.(35~36)

3. 신앙 - 백성들은 반대하는 자들의 조롱 속에서도 신앙으로 이겨내고 마음을 드려 건축하였다.
   1) 산발랏, 도비야, 아라비아 사람들, 암몬 사람들, 아스돗 사람들이 분노하며 조롱했다.(1~3,7~8,11)
   2) 느헤미야는 하나님께 기도하는 동시에 파수꾼을 세워 주야로 방비하였다. (4~6,9,13~14,16~18,21~23)
   3) 느헤미야의 기도와 백성의 무장함을 보신 하나님은 임재하셔서 대적들의 꾀를 폐하셨다.(15,20)

4. 표적 - 바울과 바나바는 주를 힘입어 표적과 기사를 행하고 은혜를 말씀을 증언했다.
   1) 순종하지 않는 유대인들, 이방인들, 관리들이 두 사도를 핍박하였으나 주가 함께 하셨다. (1~5,19~20)
   2) 바울은 루스드라의 앉은뱅이의 믿음을 보고 그를 고쳤다.(8~10)
   3) 바울은 루스드라, 이고니온, 안디옥의 제자들의 마음을 굳게 하고 장로들에게 금식기도를 시켰다. (21~23)

기도

1. 주여, 오직 하나님의 약속하심과 기도에 응답하심을 믿고 앞으로 전진하는 자가 되게 하옵소서.
2. 주여, 어떤 환난과 핍박이 있을지라도 하나님의 임재하심과 표적주심을 믿고 담대히 사역하게 하옵소서.

상식을 뛰어넘는 하나님의 역사가 있다

제 목	상식을 뛰어넘는 하나님의 역사가 있다			
성경본문	창세기 16장	마태복음 15장	느헤미야 5장	사도행전 15장
개별주제	출산 - 애굽인 하갈	치유 - 가나안 여자	절규 - 가난한 백성	회의 - 이방인 구원
핵심구절	1~2,4~11,13	1~3,5~6,8~11,14 18~20,22~30,32~38	1~13,14~19	1~2,4~15,17,19~20 23~29,31~32,36~41

묵상(매일묵상, 구역예배, 성경공부)

1. 출산 - 아브람과 사래에게는 부부싸움의 원인이 되었고 이방인 하갈에게는 축복의 씨가 되었다.
　　1) 아브람과 사래는 인간적인 방법으로 대를 이으려고 했다.(1~2,4~6)
　　2) 하나님은 사래로부터 학대받는 하갈을 살펴보시고 향후 행동과 번성을 약속하셨다.(7~11,13)

2. 치유 - 예수는 이스라엘 집의 잃어버린 양에게 보내심을 받았지만 이방인 여자의 딸을 치료하셨다.
　　1) 예수는 상식을 벗어나 외식하며 살아가는 바리새인과 서기관들을 책망하시며 교훈하셨다.
　　　(1~9,14)
　　2) 예수는 가나안 여자의 믿음을 보시고 그의 딸을 치유하여 주셨다.(22~28)
　　3) 예수는 사천 명이 넘는 무리를 불쌍히 여기시고 상식을 뛰어넘는 칠병이어의 기적을 베푸셨다.
　　　(32~38)

3. 절규 - 느헤미야는 가난한 백성들의 절규하는 부르짖음을 듣고 민장들에게 회개와 개혁을 맹세시켰다.
　　1) 민장들이 힘든 유대인들에게 상식을 뛰어넘는 이자를 받자 느헤미야는 강한 개역을 촉구했다.
　　　(1~13)
　　2) 하나님을 경외하는 느헤미야는 신앙적 가치관으로 상식적인 총독의 녹도 사치도 금하였다.
　　　(14~19)

4. 회의 - 이방인의 할례 문제가 구원과는 연관이 없다는 내용이 예루살렘 회의에서 결정되었다.
　　1) 예수를 믿는 유대인들에게 할례는 전통적이며 상식적인 당연한 규례였다.(1~2,4~5)
　　2) 베드로, 바나바, 바울, 야고보는 이방인에게 있어서 할례는 불필요한 것임을 예루살렘 회의에서 역설
　　　하였고 하나님은 모두의 마음을 주관하셔서 만장일치로 결정하게 하셨다.(6~15,17,19,23~28)
　　3) 선교사역 중에 심한 다툼이 있었지만 주님은 그 가운데서도 그들을 통해 교회를 견고하게 하셨다.
　　　(36~41)

기도

1. 주여, 예수님이 이방여인에 대해 통상적 개념보다 믿음을 보셨던 것처럼 우리도 열린 마음을 주옵소서.
2. 주여, 오랜 신앙생활로 고정관념화된 종교적 습관을 깨고 성령의 역사에 집중하는 자가 되게 하옵소서.

성도는 표징을 통해 참 믿음을 표현한다

제 목	성도는 표징을 통해 참 믿음을 표현한다			
성경본문	창세기 17장	마태복음 16장	느헤미야 6장	사도행전 16장
개별주제	할례 - 언약의 표징	고백 - 믿음의 표징	소신 - 사명의 표징	맞춤 - 전도의 표징
핵심구절	1~8,10~11,13,15~17 19~20,24~27	1,4~12,15~19,21~25	1~14,15~16,18~19	1~10,12~15,16~39

묵상(매일묵상, 구역예배, 성경공부)

1. 할례 - 하나님은 아브라함과 그 후손에게 언약의 표징으로 할례를 제시하시고 큰 민족을 약속하셨다.
　　1) 하나님은 아브람과 사래에게 새 이름을 주시고 후손과 땅과 큰 민족을 약속하셨다.
　　　(1~8,15~16,19)
　　2) 하나님은 아브라함에게 언약의 표징으로 할례를 제시하셨다.(10~11,13,24~27)

2. 고백 - 성도가 예수 그리스도를 향해 표현하는 진실한 믿음의 표징은 신앙고백이다.
　　1) 바리새인과 사두개인들은 예수님께 표적을 구했으나 베드로는 주께 신앙고백을 드렸다.
　　　(1,4,15~19)
　　2) 참된 신앙고백은 자기를 부인하고 자기 십자가를 지고 주를 따르는 것이다.(21~25)

3. 소신 - 느헤미야는 여러 번의 음모나 겁박에도 흔들리지 않고 주어진 일을 소신있게 추진하였다.
　　1) 산발랏, 도비야, 게셈의 반복되는 음모와 매수된 자 스마야의 예언에도 느헤미야는 견고했다.
　　　(1~14)
　　2) 느헤미야가 소신을 가지고 성벽공사를 완공한 것은 하나님의 역사를 믿는 믿음 때문이었다.
　　　(15~16)

4. 맞춤 - 바울은 유대인과 마게도냐 지방의 루디아와 간수를 구원하기 위해 자신의 입장을 내려놓았다.
　　1) 바울은 여러 성에 있는 유대인에게 복음을 전하기 위하여 디모데에게 할례를 행하였다.(1~5)
　　2) 바울은 성령의 뜻에 따라 복음을 아시아, 비두니아에서 전하지 못하고 마게도냐에서 전했다.
　　　(6~10)
　　3) 바울은 고발당해 매를 맞고 옥에 갇혔으나 간수를 구원하기 위해 로마시민권을 말하지 않았다.
　　　(16~39)

기도

1. 주여, 아브라함처럼 하나님의 뜻에 따라 가시적 표징을 갖게 하옵소서.
2. 주여, 베드로와 느헤미야와 바울처럼 믿음 안에서 불가시적 표징을 나타내어 사명을 이루게 하옵소서.

새 계획을 알려주심은 새 날의 시작이다

제 목	새 계획을 알려주심은 새 날의 시작이다			
성경본문	창세기 18장	마태복음 17장	느헤미야 7장	사도행전 17장
개별주제	영접 - 아들을 예언함	체험 - 계획을 말씀함	감동 - 계보를 만드심	복음 - 심령을 바꾸심
핵심구절	1~5,8~12,14,16~26 28~32	1~5,9~12,14~18,20 22~27	1~7,39,43~45,57 63~67,70~73	1~13,16~18,21~31,34

묵상(매일묵상, 구역예배, 성경공부)

1. 영접 - 아브라함이 하나님의 사람들을 영접하자 축복의 소식과 새 계획을 듣게 되었다.
　　1) 여호와께서는 세 사람을 통해 아브라함을 찾아오셔서 아들의 출생을 예언하셨다.(1~3,8~11,14)
　　2) 여호와께서는 아브라함에게 소돔과 고모라에 대한 계획을 말씀하시고 대화를 나누셨다.(16~26)

2. 체험 - 베드로는 변화산에서 놀라운 체험을 하고 초막 셋을 짓자는 말을 하자 하나님의 음성을 들었다.
　　1) 베드로, 요한, 야고보는 높은 산에서 용모가 변하신 예수님과 모세, 엘리야를 체험했다.(1~3,5)
　　2) 예수는 모세, 엘리야로부터 자신을 향한 아버지의 계획을 들으시고 제자들에게 말씀하셨다.
　　　(9,22~23)

3. 감동 - 하나님은 느헤미야를 감동시켜 지도자를 세우시고 돌아온 자의 계보를 만들게 하셨다.
　　1) 느헤미야는 성벽을 건축한 후 아우 하나니와 관원 하나냐를 예루살렘의 지도자로 세웠다.(1~2)
　　2) 하나님은 느헤미야를 감동시켜 돌아온 귀족들, 민장들, 백성을 그 계보대로 등록하게 하셨다.
　　　(5~7)
　　3) 느헤미야는 건축된 성벽을 주민의 계보에 따라 자기 집 맞은 편을 파수하게 하는 계획을 추진했다.
　　　(3,73)

4. 복음 - 데살로니가, 베뢰아, 아덴 회당에서 바울의 복음을 들은 헬라인들에게는 새 인생이 시작되었다.
　　1) 바울은 데살로니가, 베뢰아, 아덴 회당과 아레오바고에서 복음을 전했다.
　　　(1~3,10~11,16~18,21~31)
　　2) 바울이 예수에 관하여 복음을 전했을 때 듣고 믿는 자에게는 주 안에서 새로운 삶이 열렸다.
　　　(4,12,34)

기도

1. 주여, 하나님이 사람을 통해서 당신의 계획을 알려주실 때 분별하고 준비하게 하옵소서.
2. 주여, 체험과 감동으로 은혜를 받고 복음을 전할 때 난제와 훼방이 있을지라도 최선을 다하게 하옵소서.

천국은 죄악된 세상을 내려놓는데 있다

핵심구절

제 목	천국은 죄악된 세상을 내려놓는데 있다			
성경본문	창세기 19장	마태복음 18장	느헤미야 8장	사도행전 18장
개별주제	결단 - 구원을 위하여	통제 - 영생을 위하여	경청 - 경배를 위하여	교육 - 사역을 위하여
핵심구절	1~3,6~8,10~16,19~22 24~25,29,30~38	1~6,8~9,14~15,17 19~22,24~30,33~35	1~3,5~6,8~18	1~11,18~20,23~28

묵상(매일묵상, 구역예배, 성경공부)

1. 결단 - 롯과 그 가족은 죄악된 소돔의 멸망으로부터 구원받기 위하여 모든 것을 포기해야 했다.

　　1) 롯은 두 천사의 명령에 따라 소돔의 모든 것을 포기하고 가족과 함께 소알로 도망했다.
　　　(12~16,19~22)

　　2) 롯의 두 딸은 후손을 잇기 위해 아버지와 동침하고 모압과 암몬을 낳아 민족을 이루었다.
　　　(31~33,35,37~38)

2. 통제 - 천국과 영생에 참여하는 지름길은 자신을 통제함으로 타인을 실족시키지 않는 것이다.

　　1) 영적 육적 어린아이를 실족시키지 않는 것이 세상과 다른 아버지의 뜻을 따르는 것이다.
　　　(1~6,8~9,14)

　　2) 예수님은 천국 백성인 형제에 대해 범죄의 권고와 용서의 교훈을 말씀하셨다.
　　　(15,17,21~22,24~30,33~35)

3. 경청 - 이스라엘 자손은 학사 에스라가 율법책을 낭독할 때 깨달아 다 울고 초막을 지어 절기를 지켰다.

　　1) 일곱째달 초하루, 이스라엘 자손은 에스라가 율법책을 낭독할 때 경청하고 깨달아 울었다.
　　　(1~3,5~10)

　　2) 뭇 백성, 족장들, 제사장들, 레위사람들은 율법의 기록대로 초막을 짓고 성회를 열었다.(13~18)

4. 교육 - 바울은 아굴라와 브리스길라를, 아굴라 부부는 아볼로를 가르침으로 사역은 더 확장되었다.

　　1) 바울은 고린도에서 세상 것을 내려놓고 그리스도만을 증거하여 많은 사람을 구원했다.(1~11)

　　2) 바울과 함께 했던 아굴라 부부에게 교육을 받은 아볼로는 믿는 자들에게 많은 유익을 줬다.
　　　(24~27)

기도

1. 주여, 죄악된 세상 속에 살면서 결코 물들지 않게 하시고 언제든지 모든 것을 다스리게 하옵소서.

2. 주여, 천국시민으로 살아가는 제자로서 형제를 용서하고 말씀을 실천하며 사역을 넓혀가게 하옵소서.

변화는 주의 지속적 개입으로 가능하다

제 목	변화는 주의 지속적 개입으로 가능하다			
성경본문	창세기 20장	마태복음 19장	느헤미야 9장	사도행전 19장
개별주제	개입 - 보호를 위하여	말씀 - 영생을 위하여	인도 - 기업을 위하여	능력 - 흥왕을 위하여
핵심구절	1~3,6~7,10~17	3~6,9~11,13~24, 26~29	1~6,32~38	1~2,4~6,8~12,17~20 23~31,35~41

묵상(매일묵상, 구역예배, 성경공부)

1. 개입 - 하나님은 아브라함의 잘못에도 불구하고 그의 씨 이삭을 위하여 사라를 보호하셨다.
   1) 아브라함은 그랄에 거류하게 될 때 다시 아내를 누이라 말함으로 생명을 연장하려고 했다.
   (1~2,11~13)
   2) 하나님은 아브라함의 거듭된 잘못에도 재차 개입하셔서 주의 계획을 이루어 가셨다.
   (3,6~7,14~16)

2. 말씀 - 예수님은 변화된 삶을 위하여 이혼의 문제, 아이의 문제, 재물의 문제를 깨우쳐 주셨다.
   1) 예수님은 말씀을 전하심으로 그릇된 풍습과 가치관을 가진 자들의 태도를 바꾸려 하셨다.
   (3~6,13~15)
   2) 예수님은 재물이 많은 청년에게 십계명과 새 계명을 가르치심으로 영생의 삶을 말씀하셨다.
   (16~24)

3. 인도 - 하나님은 아브라함 때부터 느헤미야 때까지 이스라엘 백성을 거듭 용서하시고 인도하셨다.
   1) 이스라엘 자손이 다 금식하며 자복하고 율법책을 낭독하며 여호와께 경배하며 송축했다.(1~6)
   2) 느헤미야와 에스라와 레위인들은 그간의 은혜를 고백하고 향후의 삶을 인도해 주시길 간구했다.
   (32~38)

4. 능력 - 하나님이 바울의 입과 손에 능력을 주셔서 많은 사람이 구원 얻게 하셨다.
   1) 바울이 에베소와 두란노 서원에서 강론하고 하나님이 주신 능력으로 병과 귀신들린 자를 고쳤다.
   (8~12)
   2) 바울의 예수 전파에 대해 데메드리오는 여신 아데미 사업이 타격받을 것을 생각하여 소동을
   일으켰다.(23~29)
   3) 하나님은 제자와 친구를 통해 바울을 막으셨고 서기장의 설득을 통해 무리를 진정시키셨다.
   (30~31,35~41)

1. 주여, 두려움으로 주의 일을 그릇칠 때 직접 개입하셔서 주의 계획하심에 차질이 없게 하옵소서.
2. 주여, 말씀의 가르침과 인도하심 그리고 능력주심으로 저희를 간섭하사 변화된 열매를 얻게 하옵소서.

문제의 해결은 첫 원칙을 지키는데 있다

핵심구절

제 목	문제의 해결은 첫 원칙을 지키는데 있다			
성경본문	창세기 21장	마태복음 20장	느헤미야 10장	사도행전 20장
개별주제	언약 - 원칙 지키기	약속 - 정산 지키기	인봉 - 신앙 지키기	부탁 - 양떼 지키기
핵심구절	1~4,8~14,17~27,31, 33	1~14,18~19,21~24 26~28,32~34	1,8~9,14,28~37	1,7~12,16~24,27~31 33~37

묵상(매일묵상, 구역예배, 성경공부)

1. 언약 - 하나님이 아브라함과 맺은 언약과 아브라함이 아비멜렉과 맺은 언약은 삶의 원칙이 되었다.

    1) 하나님은 아브라함의 아들 이삭과 이스마엘의 갈등을 언약의 원칙을 적용함으로 해소하셨다.

       (3,8~14)

    2) 하나님의 갈등 해소는 사라와 하갈의 아들 모두를 형통케 하시는 것이었다.(12~13,17~18)

    3) 아브라함은 그랄 왕 아비멜렉과 갈등을 해소하고 브엘세바 우물 앞에서 서로 맹세하였다.

       (22~27,31)

2. 약속 - 집주인이 품꾼과 맺은 약속은 정산의 원칙이 되었고 십자가는 속죄의 원칙이 되었다.

    1) 집주인은 이른 아침에 포도원에 들여 보낸 품꾼들과의 삯에 대한 갈등을 첫 약속으로 해결했다.

       (1~2,8~14)

    2) 예수님은 제자들에게 세상 모든 사람들의 죄 문제를 십자가에서 해결하신다고 예언하셨다.

       (18~19)

    3) 예수님은 제자들의 자리다툼 갈등을 하나님 아버지의 주권을 언급하심으로 해결하셨다.

       (21~24,26~28)

3. 인봉 - 느헤미야는 인봉한 명단과 내용을 기록하여 신앙생활의 원칙으로 정하였다.

    1) 느헤미야는 제사장들, 레위 사람, 우두머리들 중에 인봉한 자들의 명단을 기록했다.(1,8~9,14)

    2) 모든 자들은 계명, 규례, 율례, 제사, 제물, 맏물, 십일조를 여호와 신앙의 원칙으로 세웠다.

       (28~37)

4. 부탁 - 바울은 자신의 사역을 진술하게 고백하면서 에베소교회 지도자들에게 바른 목양을 부탁했다.

    1) 바울의 사역 원칙은 계획성과 성실 그리고 인품과 성령의 음성듣기였다.(1,7,9~11,16~24)

    2) 바울은 에베소 장로들에게 목양의 원칙을 설교했다.(17,28~31,33~35)

기도

1. 주여, 가정의 문제나 교회의 문제를 풀어 갈 때 항상 주의 말씀을 원칙으로 삼게 하옵소서.
2. 주여, 주의 일을 함에 있어서 계획, 성실, 인품, 모본과 성령의 음성듣기에 충실하게 하옵소서.

과정을 이긴 자에게 영광을 허락하신다

제 목	과정을 이긴 자에게 영광을 허락하신다			
성경본문	창세기 22장	마태복음 21장	느헤미야 11장	사도행전 21장
개별주제	시험 - 여호와 이레	고난 - 세상의 구원	거주 - 책임있는 삶	결박 - 순교적 사역
핵심구절	1~3,5~14,16~18	2~5,8~9,12~16,18~41 43	1~4,6,9~12,15~17 19~20,22,25,30,36	3~5,8~14,17~34,39~40

묵상(매일묵상, 구역예배, 성경공부)

1. 시험 - 아브라함은 시험을 통과하여 여호와 이레의 영광을 맛보았다.
   1) 하나님은 아브라함에게 백세에 얻은 아들 이삭을 번제로 드리라고 시험하셨다.(1~3,5~12)
   2) 하나님은 시험을 준행한 아브라함에게 번제 양을 예비하시고 이삭과 후손의 번성을 약속하셨다.
   (13~18)

2. 고난 - 예수는 모든 고난의 과정을 담당하심으로 세상을 구원하는 영광스러운 이름이 되셨다.
   1) 예수님은 구약의 예언대로 나귀 새끼를 타고 예루살렘에 들어가 성전을 청결하게 하셨다.
   (2~5,12~15)
   2) 예수님은 열매없는 무화과나무와 외식하는 대제사장들과 바리새인들에게 심판을 예고하셨다.
   (18~41,43)

3. 거주 - 지도자들, 제사장들, 레위 사람들, 백성들이 정한 질서에 따라 거주할 곳을 정하였다.
   1) 지도자들은 예루살렘에 거주하고 남은 백성은 제비뽑아 예루살렘과 다른 성읍에 거주했다.
   (1~4,6)
   2) 제사장, 하나님의 전을 맡은 자, 레위 사람, 성 문지기, 노래하는 자들이 거주했다.
   (10~12,15~17,19~20,22)

4. 결박 - 바울은 성령으로 예언하는 자들의 권면을 뿌리치고 예루살렘에 올라가 결박을 당하였다.
   1) 두로의 제자들, 가이사랴의 전도자 빌립의 딸 넷, 유대로부터 내려온 선지자 아가보가 성령의
   감동을 받아 바울이 예루살렘에 가면 고난받을 것을 예언했으나 바울은 결박과 죽음도 각오했
   다.(3~5,8~14)
   2) 바울은 예루살렘에서 유대인 중 율법에 열성을 가진 수만 명의 믿는 자를 위하여 결례를 행했다.
   (17~26)
   3) 예루살렘 성전에서 바울을 본 유대인들이 무리를 충동하여 바울을 잡아 죽이려 하였으나 군대
   의 천부장이 군인들을 시켜 결박한 후 영내로 데려갔다.(27~34)

기도

1. 주여, 우리도 아브라함과 예수님처럼 하나님이 주시는 고난을 순종함으로 감당하게 하옵소서.
2. 주여, 우리도 느헤미야와 바울처럼 사명을 위해 스스로 판단하고 고난의 길을 가게 하옵소서.

소중한 것 일수록 대가를 지불해야 한다

핵심구절

제 목	소중한 것 일수록 대가를 지불해야 한다			
성경본문	창세기 23장	마태복음 22장	느헤미야 12장	사도행전 22장
개별주제	장지 - 증인있는 계약	천국 - 갖춰입은 예복	성벽 - 바친 제사제물	소명 - 위협속의 변명
핵심구절	1~6,9~11,15~19	2~14,17~21,23~32 35~40,45~46	1,7~8,12~13,22~31 38~40,43~47	1,3~8,10~18,21~27 29~30

묵상(매일묵상, 구역예배, 성경공부)

1. 장지 - 아브라함은 헷 족속 에브론에게 은 사백 세겔을 주고 막벨라 굴을 소유하였다.
   1) 아브라함이 사랑했던 아내 사라가 127세에 세상을 떠났다.(1~4)
   2) 아브라함은 에브론이 거저 주겠다고 함에도 불구하고 땅 값 은 사백 세겔을 지불하였다.
   (9~11,15~19)

2. 천국 - 청함을 받은 자는 예복을 입고 잔치에 참여해야 한다.
   1) 예수는 아들을 위해 혼인잔치를 베푼 임금의 비유를 들어 천국에 참여할 자의 대가를 말씀하셨다.
   (2~14)
   2) 예수는 바리새인들, 사두개인들, 율법사의 시험들을 지혜롭게 답변하심으로 권위를 얻으셨다.
   (17~40)

3. 성벽 - 느헤미야가 백성과 함께 큰 제사를 드리고 제물을 제사장과 레위 사람들에게 돌렸다.
   1) 느헤미야, 레위 사람들, 온 백성들이 마음을 합해 큰 제사로 성벽 봉헌식을 행하였다.
   (27~31,38~40,43)
   2) 봉헌식 날에 제사장들, 레위 사람들에게 율법에 정한 대로 거제물과 맏물과 십일조를 돌렸다.
   (44~47)

4. 소명 - 바울은 유대인들의 위협 속에서도 죽음을 각오하고 예수와 자신의 소명을 변명하였다.
   1) 바울은 위협하는 유대인들에게 죽음을 무릅쓰고 간증을 통해 예수와 복음을 변명하였다.
   (1,3~8,10~18)
   2) 바울은 채찍질하며 심문하려는 천부장에게 로마시민권을 언급하여 다시 공회 앞에 서게 되었다.
   (21~30)

기도

1. 주여, 우리의 소중한 것을 지키기 위해 상당한 대가를 지불할 줄 아는 진정된 마음을 주옵소서.
2. 주여, 주신 소명과 사명을 온전히 감당하기 위해 타당한 대가를 지불하는 일꾼이 되게 하옵소서.

앞 날을 준비하는 그리스도인은 복되다

제 목	앞 날을 준비하는 그리스도인은 복되다			
성경본문	창세기 24장	마태복음 23장	느헤미야 13장	사도행전 23장
개별주제	자부 - 이방인은 안됨	외식 - 회개만이 살길	부패 - 개혁만이 참길	공모 - 주님만이 해답
핵심구절	1~4,7~8,12~19,22~27,31 37~40,48~54,58,63~67	1~7,11~19,23~31,34 37	1~5,7~31	1~11,14~30,33

묵상(매일묵상, 구역예배, 성경공부)

1. 자부 - 아브라함은 늙은 종에게 오직 자신의 고향과 족속에게서 이삭의 아내를 찾으라고 부탁했다.
> 1) 아브라함은 늙은 종에게 자신의 고향과 족속에게로 가서 자부(子婦)를 구하라고 했다.(1~4,7~8)
> 2) 늙은 종은 나홀의 성에 도착하여 이삭의 아내를 순조롭게 만날 수 있도록 간구했다.(12~19,22~27)
> 3) 이삭은 늙은 종이 데려온 리브가를 아내로 맞아들여 사랑하고 위로를 받았다.(58,60,63~67)

2. 외식 - 서기관들과 바리새인들이 날마다 보여주는 외식적인 삶은 화를 받을 행동이었다.
> 1) 예수는 무리와 제자들에게 앞 날을 생각지 않는 서기관들, 바리새인들의 잘못을 주의하라고 하셨다.
> (1~7)
> 2) 예수는 외식하는 서기관들, 바리새인들에게 앞 날을 생각하고 회개할 것을 촉구하셨다.
> (13~19,23~31,37)

3. 부패 - 느헤미야는 모세의 책에 근거하여 부패한 부분들을 단호히 개혁하였다.
> 1) 느헤미야는 바벨론에 갔다가 예루살렘에 돌아와 율법에 근거하여 잘못된 것을 개혁하였다.
> (1~5,7~13)
> 2) 느헤미야는 유다의 복된 앞 날을 위해 안식일에 일하는 것, 이방여인 아내로 맞아 들이는 것, 제사장이 산발랏의 사위가 되는 것 등의 부패함을 모두 개혁하였다.(15~31)

4. 공모 - 대제사장 아나니아와 사십여 명의 유대인들이 바울을 죽이려하나 주께서 앞 날을 다 주관하셨다.
> 1) 대제사장 아나니아, 사두개인, 바리새인이 바울을 공격했으나 주님은 피난처를 마련 하셨다.(1~10)
> 2) 바울을 죽이기로 각오하고 동맹한 40여 명의 유대인들이 암살을 공모했으나 주님은 막으셨다.
> (14~30)
> 3) 주님은 앞 날 로마 사역을 위해 사백칠십 명의 군사를 준비시켜 바울을 총독 앞에 서게 하셨다.
> (11,33)

1. 주여, 깊은 신앙으로 주의 말씀따라 앞 날을 계획하게 하시고 성실히 실행하게 하옵소서.
2. 주여, 주의 일을 하다가 스스로 해결할 수 없을 때 주님이 방패와 길이 되어 주시옵소서.

주님의 역사는 인간의 생각을 초월한다

핵심구절

제 목	주님의 역사는 인간의 생각을 초월한다			
성경본문	창세기 25장	마태복음 24장	에스더 1장	사도행전 24장
개별주제	죽음 - 후대의 시작	환난 - 인내의 필요	폐위 - 주님의 섭리	변명 - 반전의 기회
핵심구절	1,5~11,13~18,20~26 28~34	3~14,16~28,30~31 36~51	2~4,10~12,15~20	2~9,14~21,24~26

묵상(매일묵상, 구역예배, 성경공부)

1. 죽음 - 아브라함은 나이가 많아 죽게 되었으나 하나님의 역사는 이삭과 서자들을 통해 계속되었다.
　　1) 아브라함은 자신의 기운이 다해 죽기 전에 이삭과 서자들에게 재산을 나누어 주었다.(5~6)
　　2) 이삭은 아브라함의 뒤를 이어 에서와 야곱을 통해 하나님의 족보를 이어나갔다.(20~26)

2. 환난 - 마지막 때에 미혹과 큰 환난이 있겠으나 인내를 통해 하나님의 역사를 소망할 수 있다.
　　1) 예수님은 주의 임하심과 세상 끝의 징조를 묻는 제자들에게 사람의 미혹과 소문을 주의하라고
　　하셨다.(3~12)
　　2) 예수님은 큰 환난이 있을지라도 인내함으로 끝까지 견디는 자에게 구원이 있음을 강조하셨다.
　　(13)

3. 폐위 - 와스디 왕후의 폐위는 에스더를 세우시기 위한 하나님의 섭리였다.
　　1) 와스디 왕후의 거절을 들은 아하수에로 왕은 진노하여 현자들에게 지혜를 구했다.(11~12,15)
　　2) 현자들 중 므무간은 아하수에로 왕에게 방법을 알려주어 와스디 왕후를 폐위하도록 도왔다.
　　(16~20)

4. 변명 - 바울의 변명은 총독과 그의 아내에게 복음을 전할 수 있는 또 다른 기회가 되었다.
　　1) 유대인들은 변호사 더둘로를 통해 바울을 이단이라 규정하여 벨릭스에게 고발하였다.(2~9)
　　2) 바울은 벨릭스에게 죽은 자에 대한 부활과 예수의 도에 관하여 자세히 변명하였다.(14~21)
　　3) 벨릭스는 아내 드루실라와 함께 따로 바울을 찾아가 복음을 전해 들었다.(24~26)

기도

1. 주여, 나의 생각보다 크신 하나님의 역사를 무조건 인정하며 순종하는 믿음을 주옵소서.
2. 주여, 마지막 때를 기대하고 기다리며 인내함으로 하나님의 역사를 소망하며 거룩히 살게 하옵소서.

하나님 나라는 준비된 자에게 임재한다

핵심구절

제 목	하나님 나라는 준비된 자에게 임재한다			
성경본문	창세기 26장	마태복음 25장	에스더 2장	사도행전 25장
개별주제	우물 - 성실과 경외	일상 - 기름과 재능	성품 - 지혜와 사랑	상소 - 변론과 설명
핵심구절	12~13,17~25,27~33	2~13,14~30,32~46	2~4,7~9,12~15,17~18	6~11,13~22,23~25

묵상(매일묵상, 구역예배, 성경공부)

1. 우물 - 이삭은 성실과 경외로 준비된 자였다.

　　1) 이삭은 하나님의 뜻을 따라 거주하게 된 땅에서 성실하게 농사를 짓고 우물을 팠다.
　　　(12~13,17~22)

　　2) 이삭은 어디에 있든지 하나님을 경외하며 예배를 드리는 일에 게을리 하지 않았다.(23~25)

　　3) 성실과 경외로 준비된 이삭에게 하나님은 평안과 복을 더하여 주셨다.(27~33)

2. 일상 - 천국은 일상생활에서 준비된 자들의 것이다.

　　1) 미리 기름을 준비한 슬기 있는 다섯 처녀만이 신랑과 함께 혼인 잔치에 들어갈 수 있었다.(2~13)

　　2) 각각 재능대로 달란트를 남긴 자들만이 주인의 즐거움에 참여할 수 있었다.(14~30)

　　3) 주리고 목마른 자, 헐벗고 병든 자들을 돌본 사람들만이 예비된 나라를 상속 받을 수 있다.
　　　(32~46)

3. 성품 - 에스더는 지혜와 사랑으로 준비된 자였다.

　　1) 에스더는 아리따운 외모와 자신을 사랑하도록 만들 줄 아는 지혜가 있었다.(2~4,7~9,15)

　　2) 모든 보는 자에게 사랑을 받았던 에스더는 결국 아하수에로 왕의 왕후가 되었다.(17~18)

4. 상소 - 바울은 자신감과 변명으로 준비된 자였다.

　　1) 바울은 불의와 죄를 짓지 아니하였음을 몇 번이고 자신 있게 변론하고 설명하였다.(8~11)

　　2) 바울의 이야기가 아그립바 왕과 버니게와 같은 높은 사람들에게로 전해졌다.(23~25)

기도

1. 주여, 하나님 나라를 꿈꾸며 우리에게 주어진 일을 기쁨으로 감당하게 하옵소서.

2. 주여, 불의가 아닌 의로움과 떳떳함으로 그리스도인의 삶을 살아가게 하옵소서.

일상 속에서 하나님의 섭리는 진행된다

제 목	일상 속에서 하나님의 섭리는 진행된다			
성경본문	창세기 27장	마태복음 26장	에스더 3장	사도행전 26장
개별주제	피신 - 아내를 만남	고난 - 대속의 대가	조서 - 참신앙 고수	고소 - 예수를 증언
핵심구절	1,4,6,8~10,13,15~20 25~30,33~41,43,46	2~12,14~18,21~28 31~41,46~54,56~57,59 63~64,67,70,72,74~75	1~2,4~6,8~11,13~14	2~7,13~19,22~23 25~26,28~32

묵상(매일묵상, 구역예배, 성경공부)

1. 피신 - 야곱의 피신은 이스라엘 민족을 이루시기 위한 구별된 하나님의 섭리요 과정이었다.

> 1) 이삭은 에서를 축복하려 했으나 리브가로 인해 결국 야곱을 축복하게 되었다.
> (1,4,8~10,15~20,25~30)
>
> 2) 야곱은 형을 피해 라반에게로 도망가기로 하고 리브가는 이삭에게 이 일에 대해 야곱이 아내를 구하러 가는 것으로 설득했다.(33~41,43,46)

2. 고난 - 예수님은 인류의 죄를 대속하기 위해 대제사장들과 장로들에게 심한 고난을 당하셨다.

> 1) 유월절 즈음 예수는 모든 사건을 예언의 성취와 대속의 십자가에 연관지어 말씀하셨다.
> (2,12,18,24,39,54)
>
> 2) 대제사장들과 백성의 장로들, 온 공회가 예수를 죽이려고 흉계를 짜고 거짓 증거를 찾았다.
> (3~4,59,63~66)

3. 조서 - 오직 여호와만 섬기는 모르드개가 교만한 하만에게 절하지 않음으로 진멸조서가 발령되었다.

> 1) 아하수에로 왕은 아각 사람 하만에게 높은 지위를 주었고 모든 신하는 그에게 꿇어 절하였다.
> (1~2)
>
> 2) 하만은 왕에게 간청하여 유다인 모르드개와 그의 민족을 진멸하려고 조서를 발령하였다.
> (5~6,8~14)

4. 고소 - 바울은 유대인의 고소로 인해 왕, 총독, 버니게, 함께 앉은 사람들에게 예수를 증언하게 되었다.

> 1) 고발로 인해 아그립바 왕 앞에 선 바울은 간증을 통해 예수와 자기 소명을 전하였다.
> (2~7,13~19,22~23)
>
> 2) 유대인은 바울을 미워하여 죽이려 했으나 오히려 이 일로 더 넓게 복음이 전파되었다.(25~26,28~32)

기도

1. 주여, 어떤 연고로 어려움을 겪을지라도 더 큰 하나님의 계획을 이루는 자가 되게 하옵소서.
2. 주여, 모르드개와 바울처럼 절대신앙으로 앞을 향해 나아가게 하옵소서.

옳은 일이 맡겨졌을 때 아멘 해야 한다

핵심구절

제 목	옳은 일이 맡겨졌을 때 아멘 해야 한다			
성경본문	창세기 28장	마태복음 27장	에스더 4장	사도행전 27장
개별주제	야곱 - 축복의 사람	예수 - 대속의 사람	에스더 - 헌신의 사람	바울 - 인도의 사람
핵심구절	1~4,8~15,17~22	1~5,11~14,17~19 22~24,27~32,35,39~44 46,50~54,57~60,62~64	1,3~16	1,3,9~11,14,18~26 30~37,41~44

묵상(매일묵상, 구역예배, 성경공부)

1. 야곱 - 야곱은 아버지 이삭과 여호와 하나님께로부터 무한한 축복의 말씀을 들었다.

1) 야곱은 아버지 이삭으로부터 축복의 말씀을 듣고 삼촌 라반의 집을 향해 떠났다.(1~4)

2) 야곱은 루스에서 여호와 하나님을 만나 축복의 말씀을 듣고 서원하게 되었다.(10~15,17~22)

2. 예수 - 예수는 대제사장, 장로들, 백성들로부터 고난을 당하시고 아버지께로부터 버림을 당하셨다.

1) 예수는 모든 대제사장과 장로들에게 결박되어 총독 빌라도에게 넘겨서 재판을 받았다.
(1~5,11~14,17~19)

2) 예수는 희롱과 심한 고난과 모욕과 버림을 당하시고 제 구시쯤 운명하셨다.(27~31,35,39~44,46,50)

3. 에스더 - 에스더는 모르드개로부터 하만의 궤계를 듣고 왕께 나아가기 위하여 금식하였다.

1) 에스더는 모르드개로부터 유다인을 진멸하려는 하만의 궤계를 듣고 왕의 조서도 보았다.(4~9)

2) 에스더는 모르드개와 모든 유다인에게 금식을 요청하고 삼일 후 왕께 나아가기로 작정했다.(10~16)

4. 바울 - 이달리야로 가려던 바울은 유라굴로 광풍을 만나 파선하였으나 276명의 사람을 모두 구원하였다.

1) 백부장 율리오는 바울을 친절히 대했으나 그의 말보다는 선장과 선주의 말을 듣고 항해를 하던 중 유라굴로 광풍을 만나 파선하게 되었다.(3,9~11,14,18~21)

2) 바울은 죽게된 모든 자에게 주의 말씀을 전하고 양식과 희망을 주어 모두를 구원했다.
(22~26,30~37,44)

기도

1. 주여, 하나님이 길을 보여 주시면 순종하고 가게 하옵소서.

2. 주여, 짊어지기 어려운 사명과 책임이 주어졌을 때에 오직 성삼위일체를 의지하고 해결하게 하옵소서.

은혜는 선택된 자에게 강물처럼 흐른다

핵심구절

제 목	은혜는 선택된 자에게 강물처럼 흐른다			
성경본문	창세기 29장	마태복음 28장	에스더 5장	사도행전 28장
개별주제	만남 - 가정을 이룸	부활 - 선교를 명령	금규 - 사랑을 고백	기적 - 복음을 전함
핵심구절	3~6,10~15,18~21, 23,25~28,30~35	1~10,16~20	1~5,8~14	1~10,14~19,23~28 30~31

묵상(매일묵상, 구역예배, 성경공부)

1. 만남 - 야곱과 레아와 라헬은 하나님의 인도하심 가운데 만나고 은혜 중에 가정을 이루며 자녀를 낳았다.

　　1) 야곱은 하나님의 은혜로 우물가에서 라헬을 만난 후 집에 가서 외삼촌 라반도 만났다.(10~14)

　　2) 야곱과 결혼한 레아는 하나님의 은혜로 네 명의 아들을 낳았다.(21,23,25~26,31~35)

2. 부활 - 예수님은 하나님의 은혜가운데 부활하시고 막달라 마리아와 다른 마리아와 제자들에게 나타나셨다.

　　1) 하나님의 은혜가운데 예언대로 부활하신 예수님은 막달라 마리아와 다른 마리아에게 나타나셨다. (1~10)

　　2) 부활하신 예수님은 갈릴리에서 은혜가운데 제자들을 만나 선교위임명령을 내리셨다.(16~20)

3. 금규 - 금식기도한 에스더는 하나님의 은혜로 아하수에로 왕에게 나가 그에게 넘치는 사랑을 입었다.

　　1) 제 삼일 금식기도 후 에스더는 하나님의 은혜로 아하수에로 왕에게 나가 큰 사랑을 입었다. (1~5,8)

　　2) 하나님은 착각하고 교만한 하만을 스스로 무너지도록 자충수를 두게 내버려 두셨다.(9~14)

4. 기적 - 바울은 하나님의 은혜로 기적을 일으켜 섬에 예수를 전하고 로마에 도착하여 천국을 전파했다.

　　1) 바울은 멜리데 섬에서 원주민과 함께 불을 쬐다가 독사에 물렸으나 조금도 상함이 없었다.(1~6)

　　2) 바울은 섬에서 가장 높은 보블리오의 부친의 열병과 이질, 또 다른 병든 사람들을 고쳐 주었다. (7~10)

　　3) 바울은 하나님의 은혜로 로마에 도착하여 유대인 중 높은 사람들에게 예수를 전했다. (16~19,23~24,30~31)

기도

1. 주여, 하나님의 은혜를 누리며 사는 가정이 되게 하옵소서.
2. 주여, 불가능한 상황 속에서도 하나님의 은혜로 기적을 경험하는 선택된 자의 삶이 되게 하옵소서.

시기와 다툼 속에서도 섭리는 계속된다

1/29

핵심구절

제 목	시기와 다툼 속에서도 섭리는 계속된다			
성경본문	창세기 30장	마가복음 1장	에스더 6장	로마서 1장
개별주제	시기 - 성취의 도구	시험 - 사역의 시작	불면 - 역전의 동기	빚짐 - 전파의 동기
핵심구절	1~15,17~24,27~33 37~43	1~5,7~15,17~18,20 23~27,30~35,38~42	1~14	1~6,11~12,14,16~21 23~26,28~32

묵상(매일묵상, 구역예배, 성경공부)

1. 시기 - 라헬의 레아에 대한 시기와 야곱의 라반에 대한 불만은 약속성취의 도구가 되었다.

　　1) 라헬과 레아 사이에 시기와 다툼은 있었으나 후손에 대한 하나님의 약속은 성취되어 갔다.
　　(1~13,17~24)

　　2) 야곱은 라반과 품삯에 대한 계약을 맺은 후 특이한 방법으로 자신의 가축을 늘려 갔다.
　　(27~33,37~43)

2. 시험 - 예수님은 사탄의 시험과 귀신의 훼방 속에서도 구원에 대한 하나님의 섭리를 완성해 가셨다.

　　1) 예수는 광야에서 40일 동안 사탄에게 시험을 받으시고 회당에서 귀신에게 인신적 공격을 당하셨으나 다 물리치시고 복음을 전하셨다.(12~13,23~27,34)

　　2) 예수는 새벽에 한적한 곳에서 기도하시고 점진적으로 전도와 축사와 치유를 계속하셨다.
　　(30~35,39,41)

3. 불면 - 아하수에로 왕이 불면으로 인하여 역대 일기를 읽다가 모르드개의 공로를 발견하게 되었다.

　　1) 왕은 불면으로 인하여 역대일기를 읽던 중에 모르드개의 충성스런 내용을 듣게 되었다.(1~3)

　　2) 하나님은 하만의 시기가 극에 달했을 때 왕으로 하여금 모르드개의 공로를 알게 하시고 그 보상을 왕궁 뜰에 있던 하만을 통해 베풀게 하셨다.(4~11)

4. 빚짐 - 바울은 모든 자에게 빚진 자임으로 경건하지 않고 불의한 자에게까지 복음을 전하였다.

　　1) 예수 그리스도의 사도로 부르심을 받은 바울은 스스로를 모든 자에게 빚진 자라고 고백했다. (1,14)

　　2) 바울은 하나님의 능력인 복음을 불의로 진리를 막는 사람들과 하나님을 알되 영화롭게도 아니하고 감사하지도 아니하고 오히려 그 생각이 허망하여진 자에게까지 복음을 전하고자 했다.(16,18~21)

기도

1. 주여, 인간의 시기와 사탄의 시험이 있을지라도 주관하시는 하나님의 섭리를 믿고 전진하게 하옵소서.
2. 주여, 하나님이 부르시고 선택한 종은 어떤 상황 속에서도 돌봐주심을 믿고 담대히 감당하게 하옵소서.

주님은 인생의 모든 것을 청산해 주신다

핵심구절

제 목	주님은 인생의 모든 것을 청산해 주신다			
성경본문	창세기 31장	마가복음 2장	에스더 7장	로마서 2장
개별주제	언약 - 긴장이 평화로	사죄 - 억압이 자유로	소청 - 어둠이 빛으로	행함 - 진노가 존귀로
핵심구절	1~7,10~16,20~24,26 29~32,34~36,38~42, 44,48~49,52~53	2~5,9~12,14~15,17,19 22~28	2~10	1~4,7~12,15,17~20, 23,25~29

묵상(매일묵상, 구역예배, 성경공부)

1. 언약 - 하나님은 야곱과 라반 사이의 모든 일을 꿈과 언약을 통해서 선하게 청산시켜 주셨다.

　　1) 야곱은 자기에 대한 소문을 듣고 두 아내와 의논하여 밧단아람을 떠나 가나안으로 갔다.
　　　(1~7,11~16,20)
　　2) 야곱은 쫓아온 라반에게 그간의 억울한 사정을 다 말하고 화친 언약을 맺었다.
　　　(23~24,26,36,38~42,44,52)

2. 사죄 - 중풍병자와 세리들은 예수님의 죄사하심과 치유하심으로 인생의 영육간의 문제를 청산하였다.

　　1) 가버나움의 중풍병자는 네 사람의 도움으로 예수님을 만나 죄와 질병의 문제를 청산하였다.
　　　(2~5,9~12)
　　2) 레위, 죄인, 세리들이 예수님을 만난 후 그간의 인생을 청산하고 새 삶을 열어갔다.
　　　(14~15,17,19,22)

3. 소청 - 에스더는 아하수에로 왕에게 하만의 음모를 폭로함으로 민족말살의 위기를 모두 청산하였다.

　　1) 에스더는 하만이 유다 민족을 도륙하고 진멸하려는 음모를 잔치에서 폭로함으로 청산했다.(2~6)
　　2) 하만은 내시 하르보나의 진언으로 인해 오십 규빗되는 나무에 모르드개 대신 달리게 되었다.
　　　(9~10)

4. 행함 - 율법 아래서 정죄받을 유대인이나 범죄로 인해 심판 받을 헬라인에게 구원의 길이 열렸다.

　　1) 남을 판단하지 않고 선과 율법을 행하며 진리를 따르는 자는 영광과 존귀와 평강이 있다.
　　　(1~3,7~12)
　　2) 율법을 받은 유대인이 율법을 범하면 무할례자가 되고 율법을 받지 않은 이방인이 율법의 규례
　　　를 지키면 할례자와 같이 되는 것임으로 할례는 마음에 해야 한다.(17~20,23,25~29)

기도

1. 주여, 인생 중에 생긴 모든 원한과 질병과 죄를 청산할 수 있는 믿음을 주옵소서.
2. 주여, 주께서 주신 율법과 복음을 간직하지만 말고 오직 행함으로 영광과 존귀와 평강을 얻게 하옵
소서.

주를 만난 자는 난제들을 해결받게 된다

핵심구절

제 목	주를 만난 자는 난제들을 해결받게 된다			
성경본문	창세기 32장	마가복음 3장	에스더 8장	로마서 3장
개별주제	경야 - 화해의 시작	열심 - 치유의 시작	적극 - 역전의 시작	믿음 - 의인의 시작
핵심구절	1~3,6~12,16~18,20 23~30	1~5,9~11,13~15,20~24 28~30,33~35	1~3,5~14,17	1~2,4~6,9~12,18~28 31

묵상(매일묵상, 구역예배, 성경공부)

1. 경야 - 야곱은 에서를 대면하기 전에 두 차례나 하나님의 사자를 만나 승리의 약속을 받았다.

　　1) 야곱은 하나님의 사자들을 만난 후 에서에게 자신이 고향으로 돌아오고 있다고 전갈을 보냈다.(1~3)
　　2) 야곱은 형 에서가 400명을 거느리고 자신에게 온다는 소식을 듣고 두려워 하나님께 기도했다.(6~12)
　　3) 하나님은 얍복 강가에서 야곱을 만나 승리를 약속하시고 개명을 통해 영원한 징표로 주셨다.(23~30)

2. 열심 - 몸이 불편하며 사람들에게 무시를 당해도 개의치 않고 주께로 나간 자는 구원을 얻었다.

　　1) 한쪽 손 마른 사람과 병으로 고생하는 자들이 모두 예수를 만나 치유함을 얻었다.(1~5,9~10)
　　2) 주께 부르심을 받고 주의 뜻대로 행하는 자는 주의 형제요 자매요 모친이 된다.(13~15,21,33~35)

3. 적극 - 에스더는 아하수에로 왕에게 적극적으로 하만의 잘못된 조서를 철회해 달라고 간청하였다.

　　1) 에스더는 아하수에로 왕에게 적극적으로 민족말살에 관한 조서를 철회해 달라고 간청하였다.(3,5~6)
　　2) 에스더와 모르드개는 신속하게 새 조서를 작성하여 127개 지방에 전달하고 반포하였다.(7~14,17)

4. 믿음 - 율법 아래 있는 모든 사람은 죄인임으로 오직 믿음으로만 의롭다 함을 얻는다.

　　1) 유대인이나 헬라인이나 모두 죄 아래 있음으로 하나님의 심판을 받게 되었다.(4~6,9~12)
　　2) 율법은 죄를 깨닫게 함으로 오직 믿음의 법을 행하는 자가 의롭다 함을 얻어 구원에 이른다.(19~28)

기도

1. 주여, 사람과의 관계 속에서 맺힌 원한들을 오직 하나님을 믿는 믿음 안에서 풀게 하옵소서.
2. 주여, 오직 믿음으로 인간의 근본적인 죄와 사망의 문제을 해결받아 참된 자유를 누리게 하옵소서.

맥체인성경과
정독구조

맥체인성경 통독은
새벽에 80~90절 정도의 핵심요절을 읽고 기도를 하며,
다시 하루 중 정해 놓은 시간에 통일주제를 중심으로
4장 전체를 정독하면서 묵상문제를 풀어
영적인 만나를 먹는 구조이다.

맥체인성경의 바른 통독은
읽는 속도보다 읽는 자세에 있다.
신약과 구약의 각각 두 장을 필사하듯 정리하면서
깊이 묵상하는 자세로 읽으면
지혜의 은사를 경험할 수 있는 신비로운 구조이다.
더 나아가 통독을 뛰어넘어 정독의 영적 구조이다.

맥체인성경은 구약과 신약 4장을 읽을 때,
딱히 교훈을 찾기 어려운 본문을 만나면 다른 본문을 통하여
충분한 교훈을 얻을 수 있도록 도와주는 통독구조를 가지고 있다.
예를 들어 구약에 족보만 나오는 장이 있을 때
신약은 족보와 연관된 풍성한 다른 내용이 펼쳐짐으로
충분한 교훈을 얻게 하는 구조이다.

코끼리 알기:
한 면만을 볼 경우 단면의 한계로 전체를 이해하기 어렵다.
코, 뿔, 다리, 꼬리 등의 각 특징을 종합하여 볼 때
온전한 모습을 볼 수 있다.
이와 같이 성경 네 장의 네 시대를 함께 읽어봄으로써
전체를 입체적으로 보는 구조이다.

하나님은 때가 차면 새 삶을 열어주신다

핵심구절

제 목	하나님은 때가 차면 새 삶을 열어주신다			
성경본문	창세기 33장	마가복음 4장	에스더 9~10장	로마서 4장
개별주제	재회 - 화해와 정착	비유 - 천국과 새삶	부림 - 진멸과 평안	믿음 - 칭의와 축복
핵심구절	1~5,8~11,14,16~20	3~9,14~20,26~32,34 36~41	9:1~5,10,12~14,16 20~22,24~28,30~31 10:1~3	1~5,9~13,15~22,24~25

묵상(매일묵상, 구역예배, 성경공부)

1. 재회 - 야곱은 20년 만에 형 에서를 만나 화해하고 가나안 땅 세겜에서 새 삶을 살게 되었다.

　　1) 야곱은 에서와 평화로운 재회를 하고 그에게 강권하여 예물을 드렸다.(1~5,10~11)

　　2) 야곱은 숙곳을 지나 세겜 성읍에 하몰의 아들들의 손에서 돈을 주고 밭을 사 장막을 치고 엘엘로헤 이스라엘(하나님, 이스라엘의 하나님) 제단을 쌓았다.(17~20)

2. 비유 - 예수님은 제자들에게 비유로 하나님 나라의 비밀을 가르쳐 주심으로 새 세상을 열어 주셨다.

　　1) 예수는 네 가지 땅의 비유, 땅에 뿌려진 씨의 비유, 겨자씨 한 알의 비유를 말씀하셨다.
　　(3~9,26~32)

　　2) 예수는 제자들에게 광풍을 잠잠케 하시는 권세를 보여 주심으로 믿음있는 삶을 가르쳐 주셨다.
　　(36~41)

3. 부림 - 아달월 십사일과 십오일을 명절로 삼아 해마다 기념하여 지키게 함으로 안위의 새 삶이 열렸다.

　　1) 유다인들은 정한 날에 스스로 모든 대적들을 쳐서 도륙하고 진멸했다.(9:1~5,10,12~14,16)

　　2) 모르드개는 이 날을 유다인들이 대적에게서 벗어나서 평안함을 얻고 슬픔이 변하여 기쁨이 되고 애통이 변하여 길한 날이 되었음으로 부르의 이름을 따서 부림절로 정하고 기념하게 했다.(9:20~28,30~31)

4. 믿음 - 아브라함은 믿음으로 의롭다 하심을 얻고 약속을 믿어 백세에 후손을 얻는 새 삶을 살았다.

　　1) 아브라함은 무할례시에 믿음으로 의롭다 하심을 얻었음으로 모든 사람의 조상이 되었다.
　　(1~3,9~13,16)

　　2) 아브라함은 무에서 유를 창조하시는 하나님을 믿음으로 모든 믿는 자의 모본이 되셨다.
　　(17~22,24~25)

기도

1. 주여, 마음에 묵은 오래된 상처와 두려움이 주를 의지하는 믿음 안에서 모두 해결되게 하옵소서.
2. 주여, 주님의 다스리심이 자연스럽게 진행됨을 믿고 스스로 모든 일을 능동적으로 처리하게 하옵소서.

악한 영에 사로잡힌 생활에서 벗어나라

제 목	악한 영에 사로잡힌 생활에서 벗어나라			
성경본문	창세기 34장	마가복음 5장	욥기 1장	로마서 5장
개별주제	보복 - 살육과 노략	자해 - 비정상적 삶	시험 - 잃음과 아픔	범죄 - 불화와 사망
핵심구절	1~4,7~12,15~16, 18~19,21~27,30	1~2,6~13,15,20, 22~30,33~42	1~3,5,8~22	1~6,8~10,12~13,15~19, 21

묵상(매일묵상, 구역예배, 성경공부)

1. 보복 - 동생 디나의 사건으로 시므온과 레위는 거룩한 예식을 사용하여 보복을 단행하였다.

　　1) 야곱의 딸 디나는 세겜 땅의 딸들을 보러 나갔다가 그 땅의 추장 세겜에게 강간을 당했다.(1~2)

　　2) 아버지 하몰과 아들 세겜의 제안에 대해 할례를 조건으로 제시한 시므온과 레위는 그들이 할례를 시행한 3일 뒤에 그들을 기습하여 죽이고 모든 것을 노략했다.(8~12,15~16,18,21~27)

　　3) 야곱은 이 일로 큰 근심과 두려움에 빠졌다.(30)

2. 자해 - 군대 귀신은 한 사람을 스스로 자해케 하고, 악한 영은 두 여자를 죽음과 질병 속에 빠뜨렸다.

　　1) 예수는 거라사인의 지방에 사는 더러운 군대 귀신 들린 사람을 온전히 치유하셨다.(1~2,6~13,15)

　　2) 예수는 회당장 야이로의 열두살 된 딸을 살리시고 열두 해를 혈루증으로 앓던 여자를 고치셨다.(22~30,33~42)

3. 시험 - 사탄은 하나님을 온전히 경외하는 욥도 시험하여 모든 것을 잃게 하고 심히 아프게 했다.

　　1) 우스 땅에 사는 욥은 온전하고 정직하여 하나님을 경외하며 악을 떠난 자로 늘 번제를 드렸다.(1~3,5)

　　2) 사탄은 욥에게서 소와 나귀를 빼앗고 양과 종을 불살라 버렸으며 낙타를 빼앗고 큰 바람을 통해 열 명의 자녀를 모두 죽게 했다.(13~19)

　　3) 그러나 욥은 엎드려 예배하고 "주신 이도 여호와시요 거두신 이도 여호와시오니 여호와의 이름이 찬송을 받으실지니이다"라고 고백하면서 범죄하지 않고 원망하지 않았다.(20~22)

4. 범죄 - 뱀에게 유혹받은 아담 한 사람으로 인해 죄가 세상에 들어왔고 죄로 말미암아 사망이 이르렀다.

　　1) 죄인을 위해 죽으신 예수를 믿는 믿음으로 의롭다 하심은 받은 자는 하나님과 화평을 누린다.(1~6,8~10)

　　2) 한 사람으로 죄와 사망이 들어왔고 한 사람 예수로 의와 생명과 영생이 이르렀다.(12~13,15~19,21)

기도

1. 주여, 악한 영의 영향력 아래 놓이지 말게 하시고 주의 영에 이끌림을 받게 하옵소서.

2. 주여, 어떤 억울한 일이나 고난과 질병 중에 있을지라도 주 예수와 성령을 의지하여 해결하게 하옵소서.

48

현재에 미련을 버리고 말씀에 순종하라

제 목	현재에 미련을 버리고 말씀에 순종하라			
성경본문	창세기 35~36장	마가복음 6장	욥기 2장	로마서 6장
개별주제	제단 - 순종과 경외	제자 - 따름과 사역	온전 - 인정과 감당	연합 - 거룩과 영생
핵심구절	35:1~5,7,9~12,14~18 22,27~29 36:1~3,6~8,24,31	1~5,7,12~14,16~20,23 26~28,30~31,34~44 46~52,56	3~13	1~7,10~14,16~19 22~23

묵상(매일묵상, 구역예배, 성경공부)

1. 제단 - 야곱은 주의 말씀을 듣고 현재의 모든 것을 정리한 후 온 가족과 함께 벧엘에 올라 단을 쌓았다.

　　1) 하나님이 야곱에게 벧엘로 돌아가 제단을 쌓으라 하실 때에 야곱은 온 가족과 함께 이방 신상들과 장신구를 버리고 벧엘에 이르러 그 곳에서 제단을 쌓았다.(35:1~5,7,14~15)

　　2) 야곱은 라헬을 잃고 베냐민을 얻었으며 아버지 이삭을 잃고 족장이 되었다.(35:16~18,27~29)

　　3) 에서는 창대하여 야곱보다 먼저 나라를 이루고 왕을 세웠으나 제단을 쌓지 않았다.(36:1~3,6~8,31)

2. 제자 - 고향의 사람들은 예수를 배척했으나 열 두 제자는 복음을 전하는 예수를 항상 따랐다.

　　1) 고향의 많은 사람들은 예수를 평하고 배척했으며 헤롯은 의롭고 거룩한 세례 요한을 죽였다.(1~3,20,26~28)

　　2) 열 두 제자는 회개를 전파하고 축사와 치유사역을 했으며 오병이어의 기적을 경험했다.(7,12~13,30,34~44)

3. 온전 - 욥은 온 몸이 종기로 인하여 질그릇 조각으로 몸을 긁게 되었어도 입술로 범죄하지 않았다.

　　1) 욥은 사탄으로 인해 온 몸에 종기가 생겨 긁게 되었어도 하나님께 입술로 범죄하지 않았다.(3~8,10)

　　2) 욥의 아내는 욥을 향해 그래도 자기의 온전함을 굳게 지키느냐 하나님을 욕하고 죽으라고 말했다.(9)

4. 연합 - 그리스도 예수와 연합함으로 의의 종이 된 자는 의의 무기로 거룩함에 이르러야 한다.

　　1) 그리스도 예수와 합하여 세례를 받은 자는 그의 죽으심과 부활하심에 합한 것이므로 몸의 사욕에 순종하지 않고 지체를 의의 무기로 하나님께 드리는 새 생명의 삶을 살아야 한다.(1~7,10~14)

　　2) 본래 죄의 종이었던 자가 의의 종이 되었으므로 부정과 불법을 떠나 거룩함에 이르러야 한다.(16~19,22~23)

기도

1. 주여, 말씀을 통해 주님의 음성을 들었을 때 만사의 우선순위를 주 뜻에 맞춰 생활하게 하옵소서.

2. 주여, 말씀따라 순종하며 살아도 환난과 고난이 찾아 왔을 때 입술로 범죄하지 않는 믿음을 주옵소서.

시련이 닥쳐왔을 때에 자신을 돌아보라

제 목	시련이 닥쳐왔을 때에 자신을 돌아보라			
성경본문	창세기 37장	마가복음 7장	욥기 3장	로마서 7장
개별주제	자랑 - 미움과 팔림	전통 - 판단과 시기	환난 - 한탄과 절망	죄성 - 타락과 사망
핵심구절	2~7,9,11,13~14,17~24 26~28,33,36	5,8~13,15~16,21~23 26~30,32~35,37	1~7,10~13,16~26	1~2,4~7,9~13,15~25

묵상(매일묵상, 구역예배, 성경공부)

1. 자랑 - 요셉은 하나님과 야곱에게 특별한 사랑을 받았지만 그것을 자유롭게 행함으로 시련을 자초했다.

　　1) 요셉은 아버지 야곱에게 특별한 사랑을 받았고 더 나아가 하나님께 놀라운 꿈을 얻었다.(2~7,9)

　　2) 요셉은 도단에서 형들에 의해 구덩이에 던져졌다가 이스마엘 상인에게 팔려 애굽으로 갔다.(17~28,36)

2. 전통 - 예수는 하나님의 계명을 따라 전통보다 영혼을 사랑하셨음으로 미움과 시기의 대상이 되셨다.

　　1) 바리새인들과 서기관들은 장로들의 전통을 지키고 하나님의 계명을 버렸다.(5,8~13)

　　2) 예수는 밖에서 들어가는 것이 사람을 더럽히는 것이 아니라 나오는 것이 더럽힌다고 가르치셨다.(15~16,21~23)

　　3) 예수는 더러운 귀신들린 어린 딸과 귀 먹고 말 더듬는 자를 고쳐 주셨다.(26~30,32~35)

3. 환난 - 욥은 재난과 질병으로 시련을 겪게 되면서 자신의 존재를 다시 생각해 보게 되었다.

　　1) 욥은 자기의 생일을 저주하고 한탄하는 독백을 했다.(1~7,10~13,16~19,24~26)

　　2) 욥은 절망적인 말을 했을지라도 신앙을 포기하지 않았다.(20~23)

4. 죄성 - 율법은 육신에 속해 있는 인간이 죄됨을 알게하고 스스로 악에서 벗어날 수 없음을 깨닫게 한다.

　　1) 율법은 거룩하고 의로우며 선하지만 그에 매여 있을 때 인간은 죄인임을 깨닫게 된다.(5~7,9~13)

　　2) 믿음 안에 있는 바울은 선을 행하기를 원하나 육신으로 말미암아 악을 행하게 됨을 알았다.(15~25)

기도

1. 주여, 우리로 하여금 스스로 시련을 자초하는 일이 없도록 지혜롭고 겸손한 삶을 살게 하옵소서.

2. 주여, 전통이나 율법에 갇혀 타인을 정죄하거나 도그마에 빠져 오만하지 않도록 열린 마음을 주옵소서.

주뜻을 깨닫는 것이 믿음이요 성숙이다

핵심구절

제　　목	주뜻을 깨닫는 것이 믿음이요 성숙이다			
성경본문	창세기 38장	마가복음 8장	욥기 4장	로마서 8장
개별주제	약속 - 회고와 인정	고백 - 믿음과 따름	대답 - 평가와 정죄	사랑 - 성령과 예수
핵심구절	1~18,24~26,29	1~9,11~12,15,22~25 29~35,38	1,3~9,12,15~21	1~10,12~15,17~18,21 23~28,30~35,38~39

묵상(매일묵상, 구역예배, 성경공부)

1. 약속 - 유다는 자부 다말과의 약속을 잊고 있었으나 결국 셀라 대신 자신의 씨로 약속을 지키게 되었다.

　　1) 요셉을 팔자고 했던 유다는 형제들을 떠난 후 가나안 여자를 아내로 맞아 세 아들을 낳았다.(1~5)

　　2) 유다는 두 아들 엘과 오난이 악함으로 죽자 다말에게 셋째 셀라가 장성하기까지 기다리라고 약속 했다.(6~11)

　　3) 유다는 아내를 잃은 후 다말을 창녀로 알고 도장, 끈, 지팡이를 주고 그에게 들어갔다. (12~18,24~26)

2. 고백 - 제자들은 기적을 베푸시고 교훈을 주신 예수님을 그리스도로 고백하였다.

　　1) 예수는 칠병이어로 불쌍한 무리 사천 명을 먹이시고 벳새다 맹인을 안수하여 고치셨다. (1~9,22~25)

　　2) 예수 그리스도는 제자들에게 바리새인들과 헤롯의 누룩을 주의하고 자기를 따르라고 하셨다. (15,29~35)

3. 대답 - 친구 엘리바스는 욥에게 위로하기 보다는 주관적이고 정죄적인 빗나간 대답을 전했다.

　　1) 친구 엘리바스는 욥에게 과거에 남에게 하던 일을 지금 욥 자신이 당하고 있다고 말했다.(1,3~6)

　　2) 친구 데만 사람 엘리바스는 욥의 고난이 욥 스스로의 지은 죄 때문이라고 정죄했다. (7~9,12,15~21)

4. 사랑 - 하나님은 성령과 주 그리스도 예수 안에서 우리를 향하신 절대적인 사랑을 보여 주셨다.

　　1) 생명의 성령의 법 아래 있는 자는 정죄받음이 없고 영의 일을 생각하며 아빠 아버지의 상속자가 된다.(1~17)

　　2) 성령은 지금 고난을 당할지라도 영원한 소망을 품고 구원을 기다리는 자를 위하여 친히 간구하신다. (18,21~28)

　　3) 그 어떤 것이라도 주 그리스도 예수 안에 있는 하나님의 사랑에서 우리를 끊을 수 없다. (31~35,38~39)

기도

1. 주여, 성도가 인간의 욕심으로 주 뜻을 거스르는 일이 없도록 진실하고 정직하게 하옵소서.

2. 주여, 선하고 바른 말이라도 대상과 상황에 따라 주의 사랑 안에서 지혜롭게 권면하도록 하옵소서.

주가 함께 하시는 자로 선택함을 받으라

핵심구절

제 목	주가 함께 하시는 자로 선택함을 받으라			
성경본문	창세기 39장	마가복음 9장	욥기 5장	로마서 9장
개별주제	형통 - 성실과 진실	체험 - 동행과 믿음	충고 - 판단과 연구	소원 - 선택과 구원
핵심구절	1~5,7~10,12~18, 20~23	2~5,7,14~27,29, 35~37,39~43,47~50	1~5,8~21,24~27	1~5,14~16,18~24 27~28,30~32

묵상(매일묵상, 구역예배, 성경공부)

1. 형통 - 요셉은 하나님이 함께하심으로 어디를 가서 무슨 일을 맡든지 다 형통하였다.

> 1) 하나님이 함께하신 요셉은 보디발의 집에 가정총무가 되었고 그 집은 그로 인해 큰 복을 받았다.
> (1~5)
> 2) 보디발의 아내의 유혹을 물리친 요셉은 누명으로 옥에 갇혔으나 하나님의 은혜로 형통하였다.
> (7~23)

2. 체험 - 세 제자와 귀신들린 아이의 아버지는 예수님과 함께함으로 신비로운 음성과 축사를 체험했다.

> 1) 예수는 세 제자와 함께 높은 산에 오르셔서 변형되사 엘리야, 모세를 만나 향후 계획을 나누셨다.
> (2~5,7)
> 2) 귀신 들린 아이의 아버지는 예수를 만나 믿음을 고백하고 아이의 축사를 체험했다.(17~27)
> 3) 예수는 제자들에게 어린아이를 영접하고 주의 이름으로 축사하는 자를 금하지 말라고 하셨다.
> (35~42)

3. 충고 - 엘리바스는 자기의 신앙관 범위 안에서 욥에게 적극적으로 하나님께 나아갈 것을 충고했다.

> 1) 데만 사람 엘리바스는 친구 욥을 부정적으로 판단하고 자신의 신관을 말했다.(1~5,8~16)
> 2) 데만 사람 엘리바스는 친구 욥에게 징계를 업신여기지 말고 연구한 것을 들으라고 충고했다.
> (17~21,24~27)

4. 소원 - 바울은 이스라엘 동족이 하나님의 주권 안에서 구원받는 선택된 자임을 소원하고 확신했다.

> 1) 바울은 자신이 저주를 받아 그리스도에게서 끊어질지라도 동족이 구원받기를 간절히 원했다.
> (1~5)
> 2) 바울은 모든 구원의 주권이 하나님께 있음을 토기장이와 진흙 한덩이로 비유하였다.(14~16,18~24)

기도

1. 주여, 항상 주와 함께 하는 자가 되어 형통함과 치유함을 맛보며 살게 하옵소서.
2. 주여, 우리의 구원이 하나님의 주권에 있음을 알고 구원받음에 감사하며 늘 증거하게 하옵소서.

세상 것을 의지하는 자의 미래는 어둡다

핵심구절

제 목	세상 것을 의지하는 자의 미래는 어둡다			
성경본문	창세기 40장	마가복음 10장	욥기 6장	로마서 10장
개별주제	사람 - 복직과 부탁	재물 - 나눔과 근심	자의 - 반박과 고백	열심 - 율법과 복음
핵심구절	1~4,8~14,16~19, 21~23	2,5~9,12~17,20~30 33~34,37~40,43~52	1~4,8~11,14~15, 21~30	1~4,8~13,17,21

묵상(매일묵상, 구역예배, 성경공부)

1. 사람 - 요셉은 술 맡은 자와 떡 굽는 자의 꿈을 해석해 주고 술 맡은 자에게 자신의 사정을 부탁했다.

> 1) 요셉은 술 맡은 자와 떡 굽는 자의 꿈을 듣고 해석해 주었다.(8~13,16~19)
> 2) 요셉은 술 맡은 자가 전직을 회복할 때 자신의 사정을 바로에게 아뢰어 달라고 부탁했다.(14,21,23)

2. 재물 - 재물이 많은 사람은 나누어 주고 주를 따르라는 교훈에 슬픈 기색을 띠고 근심하며 돌아갔다.

> 1) 예수는 제자들에게 어린아이에 대한 소중함을 교훈하셨다.(13~16)
> 2) 예수는 재물이 많은 사람에게 나눔을 권면하시고 제자들에게 섬김을 가르쳐 주셨다.(17,20~25)
> 3) 예수는 바디매오의 믿음을 보시고 그의 눈을 치유하시며 구원을 선포하셨다.(46~52)

3. 자의 - 욥은 엘리바스에게 자신의 고통의 과중함과 동시에 자신의 의의 건재함을 강력하게 대답했다.

> 1) 욥은 엘리바스를 향해 먼저 자기의 괴로움과 파멸의 무게가 얼마나 중한지를 고백하고 그럼에도
> 불구하고 거룩하신 이의 말씀을 거역하지 않았다고 말했다.(1~4,8~11)
> 2) 욥은 친구 엘리바스의 무정함과 비겁함을 꼬집으며 자신의 의가 건재함을 주장했다.(14~15,21~30)

4. 열심 - 바울은 하나님을 향해 열심을 가진 이스라엘에게 율법을 내려 놓고 복음을 믿으라고 말했다.

> 1) 바울은 이스라엘이 하나님께 열심은 있으나 올바른 지식을 따르지 않았고 하나님의 의를 모르고
> 자기 의를 세웠기에 구원에 이르지 못했다고 말했다.(1~4)
> 2) 바울은 율법에 매여 있는 이스라엘을 구원하기 위해 그리스도의 말씀을 듣고 믿으라고 했다.
> (8~13,17)

기도

1. 주여, 사람이나 재물을 의지하는 자세를 내려놓고 하나님의 뜻을 따르는 중심을 주옵소서.
2. 주여, 자기 의와 율법적인 열심을 내려놓고 하나님 의와 복음적인 열정을 따르는 중심을 주옵소서.

하나님이 주신 은혜를 경히 여기지 말라

제 목	하나님이 주신 은혜를 경히 여기지 말라			
성경본문	창세기 41장	마가복음 11장	욥기 7장	로마서 11장
개별주제	해석 - 인정과 등용	예수 - 용서와 구원	침묵 - 불평과 기도	동일 - 선택과 붙임
핵심구절	1~8,11,14~16,25~43 45~46,50~52,55~57	2~3,7~10,12~18, 22~25,28~33	1~8,11~12,15~21	1,4~7,11~15,17~25 28~33

묵상(매일묵상, 구역예배, 성경공부)

1. 해석 - 하나님은 요셉에게 꿈을 해석하는 놀라운 은혜를 주셔서 총리가 되게 하셨다.

1) 바로는 같은 의미의 꿈을 두 번 꿨고 요셉은 그 꿈을 해석하여 애굽의 총리가 되었다. (1~7,25~31,38~43)
2) 꿈의 해석이 하나님께 있음을 말한 요셉은 현명한 대안을 마련해 애굽을 기근에서 구했다. (16,32~36,55~57)

2. 예수 - 하나님은 제자들과 많은 무리들에게 예수를 최고의 은혜로 주셔서 구원을 얻게 하셨다.

1) 예수는 예루살렘에 나귀새끼를 타고 입성하셨고 제자들과 많은 무리들은 호산나를 외쳤다. (7~10)
2) 예수는 열매없는 무화과나무를 저주하셨고 성전을 청결하게 하셨다.(12~17)
3) 예수는 제자들에게 믿음의 기도와 용서의 기도를 가르쳐 주셨다.(22~25)

3. 침묵 - 하나님은 욥의 온전함과 정직함을 시험하시되 침묵하심으로 주 만을 향한 기도의 은혜를 주셨다.

1) 욥은 자기의 고통이 여러 달째 계속됨으로 자기의 상태와 시간의 흐름이 절망적임을 고백했다. (1~8)
2) 욥은 하나님께 영혼의 아픔과 마음의 괴로움을 불평하고 자기의 생명을 놓아달라고 절규했다. (11~12,15~21)

4. 동일 - 하나님은 유대인이나 헬라인이나 동일하게 은혜를 베푸어 주심으로 구원하여 주신다.

1) 바울은 하나님이 구원하실 자기 백성을 남겨 두시고 먼저 이방인을 구원하심으로 자기 백성이 시기나게 하여 결국 돌아와 구원받게 하신다고 말했다.(1,4~5,11~15,25)
2) 이방인은 돌감람나무로써 참감람나무인 이스라엘에게 믿음으로 접붙임을 받아 구원을 받은 것임으로 하나님은 그 뿌리가 되는 자기 백성을 절대 버리지 않으시고 구원하신다고 말했다.(17~24)

기도

1. 주여, 주신 은혜를 잘 관리하여 때가 찼을 때 바르게 사용함으로써 하나님께 영광을 돌리게 하옵소서.
2. 주여, 고난의 때에 하나님이 침묵하실지라도 친히 들이심을 믿고 기도의 줄을 놓지 않게 하옵소서.

성품은 하나님이 일하시는 통로가 된다

핵심구절

제 목	성품은 하나님이 일하시는 통로가 된다			
성경본문	창세기 42장	마가복음 12장	욥기 8장	로마서 12장
개별주제	정직 - 진실과 다짐	말씀 - 외식과 지혜	대답 - 진심과 공감	생활 - 변화와 은사
핵심구절	1~3,6~13,15~21 24~25,28,33~37	1~11,13~17,24~27 28~34,41~44	4~6,11~13,20~22	1~21

묵상(매일묵상, 구역예배, 성경공부)

1. 정직 - 요셉의 형 열 사람은 기근을 마주한 위기에서 진실과 다짐으로 일을 풀어나갔다.

   1) 야곱은 열 아들에게 바라만보고 있지 말고 곡식을 사러 애굽으로 가라고 하였고, 열 아들은 애굽으로 내려가 곡식을 사기 위해 총리 요셉 앞에 엎드려 절하며 찾아온 이유를 정직하게 말했다.(1~3,6~13)

   2) 요셉은 형들의 진실함을 알기 위해 삼일 옥살이, 시므온 가둠, 베냐민 데려오기 등의 세 가지 조건적 시험을 행하였다.(15~20,24,33~34)

2. 말씀 - 제자가 주의 말씀을 통해 갖춰야 할 성품은 외식이 아닌 지혜로움이다.

   1) 예수님은 바리새인과 헤롯당 사람의 외식함을 아시고 그들을 책망하면서도 가르침을 주셨다.(13~17)

   2) 예수님은 서기관 중 한사람이 가장 큰 계명에 대하여 지혜 있게 대답함을 칭찬하셨다.(28~34)

   3) 예수님은 두 렙돈 곧 한 고드란트를 넣은 가난한 과부의 모습을 제자들에게 가르쳐주셨다.(41~44)

3. 대답 - 어려움과 위기에 처한 형제자매에게 섣부른 대답보다 진심과 공감이 필요하다.

   1) 친구 빌닷은 진심으로 욥에게 대답하였지만, 욥에겐 오히려 상처가 될 뿐이었다.(4~6)

   2) 빌닷의 이분법적이고 계산적인 신앙은 욥의 처지를 진정 공감하지 못하였다.(11~13,20~22)

4. 생활 - 구원의 은혜로 말미암은 변화와 성령의 은사를 통해 그리스도인으로써의 생활을 살아가야 한다.

   1) 바울은 각자 믿음의 분량대로 생각할 것과 다양한 지체가 한 몸이 되었음을 강조했다.(3~5)

   2) 바울은 각자 주신 은혜대로 받은 은사가 다르며, 그것을 삶 속에 드러내도록 권면했다.(6~21)

기도

1. 주여, 성실과 진실, 겸손과 창조로 하나님께서 맡기신 일들을 풀어나가게 하옵소서.

2. 주여, 외식이 아닌 지혜로, 변화된 그리스도인의 모습으로 삶을 살아가게 하옵소서.

주님은 변화된 진실한 자와 함께 하신다

핵심구절

제 목	주님은 변화된 진실한 자와 함께 하신다			
성경본문	창세기 43장	마가복음 13장	욥기 9장	로마서 13장
개별주제	결단 - 담보와 재회	예언 - 징조와 교훈	대답 - 신관과 존재	의무 - 선행과 사랑
핵심구절	1~4,7~10,13~14,16 18~23,26~34	2~22,24~29,33,35,37	1~4,8,10~12,15~21 25~28,32~34	1~4,6~8,10~14

묵상(매일묵상, 구역예배, 성경공부)

1. 결단 - 유다는 야곱 앞에서 자신을 담보로 결단하였고 요셉은 베냐민을 보면서 형들의 진실함을 인정했다.

> 1) 유다는 아버지 야곱을 설득하여 베냐민을 데리고 형제들과 함께 곡식을 사러 애굽으로 갔다.
> (1~4,13~14)
> 2) 요셉은 형들과 베냐민을 보고 시므온을 이끌어낸 후 야곱의 안부를 묻고 음식을 나눴다.
> (16,23,26~34)

2. 예언 - 예수의 참 된 제자들은 미래의 징조들을 들었고 또 깨어 있으라는 교훈도 들었다.

> 1) 예수님은 제자들에게 마지막 때의 징조들을 말씀해 주셨다.(2~22,24~29)
> 2) 예수님은 제자들에게 여러 번 깨어 있으라고 말씀하셨다.(33,35,37)

3. 대답 - 욥은 빌닷에게 하나님에 대한 신앙관과 하나님 앞에서 자신이 아무 것도 아님을 대답했다.

> 1) 욥은 친구 빌닷에게 자신의 하나님에 대한 신관을 자세히 대답해 주었다.(1~4,8,10~12,32)
> 2) 욥은 자신이 하나님 앞에서 아무 것도 아니며 자신의 날도 빠르게 지나감을 말했다.
> (15~21,25~28)

4. 의무 - 바울은 권세있는 자들과 그리스도인들에게 선행과 사랑의 의무를 명령하였다.

> 1) 바울은 권세를 부여받은 자들에게 하나님의 사역자로서 선을 베풀라고 하였고, 모든 믿는 자들에게는 권세있는 하나님의 사역자들 앞에서 선을 행하라고 말했다.(1~4)
> 2) 바울은 그리스도인들이 사랑의 빚 진 자로서 사랑을 실천하고 또 자다가 깰 때가 되었음을 알고 오직 그리스도의 빛의 갑옷을 입고 단정히 행하며 육신의 일을 도모하지 말라고 말했다.(8,10~14)

기도

1. 주여, 문제가 있을 때 보고만 있는 자가 아니라 결단하고 책임있는 행동을 하는 자가 되게 하옵소서.
2. 주여, 처해진 상황 속에서 자신의 위치를 알고 주어진 자리에서 행할 도리를 실천하게 하옵소서.

어떤 상황 속에서든지 바른 일을 행하라

핵심구절

제 목	어떤 상황 속에서든지 바른 일을 행하라			
성경본문	창세기 44장	마가복음 14장	욥기 10장	로마서 14장
개별주제	지킴 - 유다의 간청	부음 - 여자의 헌신	외침 - 욥의 탄원	섬김 - 형제의 이해
핵심구절	1~2,4~9,12~13,15~26 30~33	1,3,8~11,13~15,18~25 27~30,32~38,41~44 50~53,56,61~65,69~72	1~3,5~8,11~12, 14~16,18~21	1~3,5~6,8~10,14~17 19~23

묵상(매일묵상, 구역예배, 성경공부)

1. **지킴 - 유다는 베냐민을 안전하게 지켜 아버지에게 보내려고 요셉에게 자신을 인질로 삼아 달라고 간청했다.**
    1) 요셉은 형제들이 집으로 돌아갈 때에 청지기를 명하여 양식을 운반할 수 있을 만큼 채워 주고 그들의 자루에 각 자의 돈도 넣으며 베냐민의 자루에는 은잔까지 넣게 했다.(1~2)
    2) 요셉은 은잔을 빌미로 하여 베냐민을 인질로 잡으려 하자 유다는 아버지의 처량한 입장을 충분히 설명하고 자신이 베냐민을 대신하여 남아서 종이 되겠다고 간청했다.(12,15~26,30~33)

2. **부음 - 모두 예수를 죽이려고 할 때 한 여자는 매우 값진 향유 한 옥합을 부어 예수의 장례를 준비했다.**
    1) 유월절이 가까왔을 때에 대제사장들, 장로들, 서기관들, 가룟 유다는 예수를 죽일 방도를 계획하고 예수를 잡아 심문하여 신성모독으로 정죄한 후 침을 뱉고 주먹과 손바닥으로 치며 모욕했다.(1,10~11,43~44,53,61~65)
    2) 베다니의 나병환자 시몬의 집에서 한 여자가 매우 값진 향유 한 옥합을 깨어 예수의 장례를 예비한 반면, 베드로는 부인하지 않겠노라고 맹세했으나 결국 예언대로 세 번이나 부인했다.(3,8,27~31,69~72)

3. **외침 - 욥은 자기의 곤고함이 하나님의 주권에 달려있음을 알고 모든 감정과 아픔을 주께 외치며 탄원했다.**
    1) 욥은 자신의 곤고함이 자기를 창조하신 하나님에게서 비롯된 것을 알기에 그 이유가 무엇인지 알게 해달라고 간청했다.(1~2,5~8,11~12)
    2) 욥은 자기가 범죄하면 하나님이 사하지 않을 것이고 혹 의로울지라도 속에는 부끄러움이 가득하여 악함으로 멸할 것이니 차라리 태어나지 않게 하셨거나 일찍 데려가시면 좋겠다고 탄원했다.(14~16,18~21)

4. **섬김 - 바울은 성도 상호 간에 비판하지 말고 서로 섬기며 주를 위하여 하나님의 나라를 이루라고 했다.**
    1) 바울은 믿음이 강한 자든 약한 자든 피차 업신여기거나 비판하지 말고 오직 먹으나 안 먹으나 사나 죽으나 다 주를 위하여 하라고 말했다.(1~3,5~6,8~10)
    2) 바울은 음식으로 형제를 근심하게 하거나 망하게 하지 말고 화평의 일과 서로 덕을 세우는 일에 힘쓰므로 의와 평강과 희락의 하나님의 나라를 이루라고 말했다.(15~17,19~21)

기도

1. 주여, 어려운 일이 있을 때와 중요한 일이 있을 때 항상 앞에 서는 용기 있는 자가 되게 하옵소서.
2. 주여, 먹든지 마시든지 살든지 죽든지 무엇을 하든지 하나님의 나라를 위하여 하는 자가 되게 하옵소서.

상황을 신앙적으로 해석하는 자가 되라

핵심구절

제 목	상황을 신앙적으로 해석하는 자가 되라			
성경본문	창세기 45장	마가복음 15장	욥기 11장	로마서 15장
개별주제	해석 - 용서와 부양	재판 - 죽음과 대속	판단 - 비판과 충고	담당 - 약점과 연보
핵심구절	1~5,7~11,16,18, 20~24,26~27	1~3, 6~7,11~13,15~23 25,29~34,37~39,43~46	1~4,7~11,13~20	1~3,5~9,12,14,16~20 25~27,30~32

묵상(매일묵상, 구역예배, 성경공부)

1. 해석 - 요셉은 깊은 신앙으로 자신에게 주어진 13년의 역경의 세월을 하나님의 뜻으로 해석했다.

　　1) 요셉은 형들에게 자신을 알리고 자신이 애굽에 팔린 것은 하나님의 뜻이었다고 고백했다.
　　(1~5,7~8)

　　2) 요셉은 아버지와 그에 속한 모든 사람을 돌보겠다하고 수레를 보내 야곱을 모셔오라 했다.
　　(9~11,20~24)

2. 재판 - 예수는 대제사장들에 의해 재판을 받고 십자가를 지게 된 것이 하나님의 뜻임을 아셨다.

　　1) 대제사장들의 고발로 빌라도 법정에서 재판을 받은 예수는 십자가에 못 박도록 넘겨졌다.
　　(1~3,11~13,15)

　　2) 십자가를 지신 예수는 가시관을 쓰시고 고난과 희롱을 당하신 후 큰 소리를 지르시고 숨지셨다.
　　(16~20,25,29~34,37)

3. 판단 - 소발은 자신의 신앙적인 판단으로 욥에게 주관적인 비판과 일방적인 충고를 행하였다.

　　1) 나아마 사람 소발은 욥을 말 많고 자기를 의롭다고 하는 자요 가망이 없는 자로 비판했다.
　　(1~4,20)

　　2) 소발은 욥에게 주를 향하여 손을 들고 죄악을 멀리하면 모든 것이 회복될 것이라고 충고했다.
　　(13~19)

4. 담당 - 예수를 닮은 바울과 마게도냐 및 아가야 사람들은 이방인과 가난한 자들을 담당하였다.

　　1) 그리스도께서 자신을 기쁘시게 하지 않으심처럼 믿음이 강한 자는 자기를 기쁘게 하지 말고 선
　　과 덕을 세워 약한 자의 약점을 담당하고 하나님께 영광을 돌려야 한다.(1~3,5~7)

　　2) 바울은 하나님의 복음의 제사장 직분을 맡아 예수의 일꾼이 되어 이방인의 구원을 담당하였다.
　　(16~20)

　　3) 마게도냐와 아가야 사람들이 예수살렘 성도 중 가난한 자들을 위해 연보를 담당했다.(25~27)

기도

1. 주여, 요셉과 바울처럼 형제와 이방인을 위해 힘든 사역도 감당하는 우리가 되게 하옵소서.
2. 주여, 때로는 신앙적인 판단과 충고라도 상대방을 품는 마음으로 잘 이해하고 말하게 하옵소서.

생활 속에서 주의 음성을 듣는 자가 되자

2/13

핵심구절

제　　목	생활 속에서 주의 음성을 듣는 자가 되자			
성경본문	창세기 46장	마가복음 16장	욥기 12장	로마서 16장
개별주제	가라 - 애굽 고센으로	보라 - 예수 부활을	알라 - 주의 통치를	하라 - 참된 문안을
핵심구절	1~6,26~30,33~34	1~7,10~19	1~6,8~10,12~13,16 19~23	1~7,13,16~19,25~27

묵상(매일묵상, 구역예배, 성경공부)

1. 가라 - 이스라엘은 애굽으로 내려가라는 하나님의 음성을 듣고 가족을 데리고 내려가서 요셉을 만났다.

　　1) 이스라엘은 하나님의 음성을 듣고 온 가족과 가축을 이끌고 애굽으로 내려 갔다.(1~6,26~27)
　　2) 요셉은 아버지 야곱을 맞아 감격의 눈물을 흘리고 그의 가족을 고센 땅으로 인도했다.
　　(28~30,33~34)

2. 보라 - 막달라 마리아와 다른 여자들 그리고 제자들은 부활의 예수를 보고 선교명령을 받았다.

　　1) 안식후 첫날 막달라 마리아와 다른 여자들은 빈 무덤을 보고 주의 사자의 음성을 들었다.(1~7)
　　2) 부활의 예수를 만난 제자들은 믿지 못함에 대해 꾸중과 아울러 복음을 전파하라는 명령을 받았다.
　　(10~18)

3. 알라 - 욥은 소발에게 그의 견해가 잘못된 점과 하나님의 통치의 절대적임과 넓음을 알라고 말했다.

　　1) 욥은 나아마 사람 소발에게 그의 주관적 비판과 일방적 충고가 너무 마음 아프다고 대답했다.
　　(1~6)
　　2) 욥은 소발보다 한 걸음 더 나아가 자신이 아는 하나님의 절대적 주권을 소상히 설명했다.
　　(10,13,16~23)

4. 하라 - 바울은 주의 몸된 교회와 자신의 선교를 위해 충성한 모든 자에게 문안하라고 말했다.

　　1) 바울은 자신과 함께 교회를 세우고 선교에 힘쓴 모든 자들에게 문안하라고 했다.(1~7,13,16)
　　2) 바울은 복음을 거슬러 자기 배만 채우기 위해 교활한 말과 아첨하는 말로 순진한 자들을 미혹하
　　는 자 곧 분쟁을 일으키는 자를 떠나라고 말했다.(17~19)

기도

1. 주여, 일상생활 속에서 갈 곳과 볼 것과 알 것을 깨달아 하나님과 동행하는 삶을 살게 하옵소서.
2. 주여, 주의 일을 하는 충성된 모든 그리스도인들에게 진심으로 문안하고 돌보는 우리가 되게 하옵
　소서.

자비와 지혜로운 경영은 공짜가 아니다

핵심구절

제 목	자비와 지혜로운 경영은 공짜가 아니다			
성경본문	창세기 47장	누가복음 1장 1~38절	욥기 13장	고린도전서 1장
개별주제	대가 - 업적과 재물	인정 - 의인과 처녀	변론 - 경외와 정의	감사 - 증거와 기다림
핵심구절	3~4,6~9,11~17,19~20 22~24,26,28~29,31	3~6,9~17,19~20,24~28 30~33,35,37~38	1~6,9~13,15~18, 20~24,26~28	4~8,10,12~13,17~18 21~25,27~29

묵상(매일묵상, 구역예배, 성경공부)

1. 대가 - 야곱이 땅을 얻은 것과 각국 백성이 양식을 얻은 것은 업적과 재물을 대가로 지불했기 때문이다.

> 1) 바로는 요셉이 그 동안 행하였던 정책과 업적을 보고 그의 가족에게 땅을 허락했다.(3~4,6,11)
> 2) 요셉은 기근이 더욱 심할 때, 모든 자에게 그 대가를 받고 곡식을 팔아 나눠주었다.(13~17,19~20,23)
> 3) 야곱은 험악한 세월을 보냈으나 노년에 고센 땅에서 17년을 평안히 거주하면서 하나님께 경배했다.(28,31)

2. 인정 - 사가랴와 엘리사벳, 마리아가 세례요한과 예수를 고지 받은 것은 삶을 인정받았기 때문이다.

> 1) 사가랴와 엘리사벳은 하나님 앞에 의인이었기에 요한의 출생 고지와 잉태를 경험했다.
>   (5~6,9~16,24~25)
> 2) 마리아는 예비된 처녀이었기에 주께 은혜를 입어 예수의 탄생을 고지 받았다.(26~28,30~33,35)

3. 변론 - 욥은 친구들과 더나아가 하나님께 자신의 경건과 정의에 대하여 변론하자고 도전했다.

> 1) 욥은 자신에 대한 친구들의 말이 잘못되었음을 지적하고, 자신의 정의로움에 대해 하나님과 변론하고 싶다고 말했다.(1~6,15~18)
> 2) 욥은 하나님께 자신의 삶을 살펴보시고 두 가지 일을 행하지 말아달라고 간절히 간구했다.(20~24)

4. 감사 - 바울은 고린도교회가 그리스도의 증거를 견고히 하고 주의 나타나심을 기다림에 대해 감사했다.

> 1) 바울은 고린도교회가 언변과 지식과 은사가 풍족하므로 그리스도의 증거가 견고하게 되어, 주 예수 그리스도의 나타나심을 기다리는 점에 대해 칭찬하고 감사했다.(4~7)
> 2) 바울은 고린도교회에게 여러 파로 나뉘어 분쟁하지 말라고 권면했다.(10,12~13)
> 3) 바울은 그리스도와 십자가의 도가 구원을 받는 자들에게 하나님의 능력과 지혜가 된다고 했다.
>   (18,24)

기도

1. 주여, 물질과 자녀의 축복을 받기 위하여 정직하고 지혜로우며 의로운 삶을 살게 하옵소서.
2. 주여, 경건과 신앙을 견고히 하여 사람 앞에 당당하게 하시고 언제나 칭찬받게 하옵소서.

은혜를 깨달은 자는 참 신앙고백을 한다

제 목	은혜를 깨달은 자는 참 신앙고백을 한다			
성경본문	창세기 48장	누가복음 1장 39~80절	욥기 14장	고린도전서 2장
개별주제	유언 - 축복과 상속	찬가 - 마리아와 사가랴	고백 - 한계와 주권	작정 - 십자가와 성령
핵심구절	1~6,9,14~19,21~22	39~50,54~55,57~59 62~64,67~71,76~80	1~6,10,12~17,22	1~2,4~8,10,12~15

묵상(매일묵상, 구역예배, 성경공부)

1. 유언 - 이스라엘은 신앙고백과 아울러 손자 므낫세와 에브라임을 열 두 지파에 포함하는 축복을 했다.

  1) 이스라엘은 요셉이 듣는 가운데서 하나님에게 그에 대한 깊은 신앙고백을 드렸다.(3~4,15~16)
  2) 이스라엘은 요셉과 그의 아들 므낫세와 에브라임에게 마음을 다하여 축복해 주었다.
  (5~6,9,19,21~22)

2. 찬가 - 엘리사벳은 마리아를 축복하고 마리아와 사가랴는 하나님께 신앙고백의 찬가를 불렀다.

  1) 엘리사벳은 마리아의 문안을 받고 성령이 충만하여 그를 축복했다.(39~45)
  2) 엘리사벳의 축복을 받은 마리아는 깊은 신앙고백의 찬가를 불렀다.(46~50,54~55)
  3) 사가랴는 요한이 태어남을 보고 성령이 충만하여 그의 사역에 대해 예언했다.
  (57,62~63,67~69,76~79)

3. 고백 - 욥은 자신이 의로울지라도 죄악되고 유한함을 시인하고 믿음 안에서 주의 부르심을 간구했다.

  1) 욥은 자신의 인생이 더럽고 유한하며 하나님의 주권 하에 달려 있음을 고백했다.(1~6,10,12,14)
  2) 욥은 하나님이 자신을 살펴보시고 다시 부르시는 은혜가 있기를 간절히 구했다.(13,15~17,22)

4. 작정 - 바울은 믿음 안에서 오직 예수의 십자가와 성령께서 가르치시는 것만 전하기로 작정했다.

  1) 바울은 오직 믿음 안에서 하나님의 지혜로 예수 그리스도의 십자가만 전하기로 작정했다.
  (1~2,6~8)
  2) 바울은 오직 믿음 안에서 성령이 가르치신 것만을 증거하기로 작정했다.(4~5,10,12~14)

기도

1. 주여, 인생의 마지막이 다가올 때에도 변함없는 신앙고백을 할 수 있도록 지켜 주시옵소서.
2. 주여, 선택해 주시고 일꾼으로 사용해 주시는 하나님의 주권과 뜻에 합당한 삶을 살게 하옵소서.

찬양하며 축복하는 영적인 삶을 누리라

핵심구절

제 목	찬양하며 축복하는 영적인 삶을 누리라			
성경본문	창세기 49장	누가복음 2장	욥기 15장	고린도전서 3장
개별주제	축복 - 분량대로	찬양 - 은혜대로	저주 - 느낀대로	선언 - 주신대로
핵심구절	1~5,7~8,10,13~16 19~24,27~30,33	3~7,10~14,16~20 22~32,36~38,41~50	1,4~6,9~16,20~21 24~30,34~35	1~3,5~17,21~23

묵상(매일묵상, 구역예배, 성경공부)

1. 축복 - 야곱은 열 두 아들을 마음껏 축복하고 요셉에게 자신의 장사를 부탁한 후 숨을 거두었다.

　　1) 야곱은 열 두 아들에게 후일에 당할 일을 그 분량대로 축복하였다.(1~5,7~8,10,13~16,19~24,27~28)

　　2) 야곱은 축복을 다한 후 자신을 막벨라 굴에 장사해 줄 것을 부탁하고 숨을 거두었다.(29~30,33)

2. 찬양 - 목자와 시므온과 안나는 아기 예수를 보고 하나님께 영광과 찬양을 돌렸다.

　　1) 호적하러 베들레헴에 간 요셉과 마리아는 구유에 예수를 낳고, 천사로부터 소식을 전해들은 목자들은 찾아와 아기 예수를 보고 하나님께 영광과 찬송을 돌렸다.(3~7,10~14,16~20)

　　2) 아기 예수가 정결예식을 하러 예루살렘에 올라갔을 때 시므온과 안나 선지자는 그를 보고 하나님께 찬송과 감사를 드렸다.(22~32,36~38)

3. 저주 - 데만 사람 엘리바스는 욥을 악평하고, 여러 가지 말을 비유로 들어 그를 저주하였다.

　　1) 데만 사람 엘리바스는 욥을 향해 죄악되고 간사하며 불만과 분노를 터뜨리는 자라고 했다.(4~6,9~16)

　　2) 엘리바스는 욥에게 지혜자의 말을 빌려 주를 대적하는 인생은 인과응보적이라고 말했다.
　　(20~21,24~30)

4. 선언 - 바울은 고린도교회의 지도자와 성도들에게 그들의 정체성과 역할을 분명히 선언해 주었다.

　　1) 바울은 교회의 모든 지도자가 하나님의 동역자요 단지 역할이 다를 뿐이라고 말했다.(1~3,5~9)

　　2) 바울은 성도가 지혜로운 건축자이며 하나님의 성전이고 그리스도의 것이라고 말했다.(10~17,21~23)

기도

1. 주여, 남을 축복하고 저주하는 자가 되지 않게 하옵소서.
2. 주여, 하나님을 찬양하고 주의 일꾼들과 성도를 사랑하며 긍지를 갖도록 격려하는 자가 되게 하옵소서.

성도의 삶에는 고난과 영광이 공존한다

핵심구절

제 목	성도의 삶에는 고난과 영광이 공존한다			
성경본문	창세기 50장	누가복음 3장	욥기 16~17장	고린도전서 4장
개별주제	최선의 삶 - 요셉	경건의 삶 - 요한	고통의 삶 - 욥	모범의 삶 - 바울
핵심구절	3~6,10,13,15~22 24~25	1~3,6~9,11~14,16~17 19~23,31~34,36~38	16:1~2,4~6,9~13 16~17,19~21 17:1~2,5~7,9,11,15	1~2,4~7,9~16,18~21

묵상(매일묵상, 구역예배, 성경공부)

1. 최선의 삶 - 요셉은 역경 중에도 오직 믿음으로 승리하여 야곱과 형제들에게 최선의 삶을 보여 주었다.

　　1) 요셉은 아버지 야곱이 세상을 떠나자 70일 동안 곡을 하고, 바로 왕에게 허락받아 큰 조문행렬과 함께 가나안 땅 마므레 앞 막벨라 굴에 가서 성대한 장사를 지냈다.(3~6,13)

　　2) 요셉의 형제들은 요셉이 보복하지 않을까 염려하여 요셉에게 아버지의 살아 생전의 뜻을 전하였으나 요셉은 모든 것이 하나님의 뜻이었음을 고백하고 형제들을 위로한 후 백십 세에 운명했다.(15~22)

2. 경건의 삶 - 세례 요한은 오직 믿음으로 회개의 세례를 외치며 예수를 증거하는 경건의 삶을 살았다.

　　1) 총독 빌라도, 분봉 왕 헤롯, 대제사장 안나스와 가야바 때에 하나님의 말씀이 빈 들에 있는 요한에게 임하매 그가 회개의 세례와 합당한 열매를 맺을 것과 예수는 성령과 불로 세례를 베푸실 것을 증거했다.(3,8,11~14,16)

　　2) 누가는 예수님이 가르치심을 시작하실 때가 삼십 세였으며, 그의 아버지는 요셉이요 그 위는 다윗이요 그 위는 아브라함이요 그 위는 노아요 그 위는 아담이요 그 위는 하나님이시라고 증거했다.(23,31,34,36,38)

3. 고통의 삶 - 욥은 의롭게 살려고 힘썼으나 하나님은 침묵하시고 친구는 몰라주어 고통의 삶을 살았다.

　　1) 욥은 친구 엘리바스의 말을 듣고 위로를 받지 못하고, 오히려 억울하여 자기 손은 포학이 없고 자기 기도는 정결함에도 하나님은 자기에게 진노하사 고난 가운데 두셨다고 눈물로 절규했다.(16:1~2,2,9~13,16~17)

　　2) 욥은 자기의 상황과 삶을 한탄하면서 죽음이 임박했다고 처절하게 고백했다.(17:1~2,6~7,11,15)

4. 모범의 삶 - 바울은 고린도교회에게 그리스도의 일꾼으로서 겸손하고 충성하여 모범의 삶을 살라고 했다.

　　1) 바울은 고린도교회에게 자기는 그리스도의 일꾼이요 하나님의 비밀을 맡은 자로서 오직 충성할 뿐이며 비판을 받지도 하지도 않는다고 말했다.(1~2,4~5)

　　2) 바울은 고린도교회에게 모든 것은 하나님께 받은 것이니 교만하거나 자랑하지 말고 자기가 고난을 받으며 사역했던 것처럼 나를 본받아 오직 능력으로 하나님의 나라를 이루라고 말했다.(6~7,9~13,16,18~20)

기도

1. 주여, 어떤 역경의 상황에 처할지라도 신앙적으로 해석하고 충성하는 일꾼이 되게 하옵소서.

2. 주여, 회개의 열매를 맺고 성령의 충만함을 받아 하나님의 나라를 세워가는 자가 되게 하옵소서.

주님의 축복은 시험과 고난을 동반한다

핵심구절

제 목	주님의 축복은 시험과 고난을 동반한다			
성경본문	출애굽기 1장	누가복음 4장	욥기 18장	고린도전서 5장
개별주제	바로 - 고역	마귀 - 시험	빌닷 - 악담	형제 - 범죄
핵심구절	1,5~8,10~11,14~17 20~22	1~9,12,14~16,18 21~22,24~29,33~36 38~40,43~44	1~13,16~19,21	1~2,6~8,10~12

묵상(매일묵상, 구역예배, 성경공부)

1. 바로 - 하나님께 생육하고 번성하는 축복을 받은 이스라엘 자손은 바로로부터 시험과 고역을 당했다.

1) 야곱의 가족 칠십 명이 애굽에 내려와 생육하고 번성하여 점점 강해지자 요셉을 알지 못하는 새 왕이 이를 두려워하여 무거운 짐과 여러 가지 노동으로 이스라엘 자손을 괴롭혔다.(1,5~8,10~11,14)

2) 애굽 왕은 히브리 산파들에게 태어나는 남아를 죽이라고 했으나 하나님을 두려워하는 산파들은 아기들을 살렸고 이를 본 바로는 다시 남아가 태어나면 나일강에 던지라고 명령했다.(15~17,21~22)

2. 마귀 - 성령충만으로 큰 치유를 행하신 예수님은 마귀에게 시험을 받으시고 고향에서 배척을 받으셨다.

1) 성령의 충만함을 입으신 예수님은 마귀에게 세 가지 시험을 받으셨으나 모두 말씀으로 물리치시고 여러 회당에서 가르치시매 뭇 사람에게 칭송을 받으셨다.(1~9,12,15~16)

2) 고향 나사렛에서 배척을 받으신 예수님은 소수만이 은혜를 입은 예를 들어주시고 가버나움으로 가셔서 귀신들린 사람과 열병을 앓는 시몬의 장모와 온갖 병자들을 고쳐 주셨다.(24~29,33~35,38~40)

3. 빌닷 - 하나님께 인정을 받았던 욥은 고난 중에 자기의 의를 주장하자 빌닷으로부터 저주성 악담을 들었다.

1) 욥의 친구 빌닷은 욥이 자기를 스스로 변호하는 말을 듣고 크게 오해하여, 욥과 변론했던 다른 친구들에게 욥이 자기 의에 빠져 교만하다고 고발했다.(1~4)

2) 욥의 친구 빌닷은 욥에게 심한 저주성 악담을 교훈처럼 말했다.(5~13,16~19,21)

4. 형제 - 바울은 교회 안에 있는 참 성도들에게 묵은 누룩 같은 형제와 그 범죄를 치리하라고 말했다.

1) 바울은 고린도교회 안에 있는 음행한 자에 대하여 판단하고 치리해야 하며, 신앙생활은 오직 악하고 악의에 찬 누룩이 아닌 순전함과 진실함의 떡으로 해야 한다고 권면했다.(1~2,6~8)

2) 바울은 세상에 속한 범죄자들에 대하여는 사귀지 않을 수 없으나 교회 안에 있는 범죄자들에 대해서는 사귀지도 말고 함께 먹지도 말라고 권면했다.(9~12)

기도

1. 주여, 하나님의 축복을 받았을 때에 시험하는 자가 와서 고난을 줄지라도 능히 이기게 하옵소서.
2. 주여, 주변에 존재하는 배척과 시험을 능히 이기게 하시고 주어진 사명을 잘 감당하게 하옵소서.

인간의 노력은 주님의 돌보심을 부른다

2/19

핵심구절

제 목	인간의 노력은 주님의 돌보심을 부른다			
성경본문	출애굽기 2장	누가복음 5장	욥기 19장	고린도전서 6장
개별주제	최선 - 행동과 기도	내림 - 그물과 침상	믿음 - 긍휼과 현현	지체 - 구별과 영광
핵심구절	1~12,15~16,19~24	1,3~6,8,10~13,18~20 23~25,27~28,30~32,38	1~7,10~11,13~21 25~27,29	1~2,5,7,9~12,14~15 17~20

묵상(매일묵상, 구역예배, 성경공부)

1. 최선 - 레위 지파 부부는 아들을 위해, 미리암은 동생을 위해, 모세는 동족보호를 위해 최선을 다했다.

    1) 레위 지파 부부는 아들을 낳아 갈대상자에 넣어 나일강에 띄우고 바로의 딸은 그를 건져 아들을 삼 았다.(1~10)

    2) 모세는 동족을 지키려다가 살인함이 탄로되어 도피하던 중에 미디안 제사장의 사위가 되었다. (11~12,15,20~22)

    3) 이스라엘 자손이 고된 노동으로 인해 탄식하며 부르짖을 때 하나님은 들으시고 언약을 기억하셨 다.(23~24)

2. 내림 - 베드로는 말씀에 순종하여 그물을 내렸고, 사람들은 한 중풍병자를 지붕에서 달아 내렸다.

    1) 시몬은 말씀에 의지해 깊은 데로 가서 그물을 내렸고 사람들은 주 앞에 중풍병자를 달아 내렸 다.(1~6,18~20)

    2) 예수는 어부인 시몬 베드로와 세관에 앉은 세리를 사람을 낚는 제자로 부르셨다.(8,10~11,27~28)

3. 믿음 - 욥은 모두가 자신을 무시하고 떠나도 대속자이신 하나님은 심판장으로 나타나실 것을 믿었다.

    1) 욥은 자신을 철저히 무시한 친구와 형제들과 친척과 종들에게 불쌍히 여겨달라고 말했다. (1~6,13~21)

    2) 욥은 자신의 대속자이신 하나님이 살아계심으로 반드시 생사 간에 뵙게 될 것을 고백했다.(25~27,29)

4. 지체 - 바울은 다툼과 음행을 피하고 그리스도의 지체요 주와 합한 자로서 하나님께 영광을 돌리라고 했다.

    1) 바울은 고린도교회에게 다툼의 문제를 세상에서 풀지 말고 또 불의한 자로 살지 말라고 말했다. (1~2,5,7,9~10)

    2) 바울은 모든 것이 가하나 다 유익한 것은 아니기에 얽매이지 않고 또 성도는 그리스도의 지체요 주 와 합하는 자로서 음행을 피하고 성령의 전으로서 하나님께 영광을 돌리라고 말했다.(12,15,17~20)

기도

1. 주여, 어려운 환경과 상황 속에서도 주의 뜻에 순종하여 최선을 다하고 주의 영광을 보게 하옵소서.
2. 주여, 주의 지체요 주와 합한 자인 우리가 끝없는 유혹과 다툼 속에서도 넉넉히 이기게 하옵소서.

하나님의 사람은 하나님의 뜻을 이룬다

제 목	하나님의 사람은 하나님의 뜻을 이룬다			
성경본문	출애굽기 3장	누가복음 6장	욥기 20장	고린도전서 7장
개별주제	모세 - 만남과 지시	예수 - 선택과 교육	소발 - 곡해와 저주	바울 - 결혼과 독신
핵심구절	1~2,4~5,7~8,10, 12~15,18~22	1~6,8~10,12~13,20~23 27~31,34~38,42~48	1~8,10~15,18~19 22~23,26,28~29	1~3,5,7~8,10~14,17 19~20,22~28,32~35,38

묵상(매일묵상, 구역예배, 성경공부)

1. 모세 - 하나님의 산에서 하나님을 만난 모세는 하나님의 뜻에 따라 그 지시하시는 말씀을 받았다.

1) 양 떼를 치던 모세는 하나님의 산에서 나는 스스로 있는 자라고 말씀하신 하나님을 만났다.
(1~2,4~5,12~15)
2) 하나님은 모세에게 이스라엘 장로와 백성, 그리고 애굽 왕에게 할 말을 가르쳐 주셨다.
(7~8,10,18~22)

2. 예수 - 하나님의 뜻을 따라 성육신하신 예수는 제자를 선택하신 후 그들에게 합당한 삶을 가르쳐 주셨다.

1) 예수는 안식일의 정신을 바로 잡아 주시고 밤새 기도하신 후에 제자들을 선택하셨다.
(1~6,8~10,12~13)
2) 예수는 제자들에게 복이 있는 삶과 선대하고 인자한 삶, 비판보다 용서하는 삶과 좋은 열매 맺는 삶,
그리고 말씀을 행함으로 반석 위에 집을 짓는 삶을 가르쳐 주셨다.(20~23,27~31,34~38,42~48)

3. 소발 - 소발은 하나님의 뜻보다 자신의 생각으로 욥을 향해 악한 대답을 하고 그의 미래를 저주했다.

1) 소발은 욥의 말을 듣고 한 마디로 무가치하고 악한 말이라고 대답했다.(3~8,12~14,19)
2) 소발은 욥에게 여러 말로 그 동안 하나님의 심판이 이르렀고 또 앞으로도 더 임할 것이라고 말했
다.(10~11,15,18,22~23,26,28~29)

4. 바울 - 기혼자들에게 주의 뜻에 합당한 생활원칙을 전해 준 바울은 미혼자에게 자기같은 독신을 권유했다.

1) 바울은 결혼한 자에게 분방하지 말고 이혼하지도 말며 서로 구원을 위해 기도하라고 했다.(5,10~14)
2) 바울은 결혼 문제에 있어서 자기와 같이 주를 위하여 독신할 것을 권유했다.(7~8,25~26,40)
3) 바울은 결혼한 자가 주와 베필 사이에서 마음이 나뉘는 것을 주의하고 부르심을 받은 대로 하나님
과 함께 거하라고 했다.(17,20,22~24,32~35)

기도

1. 주여, 신앙생활 중에 하나님을 만나 하나님의 뜻을 알고 그것을 실행하는 자가 되게 하옵소서.
2. 주여, 주관적인 신앙관으로 남을 판단하지 않고 함부로 막말하지 않는 성숙한 언어 자세를 주옵소
서.

믿음의 사람은 약한 자를 힘써 세워간다

제 목	믿음의 사람은 약한 자를 힘써 세워간다			
성경본문	출애굽기 4장	누가복음 7장	욥기 21장	고린도전서 8장
개별주제	경배 - 말씀과 기적	인정 - 믿음과 사랑	심판 - 악인과 의인	권면 - 약함과 상함
핵심구절	1~4,6~7,9~10,12~15 18~23,25,27~31	2~16,20~22,26,28~32 36~48,50	7~20,22,27,30,34	1~4,6~12

묵상(매일묵상, 구역예배, 성경공부)

1. 경배 - 믿음의 사람 모세와 아론은 약한 이스라엘 백성을 말씀과 기적을 통해 믿고 경배하게 했다.

　　1) 하나님은 모세에게 세 가지 기적의 능력있는 지팡이와 대변자인 아론을 허락하셨다.
　　　(1~4,6~7,9,12~15)
　　2) 모세는 가족을 데리고 장인 이드로를 떠나 애굽으로 돌아가서 형 아론과 함께 이스라엘의 백성과 장로 앞에서 말씀과 이적을 보여 그들로 믿고 경배하게 하였다.(18~21,27~31)

2. 인정 - 믿음의 주 예수는 백부장과 세례 요한과 한 여자의 믿음을 인정하시고 은혜를 베푸셨다.

　　1) 예수는 백부장의 믿음을 보사 종을 고쳐 주셨고 과부를 불쌍히 여기사 아들을 살려 주셨다.(2~16)
　　2) 예수는 요한에게 자신이 누구인지를 설명하셨고 또한 제자들에게 요한에 대해 말씀하셨다.
　　　(20~22,26,28)
　　3) 예수는 한 바리새인의 작은 사랑과 향유 담은 옥합을 부은 한 여자의 큰 사랑을 말씀하셨다.
　　　(36~48,50)

3. 심판 - 믿음의 사람 욥은 악인의 형통이 심판을 받을 것이며 의인의 고난은 회복될 것이라고 믿었다.

　　1) 욥은 악인이 범사에 형통한 듯 보이지만 결국 그 행복은 그들 손에 있지 않다고 말했다.(7~13,17~20)
　　2) 욥은 악인이 하나님을 거부하고 무시하나 자기는 하나님의 공의와 심판을 믿는다고 했다.
　　　(14~16,22,30)

4. 권면 - 믿음의 사람 바울은 지식이 있는 자들에게 믿음이 약한 사람의 상함을 조심하라고 권면했다.

　　1) 바울은 우상의 제물이 아무 것도 아니며 그로 인하여 좋아지거나 나빠지는 것이 없다고 했다.
　　　(1,4,6~8)
　　2) 바울은 이 지식을 가진 자가 자유롭게 행동함으로 덕을 세우지 못하여 믿음이 약한 형제를 멸망시키고 그 약한 양심을 상하게 한다면 그리스도에게 죄를 짓는 것이라고 했다.(9~12)

기도

1. 주여, 믿음이 약한 자들에게 말씀과 능력으로 덕을 세워 주를 경배하도록 양육하는 자가 되게 하옵소서.
2. 주여, 강한 믿음의 사람이 되어 아픈 자를 돌봐 주고 자신의 고난도 능히 이겨내는 자가 되게 하옵소서.

순종의 과정은 힘드나 결과는 풍성하다

2/22

핵심구절

제 목	순종의 과정은 힘드나 결과는 풍성하다			
성경본문	출애굽기 5장	누가복음 8장	욥기 22장	고린도전서 9장
개별주제	요청 - 노역과 원망	경청 - 말씀과 은혜	권면 - 들음과 받음	권리 - 놓음과 상급
핵심구절	1,4,6~9,12~13,16~17 20~22	1~8,12~16,21,23~25 27~28,30~33,36~37 40~55	1~7,9~10,13~14 21~29	1~2,5~7,12~13,15~19 22~27

묵상(매일묵상, 구역예배, 성경공부)

1. 요청 - 모세와 아론은 바로에게 보내 달라고 요청했으나 그 결과 심한 노역과 백성의 원망을 들었다.

　　1) 모세와 아론은 하나님의 말씀에 순종하여 바로에게 하나님 여호와께 제사를 드릴 수 있도록 보내 달라고 말했으나 그 결과 더 심한 노역을 얻게 되었다.(1,4,6~9,17)

　　2) 짚 없이 벽돌의 수량을 맞춰야 했던 이스라엘 자손들은 모세와 아론을 원망하고 저주했다.(20~21)

2. 경청 - 큰 무리와 제자들, 귀신들린 자와 열두 해를 앓던 여자는 주의 말씀을 경청하고 큰 은혜를 입었다.

　　1) 예수는 모여 든 큰 무리에게 네 가지 땅의 비유와 진정한 모친과 동생들에 관해 말씀하셨다.
　　(4~8,21)

　　2) 예수는 광풍을 잔잔케 하시고 거라사인의 군대 귀신을 돼지 떼로 내쫓으셨다.(27~28,30~33)

　　3) 예수는 회당장 야이로의 딸을 살리시고 열두 해를 혈루증으로 앓는 여자를 구원해 주셨다.(40~55)

3. 권면 - 욥을 향한 엘리바스의 권면은 주관적이었으나 욥이 이를 겸손하게 받아들임도 필요했다.

　　1) 엘리바스는 욥을 향해 주께 경건하지 못하고 악을 행하여 올무와 두려움이 임했다고 했다.
　　(1~7,9~10,13~14)

　　2) 엘리바스는 욥을 부정적으로 평가하고 선입견을 가진 후 그에게 하나님과 화목하고 교훈을 받으며 또 하나님의 말씀을 마음에 두고 기도하며 겸손하라고 주관적인 권면을 했다.(21~29)

4. 권리 - 바울은 모든 권리를 내려놓음으로 힘들었으나 그 결과 많은 영혼을 구원하고 상을 받게 되었다.

　　1) 바울은 자유인이요 사도로서 모든 권리를 가졌으나 복음에 장애가 없게 하려고 그 것을 다 쓰지 않았다.(1~2,5~7,12~13,15,18)

　　2) 바울은 몇 사람이라도 더 구원하기 위하여 모든 사람에게 모든 사람처럼 되려고 힘썼다.(19,22~23)

　　3) 바울은 썩지 않을 상을 위해 달려가되 자신의 몸을 쳐 복종시켜 버림을 받지 않도록 주의했다.
　　(24~27)

기도

1. 주여, 말씀에 순종하여 사역할 때에 혹 순탄하지 않더라도 지속적으로 감당하게 하옵소서.

2. 주여, 오직 그리스도의 복음을 전파하기 위해 자신의 모든 자유와 권리를 내려놓게 하옵소서.

주는 약한 자에게 일하도록 힘을 주신다

제 목	주는 약한 자에게 일하도록 힘을 주신다			
성경본문	출애굽기 6장	누가복음 9장	욥기 23장	고린도전서 10장
개별주제	모세 - 아론과 능력	제자 - 능력과 권위	욥 - 믿음과 소망	한 몸 - 주의 피와 몸
핵심구절	1,4~7,9,11~12,14, 16,20~21,23,26~27, 29~30	1~3,5,9~11,14~17 20,22~24,26,28~33,35 38~42,46~48,50,57~62	1~5,7~15	1~7,9~14,16~17, 20~21,23~26,29~33

묵상(매일묵상, 구역예배, 성경공부)

1. 모세 - 전능의 하나님은 늙은 모세에게 아론과 능력의 지팡이를 주셔서 이스라엘을 구원하게 하셨다.

　　1) 전능의 하나님은 이스라엘 조상에게 거류하는 땅을 주시기로 언약한 것을 기억하시고, 애굽 사람의 무거운 짐 밑에서 빼내어 친히 자기 백성을 삼으시고 이스라엘의 하나님이 되시겠다고 말씀하셨다.(4~7)

　　2) 하나님의 명령을 받은 모세는 하나님께 백성도 내 말을 듣지 않는데 바로가 듣겠느냐고 반문하면서 자신은 입이 둔하다고 거듭 자신없이 말했다.(9,11~12,29~30)

2. 제자 - 예수님은 무명의 열 두 제자들에게 능력과 권위를 주셔서 복음을 전하며 병을 고치게 하셨다.

　　1) 예수님은 열 두 제자를 선택하신 후 능력과 권위를 주사 복음을 전하며 병을 고치게 하시고, 주님도 빈들에서 오병이어로 오천 명을 먹이시며, 산에서 내려오사 귀신들린 아이를 낫게 하셨다.(1~2,14~17,38~42)

　　2) 예수님은 신앙고백을 들으신 후 고난을 받을 것과 제자의 도와 변화산의 환상을 보이시고, 누가 크냐 변론하는 제자에게 어린 아이로 교훈하시며 하나님의 나라에 합당한 삶을 살라고 말씀하셨다.(20,22~24,28~31,48,57~62)

3. 욥 - 하나님은 고통 중에 있는 욥에게 믿음을 주셔서 소망을 품고 영광을 고백하며 견뎌내게 하셨다.

　　1) 욥은 받는 재앙이 탄식보다 무거움으로 어떻게 하든지 하나님을 발견하고 그 앞에서 호소하며 변론하여 벗어나고 싶었으나 앞으로 가도 뒤로 가도 왼쪽이나 오른쪽에서도 뵐 수 없다고 한탄했다.(1~5,7~9)

　　2) 그러나 욥은 자기가 하나님의 걸음을 바로 따랐고 그의 길을 지켜 치우치지 아니하였음으로 뜻이 일정하신 하나님이 자기를 단련하신 후에는 순금같이 되어 나오게 하실 것이라고 고백했다.(10~14)

4. 한몸 - 그리스도는 죄인들에게 자기의 피와 몸을 주셔서 한 몸 되게 하시고 주의 영광을 위해 살게 하셨다.

　　1) 바울은 죄인이었으나 세례를 받고 예수 그리스도로부터 신령한 음식과 음료를 받은 자는 우상숭배를 하거나 우상의 제물에 참여하지 말고 주를 시험하거나 원망하지도 말라고 말했다.(1~7,9~11,14)

　　2) 바울은 주의 피와 몸에 참여한 자는 한 몸이므로 모든 것이 가하나 다 유익한 것이 아니요 덕을 세우는 것이 아니니 남의 유익을 구하고 다 하나님의 영광을 위해서 행하라고 말했다.(16~17,23~26,31~33)

기도

1. 주여, 연약한 것 투성이라도 하나님이 주시는 능력으로 온전히 사명을 감당하게 하옵소서.
2. 주여, 고난과 역경 중에 있을 때에 오직 하나님의 역사하심을 믿고 소망 안에서 인내하게 하옵소서.

자신의 생각이 멸망을 부르지 않게 하라

2/24

핵심구절

제 목	자신의 생각이 멸망을 부르지 않게 하라			
성경본문	출애굽기 7장	누가복음 10장	욥기 24장	고린도전서 11장
개별주제	완악 - 재앙과 요술	부담 - 배척과 거부	심판 - 악행과 멸망	꾸중 - 외모와 만찬
핵심구절	1~5,9,11~13,15~19 22~23	1~5,7,9,11,13,15~21 23,25~30,33~42	1~5,9,12~24	1,3~5,7~9,11~14,17 20~29,33~34

묵상(매일묵상, 구역예배, 성경공부)

1. 완악 - 모세가 이적을 행하였을 때 바로도 요술사를 통해 대응할 수 있다는 생각에 더욱 완악해졌다.

　　1) 모세와 아론은 바로 앞에서 뱀의 이적을 보였으나 그도 요술사들을 통해 그같이 행했다.
　　　(2~5,9,11~13)

　　2) 모세와 아론은 나일강, 물들, 강들, 운하, 못, 모든 호수를 피가 되게 하였으나 애굽 요술사들도 자기들의 요술로 그같이 행하므로 바로의 마음은 완악하여 이 일에 관심을 갖지 않았다.(15~19,22~23)

2. 부담 - 제자들이 파송되었을 때 자기들의 생각으로 영접치 않는 동네와 부담을 가진 자들은 화를 입었다.

　　1) 예수가 제자들을 각 동네로 보내셨을 때 고라신, 벳새다, 가버나움은 영접하지 않았다.(1~5,11,13,15)

　　2) 예수는 자기를 옳게 보이려고 하는 어떤 율법교사에게 자비를 가르치셨고 마르다에게는 많은 일로 염려하지 말라고 교훈하셨다.(25~30,33~42)

3. 심판 - 욥은 악인이 당장의 형통함 때문에 그릇된 생각으로 악행을 지속한다면 결국 심판을 받는다고 믿었다.

　　1) 욥은 하나님의 오래 참으심 속에서 자행되는 악인의 악함과 그럼에도 불구하고 형통한 삶을 고발했다.(1~5,9,12~17,21)

　　2) 욥은 결국 때가 차매 하나님이 반드시 악인을 심판하실 것을 의심하지 않았다.(18~20,22~24)

4. 꾸중 - 바울은 교회 안에서의 남자와 여자의 외적 모습 그리고 성만찬의 잘못된 생각과 태도를 꾸중했다.

　　1) 바울은 교회 안에서 남자와 여자 성도가 행하여야 할 모습과 자세를 소상히 말했다.
　　　(1,3~5,7~9,11~14)

　　2) 바울은 성만찬에서 벌어지는 은혜롭지 못한 상황을 꾸중하고 바른 예전을 가르쳤다.
　　　(17,20~29,33~34)

기도

1. 주여, 자신이 무엇을 할 수 있다고 생각될 때 하나님의 뜻을 거역하는 교만에 빠지지 않게 하옵소서.
2. 주여, 말씀이 부담이 되고 나의 습관과 대치될 때 거부하거나 불순종하지 않게 하옵소서.

주는 항상 자기 백성을 유익하게 하신다

제 목	주는 항상 자기 백성을 유익하게 하신다			
성경본문	출애굽기 8장	누가복음 11장	욥기 25-26장	고린도전서 12장
개별주제	재앙 - 구원을 위해	교육 - 사역을 위해	소망 - 회복을 위해	은사 - 유익을 위해
핵심구절	1~2,6~13,16~19,21~22 25~29,31~32	2~13,18,20,23~26 28~30,33~34,37~42 46,52~54	25:1~6 26:1~3,6~8,12~14	3~14,18~28,31

묵상(매일묵상, 구역예배, 성경공부)

1. 재앙 - 하나님은 자기 백성을 애굽으로부터 구원하시기 위하여 애굽 땅에 여러 가지 재앙을 내리셨다.

    1) 하나님은 자기 백성을 바로가 내보내도록 하기 위해 모세와 아론을 통하여 애굽 온 땅에 개구리, 이, 파리 재앙을 내리셨다.(1~2,6~7,16~18,21~22)

    2) 바로는 마음이 더욱 완강하여 모세와 아론에게 내보내겠다고 했던 약속을 지키지 않았다. (15,19,32)

2. 교육 - 예수는 자기 제자들을 승리하도록 하기 위하여 기도의 능력과 귀신의 습성을 가르쳐 주셨다.

    1) 예수는 제자들에게 기도의 내용과 방법에 대해서 가르쳐 주셨다.(2~13)

    2) 예수는 자기를 귀신의 왕 바알세불과 결부시켜 말한 자들에게 귀신의 특성을 가르쳐 주셨다. (18,23~26)

    3) 예수는 당시 악한 세대의 특징과 바리새인 및 율법교사의 외식을 지적하고 저주하셨다. (29,37~42,46,52)

3. 소망 - 하나님은 사단의 시험으로 고난을 당하는 욥에게 절대적 신앙과 긍정적 소망을 주셨다.

    1) 빌닷은 욥에게 구더기와 벌레 같은 사람은 위엄의 하나님 앞에서 의롭지도 깨끗하지도 않다고 했다.(25:1~6)

    2) 욥은 빌닷이 자신을 위로하지 않음을 한탄하면서 하나님의 창조, 능력, 통치를 역설했다. (26:1~3,6~8,12~14)

4. 은사 - 성령은 그리스도의 몸된 교회와 각 지체에게 여러 가지의 초자연적인 은사를 주셨다.

    1) 바울은 예수를 주로 고백한 자에게 성령이 그를 유익하게 하려고 은사를 나눠 주신다고 했다.(3~11)

    2) 바울은 교회란 그리스도의 몸이요 지체의 각 부분으로서 서로 귀하게 여기며 돌보는 관계라고 했다. (18~28)

기도

1. 주여, 주님이 가르쳐 주신 기도의 내용과 방법을 실천함으로 능력있는 제자의 길을 가게 하옵소서.
2. 주여, 어떤 고통과 시험이 계속 될지라도 절대적 신앙과 긍정적 소망으로 이겨내는 삶을 살게 하옵소서.

참 믿음은 하나님을 두려워하는 것이다

2/26

핵심구절

제 목	참 믿음은 하나님을 두려워하는 것이다			
성경본문	출애굽기 9장	누가복음 12장	욥기 27장	고린도전서 13장
개별주제	거역 - 재앙을 부름	외식 - 멸망을 부름	불변 - 절개를 부름	사랑 - 영원을 부름
핵심구절	1~5,8~10,14,16~20 23~24,26~29,32,34	1,3~5,7~10,12,15~22 25~32,34~38,40,42~44 48~50,56~57	1~6,8~9,13~19, 22~23	1~8,12~13

묵상(매일묵상, 구역예배, 성경공부)

1. 거역 - 바로와 애굽은 하나님을 두려워하지 않고 말씀을 거역함으로써 큰 재앙을 받게 되었다.

　　1) 여호와께서는 모세를 통해 돌림병, 악성종기, 우박의 재앙을 애굽 땅에 내리심으로 먼저 하나님 같은 분이 없음을 알게 하고 또한 자기 백성을 구원하려 하셨다.(3,10,14,16,18,23~24,29)

　　2) 여호와께서는 재앙 중에 자기 백성을 구별하셨으며 또한 애굽을 아주 멸하지 않으셨다. (4,19~20,26,32)

2. 외식 - 바리새인들은 하나님을 두려워하지 않고 외식과 탐심으로 부를 쌓아 결국 멸망하게 되었다.

　　1) 예수는 제자들에게 바래새인들의 외식, 탐심, 염려를 주의하고 깨어 있으라고 하셨다. (1,15~21,25~31,35~38,40)

　　2) 예수는 제자들에게 영혼을 지옥에 던져 넣는 권세있는 하나님을 두려워하라고 하셨다.(5,32참고)

3. 불변 - 욥은 어떤 고난과 질병 가운데서도 절대신앙으로 하나님을 경홀히 여기지 않을 것이라고 했다.

　　1) 욥은 세 친구에게 자신은 어떤 일이 있어도 자신의 신앙과 의로운 삶을 포기하지 않겠다고 했다. (1~6)

　　2) 욥은 세 친구에게 악인의 삶은 반드시 심판을 받는다고 대답했다.(8~9,13~19,22~23)

4. 사랑 - 바울은 오직 하나님과 예수님을 경외하는 절대신앙 안에서 사랑이 제일임을 고백했다.

　　1) 바울은 사랑이 없는 말, 능력, 지식, 구제, 희생은 다 아무 것도 아니며 무익하다고 말했다.(1~3)

　　2) 바울은 사랑의 여러 가지 특성을 말한 후, 사랑은 영원한 것이며 제일이라고 고백했다. (4~8,12~13)

기도

1. 주여, 하나님을 두려워하지 않음으로 거역, 외식, 탐심, 염려에 빠지는 일이 없도록 도와 주옵소서.
2. 주여, 욥과 바울처럼 하나님과 예수님에 대해 절대신앙을 갖고 늘 두려움으로 구원을 이루게 하옵소서.

적당히 타협하는 신앙생활을 멀리하라

핵심구절

제 목	적당히 타협하는 신앙생활을 멀리하라			
성경본문	출애굽기 10장	누가복음 13장	욥기 28장	고린도전서 14장
개별주제	철저함 - 온전한 요구	회개함 - 합당한 열매	경외함 - 절대적 신뢰	사모함 - 덕스런 은사
핵심구절	1~2,4~5,7~9,11,13~14 16~17,19,22~26,28	1~9,11~16,18~21 23~24,28~29,32~34	12~13,15,18,20, 23~26,28	1~4,6,9,12~15,18~20 22~30,32~33,37,39~40

묵상(매일묵상, 구역예배, 성경공부)

1. 철저함 - 여호와께서는 바로에게 모세를 보내시면서 일부가 아닌 철저한 내보냄을 요구하도록 명령하셨다.

    1) 여호와는 애굽과 이스라엘 자손에게 자기의 표징이 되는 메뚜기, 흑암 재앙을 내리셨다. (1~2,4~5,22~23)

    2) 모세는 이스라엘 백성과 가축을 온전히 내보내도록 하기 위해 적당히 타협하지 않았다. (9,11,24~26)

2. 회개함 - 예수님은 제자들과 예루살렘을 향하여 회개의 합당한 열매를 맺고 구원을 얻으라고 하셨다.

    1) 예수는 남의 사건을 보며 무시하거나 정당화하지 말고 오히려 회개하며 열매를 맺으라고 말씀하셨다.(1~9)

    2) 예수는 예루살렘이 온전히 회개하지 않으면 좁은 문으로 들어가지 못한다고 말씀하셨다. (23~24,32~34)

3. 경외함 - 욥은 모든 지혜와 명철이 여호와를 온전히 경외할 때 주어진다고 고백했다.

    1) 욥은 지혜와 명철이 어디서 오며 그 값이 얼마나 높은지 가히 말할 수 없다고 했다.(12~13,15,18,20)

    2) 욥은 세상의 이치와 인간이 사용하는 모든 지혜와 명철이 하나님께로부터 온다고 했다. (23~26,28)

4. 사모함 - 바울은 적당히 자기중심적 교회생활을 하지 말고 신령한 은사를 사모하며 덕을 세우라고 했다.

    1) 바울은 알아듣지 못하는 방언보다 덕을 세우는 예언을 하여 교회를 세우라고 했다. (1~4,6,12,19,22~25)

    2) 바울은 방언할 때에 차례를 따라 하고 예언할 때는 듣고 제재할 수 있어야 한다고 했다. (27~32,39~40)

기도

1. 주여, 신앙생활이나 사역생활을 할 때 적당한 선에서 타협하지 말고 말씀따라 철저히 행하게 하옵소서.
2. 주여, 지혜와 명철과 은사를 사모하고 받은 그 능력으로 맡은 양 떼와 교회를 잘 세워가게 하옵소서.

역사는 준비된 자를 통하여 이루어진다

핵심구절

제　목	역사는 준비된 자를 통하여 이루어진다			
성경본문	출애굽기 11장, 12장 1~21절	누가복음 14장	욥기 29장	고린도전서 15장
개별주제	준비 - 재물과 절기	포기 - 겸손과 자세	갈망 - 회복과 새삶	부활 - 견실과 변화
핵심구절	11:1~3,5,7~8 12:2~3,5~8,11~13 15~17	2~5,8~9,11,13~14 16~24,26~27,33~34	1~5,8~18,21~23,25	2~4,8~10,13~15,18~20 22~24,28~34,38,40 42~44,47~52,56,58

묵상(매일묵상, 구역예배, 성경공부)

1. 준비 - 이스라엘 자손은 출애굽을 하기 위하여 은금패물, 어린양, 무교병, 쓴나물을 준비해야 했다.

　　1) 모세는 백성에게 출애굽 전에 은금패물을 구할 것과 바로에게 장자진멸 재앙이 있을 것을 선포하
　　　였다.(11:1~3,5,7~8)

　　2) 여호와께서 모세와 이스라엘 회중에게 흠없는 어린양과 무교병과 쓴 나물을 먹는 유월절과 무교
　　　절을 지키라고 명령하셨다.(12:2~3,5~8,11~13,15~17)

2. 포기 - 예수의 제자가 되려면 겸손한 자세, 자기 가족과 목숨과 소유를 포기, 자기 십자가를 져야 한다.

　　1) 예수는 제자들에게 청함을 받으면 끝자리에 앉고, 잔치를 베풀 때에는 가난한 자들, 몸 불편한 자
　　　들, 저는 자들, 맹인들, 갚을 것이 없는 자들을 청하라고 말씀하셨다.(8~9,11,13~14)

　　2) 예수는 제자가 되려면 자기 가족과 목숨까지 미워하고 자기 십자가를 지며 자기의 모든 소유를 버
　　　리는 자가 되어야 한다고 말씀하셨다.(26~27,33)

3. 갈망 - 욥은 하나님의 보호하심과 은혜 베푸심으로 살았던 풍성한 때를 기억하고 간절히 갈망했다.

　　1) 욥은 하나님이 보호하시던 때, 원기 왕성하던 날, 사회적으로 형통하던 때로 돌아가길 원했다.
　　　(1~5,8~18)

　　2) 욥은 자신이 하나님의 은혜로 모든 자들에게 지도자의 삶을 살았던 덕스러운 때도 갈망했다.
　　　(21~23,25)

4. 부활 - 부활의 믿음과 소망을 가진 자는 의를 행하고 주의 일에 더욱 힘쓰는 자가 되어야 한다.

　　1) 바울은 하나님의 은혜로 사도가 되어 고린도교회에 예수의 십자가와 부활을 전파했다.(2~4,8~10)

　　2) 바울은 죽은 자의 부활이 있기 때문에 주님이 부활하셨고 우리의 전하는 것도 헛되지 않으며 우리는
　　　결코 불쌍한 자가 아니고 썩지 않는 새 몸으로 변한다고 말했다.(13~15,18~20,29~32,42~44,50~52)

　　3) 바울은 믿는 자가 부활하기 때문에 깨어 의를 행하며 죄를 짓지 말고 견실하며 흔들리지 말고 항
　　　상 주의 일에 더욱 힘쓰는 자가 되라고 말했다.(34,58)

기도

1. 주여, 악한 환경에서 벗어나기 위하여 하나님이 가르쳐 주신 성경의 교훈을 찾아 실천하게 하옵소서.
2. 주여, 주의 참된 제자가 되기 위하여 세상의 것들을 포기하는 용기와 희생의 삶을 주옵소서.

맥체인성경과 정독구조

역사이해 : 과거의 역사를 살피고 오늘의 관점에서 다시 재해석한다.
성경해석 : 본문시대의 역사 – 본문 속에 등장한 사건시대의 역사를 말한다.
　　　　　 기록시대의 역사 – 성경을 기술한 해당시대의 역사를 말한다.
　　　　　 독자시대의 역사 – 성경을 읽고 있는 독자시대의 역사를 말한다.

구약과 신약이 짝을 이루어 편성되었으므로
흥미롭고 풍성하게 읽을 수 있는 구조다.
구약과 신약이 대조를 이루어 편성되었으므로
의미의 다채로움을 경험하며 읽을 수 있는 구조다.

전혀 다른 역사 속에서
믿는 자에게 발생했던 많은 문제들을
현재라는 시점에서 종합하여 묵상하고
현재의 문제를 창조적으로
해결해 나가도록 돕는 통독구조이다.

편하게 읽을 것인가, 유익하게 읽을 것인가?
편하게 읽는다는 것은 생각을 단순화 시키는 것과 같다.
반면 유익하게 읽으려면 사고를 동원해야 한다.
맥체인성경의 새로운 통독에 도전해 보라.

마음의 변화는 하나님의 손에 달려 있다

제 목	마음의 변화는 하나님의 손에 달려 있다			
성경본문	출애굽기 12장 22~51절	누가복음 15장	욥기 30장	고린도전서 16장
개별주제	바로 - 고집을 포기	탕자 - 방탕을 회개	욥 - 고난을 인내함	바울 - 도리를 권면
핵심구절	22~23,26~27,29~32 35~38,40,43,47~48	1~2,4~9,11~13,16~24 27~32	1,8~15,18~21,24~25 28,30	1~2,8~10,13~17,21~22

묵상(매일묵상, 구역예배, 성경공부)

1. 바로 - 하나님은 재앙을 통해 바로의 마음을 변화시켜 이스라엘 자손이 출애굽할 수 있도록 역사하셨다.

1) 이스라엘 자손은 우슬초 묶음으로 피를 문 인방과 좌우 문설주에 바름으로 구원을 얻었다.(22~23)
2) 바로의 항복으로 은금패물과 의복을 가지고 출애굽한 이스라엘 자손은 유아 외에 육십만 가량이었으며 430년 만에 나온 그들은 이 날을 유월절의 절기로 지키게 되었다.(26~27,29~32,35~38,40,43,48)

2. 탕자 - 예수는 탕자로 비유된 세리와 죄인을 깨닫게 하사 마음을 변화시켜 하나님께 돌아오도록 하셨다.

1) 예수는 모든 세리와 죄인들을 영접하고 함께 음식을 나누셨다.(1~2)
2) 예수는 잃은 양과 잃은 드라크마 및 탕자의 비유를 통해 회개하고 돌아오는 영혼에 대해 말씀하셨다.(4~9,11~13,16~24,27~32)

3. 욥 - 하나님은 긴 시간 동안 고난으로 나약해진 욥의 마음과 몸을 붙들어 주사 끝까지 인내하게 하셨다.

1) 욥은 예전에 미련했던 자들이 이제는 자신을 조롱하며 괴롭히는데 도울 자가 없다고 한탄했다.(1,8~15)
2) 욥은 하나님이 자신을 고통가운데 버려두셨지만 자신은 부르짖지 않을 수 없다고 말했다.(18~21,24~25)

4. 바울 - 바울은 성도들에게 연보와 신앙과 생활에 대해 더욱 견고한 마음을 가지고 승리하라고 권면했다.

1) 바울은 성도를 위하는 연보에 관해 매 주일마다 수입에 따라 모아두고 나중에 전달하라고 했다.(1~2)
2) 바울은 고린도교회 성도들에게 믿음과 사랑과 순종을 권하고 서로 문안할 것을 친필로 썼다.(13~17)

기도

1. 주여, 악한 자나 선한 자나 모두 바른 마음으로 변화시켜 주사 오직 주께 영광을 돌리게 하옵소서.
2. 주여, 고난 가운데 있을 때 자신을 위해서는 인내하게 하시고 남을 위해서는 돕고 섬기게 하옵소서.

3/2 잘되길 바라시는 주님은 길을 제시하신다

핵심구절

제 목	잘되길 바라시는 주님은 길을 제시하신다			
성경본문	출애굽기 13장	누가복음 16장	욥기 31장	고린도후서 1장
개별주제	인도 - 이스라엘 백성	교훈 - 바리새인들	침묵 - 변호하는 욥	위로 - 고린도교회
핵심구절	2~3,5~6,8~9,12~13, 15,17~18,21~22	1~3,5~10,13~16, 19~25,28~29,31	3~6,8,12~19,22~25 28~29,32~35,39~40	1,3~10,12,16~17 19~20,22

묵상(매일묵상, 구역예배, 성경공부)

1. **인도 - 하나님은 이스라엘 자손을 출애굽 시키신 후에 잘될 계명을 주시고 낮에도 밤에도 인도하셨다.**

   1) 하나님은 이스라엘 자손에게 애굽에서 나오게 하였으니 젖과 꿀이 흐르는 가나안 땅에 들어가면 처음 난것을 구별하여 하나님께 드리고 무교병을 먹으며 자녀에게 유월절을 가르치라고 말씀하셨다.(2~3,5,12)

   2) 하나님은 이스라엘 자손의 마음을 잘 아시기에 때로는 그들을 돌아서 가게 하시고 때로는 앞서 가시면서 인도하시고 낮이나 밤이나 떠나지 않으셨다.(17~18,21~22)

2. **교훈 - 예수님은 바리새인들이 구원받기를 원하셔서 청지기 비유와 나사로 비유를 들어 교훈하셨다.**

   1) 예수님은 옳지 않은 청지기 비유를 들어 제자들에게 불의의 재물로 친구를 사귀므로 지극히 작은 것에라도 충성하라고 가르치셨으나 바리새인들은 비웃었다.(1~3,5~10,14)

   2) 예수님은 부자와 거지 나사로의 비유를 들어 이 땅에서 어떻게 살아야 하며, 사후에는 어떤 곳이 있고 또 어떻게 보상을 받는지를 바리새인들에게 교훈하시면서 지금 믿어야 한다고 권면하셨다.(19~26,31)

3. **침묵 - 하나님은 욥의 자기 변호의 말을 다 들으시고 침묵하시며 그에게 주실 답변을 계획하셨다.**

   1) 욥은 자신이 불의하고 행악하며 허위와 동행하고 속임수에 빨랐다면 하나님이 자기를 달아보시고 소출을 다 뽑아 버리셔도 좋다고 했다.(3~6,8,12)

   2) 욥은 자신이 가난한 자의 소원을 막았거나 벗은 것을 못본 체 했거나 고아를 굶겼거나 과부의 눈을 실망시켰거나 금에 소망을 두었거나 원수의 멸망을 기뻐했다면 팔뼈가 부러지고 재앙을 만나도 좋다고 했다.(16~19,22~25,29)

4. **위로 - 바울은 하나님이 환난 중에 있는 자기들과 고난 중에 있는 고린도교회를 위로하신다고 말했다.**

   1) 바울은 고린도교회에 위로의 하나님을 소개하면서 우리가 심한 고난 중에 위로를 받은 것은 너희를 위한 것이므로 너희도 심한 고난 가운데 반드시 위로를 받을 것이라고 말했다.(3~10)

   2) 바울은 고린도교회를 대할 때에 하나님의 거룩함과 진실함과 은혜로 행하였고 너희를 재차 방문하는 계획도 예수님처럼 예 하였다고 말했다.(12,16~17,19~20)

기도

1. 주여, 낮에나 밤에나 인도하여 주셔서 안전히 거하게 하시고 영광을 돌리는 삶을 살게 하옵소서.
2. 주여, 환난과 고난 중에 있을 때에도 위로하시는 하나님을 굳게 믿고 흔들리지 않게 하옵소서.

하나님은 모든 일을 우리와 함께 하신다

제 목	하나님은 모든 일을 우리와 함께 하신다			
성경본문	출애굽기 14장	누가복음 17장	욥기 32장	고린도후서 2장
개별주제	배후 - 기적을 통해서	보호 - 물들지 않도록	숨결 - 깨달을수 있게	향기 - 구원의 냄새로
핵심구절	2~4,7~13,15~16, 19~22,24~27,30~31	1~3,5~10,12~17,19~21 23,25~30,33~34	2~3,8~10,12~13, 18~22	1,4~5,8,10~11,14~17

묵상(매일묵상, 구역예배, 성경공부)

1. 배후 - 모세는 하나님이 지시하시는 대로 준행하였고 하나님은 배후에서 기적을 통해 일하셨다.

　　1) 여호와께서 바로에게는 완악한 마음을, 모세에게는 담대한 마음을 주셔서 홍해를 통해 심판과 구원을 보여 주셨고 더 나아가 친히 자신이 하나님 되심을 나타내셨다.(2~4,8~13,15~16)

　　2) 하나님은 모세에게 모든 행동을 지시하시고 배후에서 자연을 통해 친히 기적으로 역사하셨다.(19~22,24~27)

2. 보호 - 예수는 제자들에게 삶의 지침을 가르치시고 하나님은 제자들이 세상에 물들지 않도록 보호하셨다.

　　1) 예수는 제자들에게 남을 실족시키지 말고, 회개하면 용서해 주며, 특히 순종의 믿음을 가지라고 말씀하셨다.(1~3,5~10)

　　2) 예수는 참된 구원에 대하여 먼저 감사할 줄 아는 믿음을 강조하시고, 이어 하나님의 나라가 임하는 인자의 날에 세상에 물들지 않고 깨어 사역하는 것이라고 말씀하셨다.(12~17,19~21,26~30,33~34)

3. 숨결 - 엘리후는 자신 속에 영이 있고 하나님의 숨결은 자신의 영에 깨달음을 주사 말하게 하신다고 했다.

　　1) 연소한 엘리후는 욥이 자신을 하나님보다 의롭다 함에 대하여, 세 친구가 능히 대답하지 못하면서도 욥을 정죄함에 대하여 화를 냈다.(2~3)

　　2) 엘리후는 사람 속에는 영이 있고 전능자의 숨결이 깨달음을 주므로 자신은 욥을 향하여 능히 할 말이 있다고 주장했다.(8~10,18,20~22)

4. 향기 - 바울은 믿는 자들에 대하여 말하기를 하나님과 함께 일하는 그리스도의 향기요 냄새라고 했다.

　　1) 바울은 자신이 고린도교회를 향하여 근심하지 않고 사랑으로 나아갈 것을 말하면서, 동시에 고린도교회에게는 근심케 하는 자를 사랑으로 용서하라고 권면했다.(1,4~5,8,10~11)

　　2) 바울은 복음을 전하는 자가 그리스도의 향기로써 구원받는 자에게는 생명의 냄새요 망하는 자에게는 사망의 냄새라고 말했다.(14~17)

기도

1. 주여, 하나님이 함께 일하심을 믿고 무엇이든지 주의 뜻에 따라 순종하며 사역하게 하옵소서.
2. 주여, 그리스도의 제자요 향기로서 구원의 냄새를 만방에 풍기며 살게 하옵소서.

하나님은 인간에게 최상의 것을 주신다

핵심구절

제 목	하나님은 인간에게 최상의 것을 주신다			
성경본문	출애굽기 15장	누가복음 18장	욥기 33장	고린도후서 3장
개별주제	은혜 - 도하와 치료	간절 - 천국과 회복	주심 - 은혜와 생명	영광 - 일꾼과 상급
핵심구절	1~3,7,9~11,13,16~18 21,23~26	1~5,7,9~14,16~18 20~25,27,29~30, 32~33,37~43	3~14,16~18,23~30	2~3,5~6,8~9,14~18

묵상(매일묵상, 구역예배, 성경공부)

1. 은혜 - 하나님은 홍해도하(渡河)의 은혜를 주셨고, 계명과 규례를 지킴으로 질병에 걸리지 않게 하셨다.

　　1) 여호와의 권능으로 홍해를 건넌 모세와 미리암은 하나님의 위엄하심을 노래했다.
　　　(1~3,7,10~11,16~7,21)

　　2) 모세는 마라에 이르러 쓴물을 단물로 만들고, 치료하는 여호와의 법도와 계명과 규례를 받았다.(23~26)

2. 간절 - 예수는 간절한 기도와 하나님의 나라를 가르쳐 주셨고, 간절히 구한 맹인의 눈을 보게 하셨다.

　　1) 예수는 낙심하지 않고 끈기있게 하는 기도와 자기를 낮추고 회개하는 기도를 가르쳐주셨다.
　　　(1~7,9~14)

　　2) 예수는 하나님의 나라가 어린아이와 같이 받아들이고 또 자기의 것을 팔아 가난한 자에게 나눠주는 자에게 허락된다고 말씀하셨다.(16~18,22~25,29~30)

　　3) 예수는 여리고의 한 맹인이 간절히 매달리자 불쌍히 여기시고 볼 수 있게 하셨다.(37~43)

3. 주심 - 하나님은 인간을 창조하시고 불쌍히 여기시며 용서하시고 은혜를 베푸시며 생명을 주신다.

　　1) 엘리후는 욥에게 하나님이 인간을 창조하신 일과 그의 긍휼하신 성품을 말했다.
　　　(4~7,18,23~24,29~30)

　　2) 엘리후는 하나님을 향한 욥의 불의와 교만을 지적한 후 겸손히 은혜를 구하라고 했다.
　　　(8~14,16~17,26~28)

4. 영광 - 하나님은 예수를 믿는 자에게 일꾼의 직분을 주시고 주의 영으로 인하여 영광에 이르게 하신다.

　　1) 바울은 고린도교회에 대해 마음판에 쓴 그리스도의 편지요 새 언약의 일꾼이라고 말했다.(2~3,6,8~9)

　　2) 바울은 일꾼이 주의 영으로 말미암아 세상의 영광이 아닌 영원한 영광에 이를 것이라고 말했다.(14~18)

기도

1. 주여, 지금 당면하고 있는 모든 문제를 넉넉히 해결하는 유월(넘어감)과 도하(건너감)의 은혜를 주옵소서.
2. 주여, 맡겨진 일꾼의 사명을 잘 감당함으로 하나님의 나라에 들어가 영광을 얻게 하옵소서.

주님은 인간의 악함을 보셔도 도우신다

제 목	주님은 인간의 악함을 보셔도 도우신다			
성경본문	출애굽기 16장	누가복음 19장	욥기 34장	고린도후서 4장
개별주제	원망 - 양식과 갑절	부패 - 구원과 정화	정죄 - 인내와 용납	혼잡 - 복음과 승리
핵심구절	1~5,8,11~15,18~20 22~24,26~31,33~35	2~10,12~13,15~22,24 26,30~31,35~41,44,46	3~12,14~15,17~24 28~32,35~37	1~2,4~10,14,16~18

묵상(매일묵상, 구역예배, 성경공부)

1. 원망 - 이스라엘 자손은 양식의 일로 하나님을 원망했지만 하나님은 일용할 양식을 풍성히 내리셨다.

　　1) 하나님은 이스라엘 자손의 원망하는 소리를 들으시고 만나와 메추라기를 일용할 양식으로 내려 주셨다.(2~4,8,11~15,31,35)

　　2) 하나님은 여섯째 날에는 안식일을 위하여 갑절을 거두라고 하셨고 냄새나 벌레가 생기지 않게 하셨다.(5,22~24,26~30)

2. 부패 - 삭개오와 예루살렘과 성전은 부패했지만 주님은 구원과 긍휼과 정화를 통한 용서를 베푸셨다.

　　1) 예수는 변화된 삭개오에게 구원을 선포하시고, 이어서 열 므나 비유를 들어 충성된 삶을 가르치셨다.(2~10,12~13,15~22,24)

　　2) 나귀새끼를 타시고 많은 뭇 제자들의 환영을 받으시면서 예루살렘에 입성하신 예수는 멸망당할 성을 보시고 우셨으며, 성전의 부패함을 보시고 책망하셨다.(30~31,35~41,44,46)

3. 정죄 - 하나님은 연약한 욥의 탄원과 판단하는 엘리후의 오만한 정죄를 보시면서도 그들을 용납하셨다.

　　1) 엘리후는 자기의 신앙적 기준에 따라 욥을 악인으로 정죄하였다.(5~9,31~32,35,37)

　　2) 엘리후는 욥이 전능하신 하나님께 죄를 회개하기 전에는 더욱 시험 당하기를 원했다.(10~12,17~24,36)

4. 혼잡 - 악한 자들은 말씀을 혼잡하게 하고 성도를 박해할지라도 주는 바울을 통해 모두를 더욱 붙드신다.

　　1) 바울은 사람들에게 말씀을 혼잡하게 하지 않고 오직 영광의 복음만을 전파한다고 했다.(1~2,4~6)

　　2) 바울은 성도가 보배이신 예수를 가졌으므로 욱여쌈을 당하지 않고, 낙심하지 않으며, 버린바 되지 않고, 망하지 않으며, 겉사람은 낡아지나 속사람은 날로 새로워진다고 했다.(7~10,14,16~18)

1. 주여, 연약한 저희들에게 일용할 양식을 주시고 더 나아가 충성할 수 있는 열정과 은사를 주옵소서.
2. 주여, 보배로우신 예수를 가졌으므로 어떤 상황과 고난 속에서도 실족하지 않게 하옵소서.

주님의 사람은 위기를 사명감으로 푼다

핵심구절

제 목	주님의 사람은 위기를 사명감으로 푼다			
성경본문	출애굽기 17장	누가복음 20장	욥기 35장	고린도후서 5장
개별주제	모세 - 반석과 깃발	예수 - 권위와 지혜	엘리후 - 질책과 조롱	바울 - 장막과 화목
핵심구절	1~4,6~13,15	1~4,8~10,13~16,18 21~36,40,45~47	2,5~11,13~16	1~2,4~5,8~10,13~15 17~21

묵상(매일묵상, 구역예배, 성경공부)

1. 모세 - 모세는 사명감을 가지고 물이 없을 때 반석을 치고, 아말렉과 싸울 때 지팡이를 들어 해결했다.

1) 이스라엘 자손이 르비딤에 이르렀을 때 물이 없어 원망하였으나 모세가 반석을 쳐 물을 냈다. (1~4,6~7)

2) 이스라엘 자손이 르비딤에서 아말렉과 싸우게 되었으나 모세가 손을 들어 온전히 승리했다. (8~13,15)

2. 예수 - 예수는 사명감을 가지고 위협당할 때 권위를 잃지 않고, 논쟁할 때 지혜로운 대답으로 푸셨다.

1) 예수는 대제사장들과 서기관들과 장로들에게 자기가 무슨 권위로 사역하는지에 대해 말씀하지 않으시고 포도원 농부 비유를 들어 자기가 어떻게 왔으며 다스릴 것인지를 말씀하셨다.(1~4,8~10,13~16,18)

2) 예수는 세금의 논쟁과 부활의 논쟁에서 능히 책잡지 못하도록 지혜롭게 대답하셨다.(22~36,40)

3. 엘리후 - 엘리후는 나름 사명감을 가지고 욥의 말과 태도를 질책했으나 하나님은 끝까지 침묵하셨다.

1) 엘리후는 욥이 행한 범죄와 악행, 심지어 의로움과 공의라 할지라도 하나님에게는 아무런 영향을 미치지 못한다고 말했다.(2,5~8)

2) 엘리후는 하나님에게 아무 것도 할 수 없다는 욥의 말에 대해, 하나님은 듣지도 않으시고 돌아보지도 않으실 것이라고 말했다.(13~16)

4. 바울 - 바울은 육신의 장막을 입고 있을 때 사명감을 가지고 화목의 직분을 감당해야 한다고 말했다.

1) 바울은 믿는 자가 육신의 장막을 입고 있을 때 주를 기쁘시게 행한 것은, 영원한 장막을 덧입을 때 반드시 보상받는다고 말했다.(1~2,4,8~10)

2) 바울은 성도란 화목의 직분을 맡은 새 피조물이므로 그리스도를 위해 사는 것이라고 말했다.(15,17~21)

기도

1. 주여, 주의 일을 행하다가 위기를 만나면 앞에 서서 하나님의 능력으로 해결해 나가도록 인도하옵소서.
2. 주여, 육신의 장막을 입고 사역할 때에 화목의 직분을 잘 감당함으로 영원한 장막을 덧입게 하옵소서.

주님은 항상 유익한 사람을 붙여주신다

제 목	주님은 항상 유익한 사람을 붙여주신다			
성경본문	출애굽기 18장	누가복음 21장	욥기 36장	고린도후서 6장
개별주제	장인 - 부장제도	스승 - 징조예언	친구 - 회개권고	아빠 - 구별권면
핵심구절	1~4,8~11,14~18, 21~23	1~11,15,18~20,23~26 31,34~36	2~12,15~19,21,24	1~10,13~18

묵상(매일묵상, 구역예배, 성경공부)

1. 장인 - 하나님은 모세에게 장인 이드로를 붙여주셔서 합리적이고 현명한 부장제도를 도입하게 하셨다.

　　1) 모세의 장인 이드로는 모세의 부인과 두 아들을 데리고 모세에게로 와서 기적의 출애굽 과정을 듣고 하나님을 찬송했다.(1~4,8~11)

　　2) 이드로는 모세의 재판 현장을 보고 부장제도를 제안하여 모세의 업무를 효과적으로 도왔다.(14~18,21~23)

2. 스승 - 하나님은 제자들에게 예수를 보내주셔서 예루살렘 성의 미래와 종말에 대한 예언을 듣게 하셨다.

　　1) 예수는 가난한 과부의 적은 헌금을 칭찬하셨다.(1~4)

　　2) 예수는 제자들에게 예루살렘의 환난과 주가 재림하실 때의 징조를 예언하시고, 그 날을 맞이하기 위해 방탕함, 술취함, 생활의 염려를 조심하고 항상 기도하며 깨어 있으라고 말씀하셨다.(5~11,20,23~26,31,34~36)

3. 친구 - 하나님은 욥에게 하나님을 잘 믿는 엘리후를 붙여주셔서 그의 충고로 삶을 돌아보게 하셨다.

　　1) 나름 하나님을 잘 믿는 엘리후는 욥에게 하나님에 대해서 더 자세히 말했다.(2~12,15~16)

　　2) 엘리후는 욥에게 그의 악함과 어떻게 회복될 수 있는지에 대한 향후 자세를 충고했다. (17~19,21,24)

4. 아빠 - 하나님은 고린도인들에게 바울을 아버지와 같이 세워주셔서 섬세한 교훈으로 양육하게 하셨다.

　　1) 바울은 화목의 직분을 맡은 하나님과 함께 일하는 일꾼으로서 은혜를 받아 스스로 고난과 환난에 자천하고 전혀 다른 모습으로 살아간다고 고백했다.(1~10)

　　2) 바울은 고린도인들을 자녀로 여기고 가장 중요한 교훈 즉 넓힘과 구별을 권면해 주었다.(13~18)

기도

1. 주여, 사역을 할 때 마음을 열고 하나님이 보내 주신 사람으로부터 들려오는 지혜를 듣게 하옵소서.
2. 주여, 신앙생활을 할 때 스승, 아버지, 친구에게로부터 들려오는 권면의 소리를 귀담아 듣게 하옵소서.

주는 깨끗이 준비된 자에게 말씀하신다

핵심구절

제 목	주는 깨끗이 준비된 자에게 말씀하신다			
성경본문	출애굽기 19장	누가복음 22장	욥기 37장	고린도후서 7장
개별주제	성결 - 마음과 옷	성찬 - 떡과 잔	비움 - 의와 지식	거룩 - 자신과 영
핵심구절	2~6,9~12,17~23	1~6,11~12,15,19~22 24,26~34,36,39~44,46 48,51,56~63,67,70	2,5,7,10~19,22~24	1,4~7,9~11,14~16

묵상(매일묵상, 구역예배, 성경공부)

1. 성결 - 하나님은 모세와 이스라엘 자손이 성결하게 씻고 준비했을 때 제 삼일에 강림하셔서 말씀하셨다.

　　1) 하나님은 모세를 통하여 이스라엘 자손에게 내 말을 잘 듣고 내 언약을 지키면 여호와의 제사장 나라가 되며 거룩한 백성이 될 것이라고 말씀하셨다.(3~6)

　　2) 하나님은 성결하게 하고 옷을 빤 이스라엘 자손 앞에 제 삼일에 강림하셔서 말씀하셨다.(9~12,17~23)

2. 성찬 - 예수는 성찬을 준비하고 나눈 후 자기의 사명감당 기도와 제자의 시험감당 기도를 행하셨다.

　　1) 예수는 제자들과 함께 유월절을 준비하고 떡과 잔을 기념하시면서 자기 팔 자를 예언하셨다. (11~12,19~22)

　　2) 예수는 제자들에게 섬기는 자가 되어야 아버지의 나라가 임할 때 보좌에 앉아 열두 지파를 다스리게 된다고 하셨다.(24,26~30)

　　3) 예수는 감람산에서 자신이 마셔야 할 고난의 잔에 대해 기도하시고, 제자들에게도 시험에 들지 않게 깨어 기도하라고 말씀하셨다.(31~34,39~44,46)

　　4) 예수는 가룟 유다의 배신으로 잡혀 고난을 당하시고, 베드로는 세 번 부인한 후 통곡했다.(48,56~63)

3. 비움 - 엘리후는 욥이 하나님의 주권을 인정하고 자기 의를 회개한 후 마음을 비워 주의 음성듣기를 원했다.

　　1) 엘리후는 하나님이 친히 음성을 내시며 큰 일을 행하시고 모든 것을 주관하신다고 했다. (2,5,7,10~13,23)

　　2) 엘리후는 자신이 말하는 것을 듣고 깨닫든지, 창조의 이치를 다 알면 설명해 보라고 조롱했다. (14~19)

4. 거룩 - 바울은 고린도인들에게 거룩과 위로와 영적 근심을 이루어 갈 때 주님께 인정을 받는다고 했다.

　　1) 바울은 고린도인들에게 거룩함을 이루어 자신을 깨끗하게 하고, 또 모든 환난 가운데서 서로 위로함으로 기쁨이 넘치게 하자고 격려했다.(1,4~7)

　　2) 바울은 고린도인들에게 세상 근심이 아닌 영적인 근심을 함으로 더욱 성장하자고 말했다.(9~11)

기도

1. 주여, 하나님의 말씀을 받기 위해 늘 마음과 몸을 깨끗하게 하는 그리스도인이 되게 하옵소서.

2. 주여, 시험에 들지 않고 사명을 온전히 감당하기 위하여 일어나 깨어 기도하는 자가 되게 하옵소서.

주님의 자녀에게는 필수적 계명이 있다

제 목	주님의 자녀에게는 필수적 계명이 있다			
성경본문	출애굽기 20장	누가복음 23장	욥기 38장	고린도후서 8장
개별주제	명령 - 계명과 제사	책임 - 자원과 과제	질문 - 한계와 인정	권면 - 연보와 조심
핵심구절	2~17,19~20,23~26	1~4,8,11~12,15~16 20,22~26,28,33~34 39~47,50~53	1~4,7~11,16~18,21~22 26~33,36~37,41	1~5,7~8,11~14, 20~21,23

묵상(매일묵상, 구역예배, 성경공부)

1. 명령 - 하나님은 이스라엘 자손에게 십계명을 준수 할 것과 제단에서 제사 드릴 것을 명령하셨다.

　　1) 하나님은 모세를 통하여 이스라엘 자손을 출애굽 시키신 후 시내산에서 십계명을 주셨다.(2~17)
　　2) 여호와께서는 토단과 석단을 쌓고 제사를 드릴 때 그 곳에 임하셔서 복을 주시겠다고 하셨다.
　　　(24~26)

2. 책임 - 예수를 믿는 자들은 억지로든 자원해서든 자신에게 주어진 과제를 책임져야 한다.

　　1) 빌라도와 헤롯은 예수에게서 죽일 죄를 찾지 못해 놓아주려 했으나 대제사장들과 무리들이 외침으로 십자가를 지시게 하였고 대신 바라바를 놓아 주었다.(1~4,11~12,15~16,20,22~25)
　　2) 구레네 사람 시몬은 예수의 십자가를 대신 졌고, 아리마대 사람 요셉은 장사를 지내 주었다.(26,50~53)
　　3) 예수는 예루살렘의 딸들에게 자신과 자녀를 위하여 울라고 하셨고, 달린 행악자 중 한 사람에게는 함께 낙원에 있을 것을 약속하셨으며, 그 후 아버지께 영혼을 부탁하시고 운명하셨다.(28,40~43,46)

3. 질문 - 하나님은 욥에게 많은 질문을 던지셔서 그가 자신의 한계를 인정할 수밖에 없도록 하셨다.

　　1) 하나님은 침묵을 깨시고 욥에게 창조된 천지의 이치에 대해 많은 질문들을 던지셨다.
　　　(1~4,7~11,26~33)
　　2) 하나님은 피조된 유한한 욥이 인간으로서는 대답할 수 없는 질문들을 던지셨다.
　　　(16~18,21~22,36~37)

4. 권면 - 바울은 고린도교회의 성도들에게 지켜야 할 계명인 풍성한 연보와 그에 따른 조심을 권면하였다.

　　1) 바울은 마게도냐 교회들이 보여준 풍성한 연보의 모습을 고린도교회에게도 말해 주었다.
　　　(1~5,7~8,11~14)
　　2) 바울은 고린도교회 성도들에게 선한 일인 거액의 연보도 조심해야 함을 가르쳐 주었다.(20~21)

기도

1. 주여, 하나님의 자녀로서 우리에게 주신 계명을 잘 준행함으로 풍성한 복을 받게 하옵소서.
2. 주여, 믿는 형제와 자매를 위하여 풍성한 헌금을 드리고 긍휼의 마음으로 나누며 섬기게 하옵소서.

성도에게는 깨어 지켜야 할 윤리가 있다

제 목	성도에게는 깨어 지켜야 할 윤리가 있다			
성경본문	출애굽기 21장	누가복음 24장	욥기 39장	고린도후서 9장
개별주제	법규 - 사람과 동물	증인 - 부활과 복음	질문 - 무지와 겸손	연보 - 은혜와 섬김
핵심구절	2~6,9,12~16,18~19 22~25,28~29,32,35	1~9,11~17,19,21~23 25~27,29~32,35~39 42~43,45~49	1~12,15~17,19~25 27~29	1~8,10~12

묵상(매일묵상, 구역예배, 성경공부)

1. 법규 - 하나님은 이스라엘 백성에게 사람과 동물에게 지켜야 할 윤리적 법규를 가르쳐 주셨다.
　　1) 하나님은 모세를 통해 이스라엘 백성이 사람에게 행하여야 할 법규를 가르쳐 주셨다.
　　　(2~6,9,12~19,22~25)
　　2) 하나님은 모세를 통해 이스라엘 백성이 동물에게 행하여야 할 법규를 가르쳐 주셨다.
　　　(28~29,32,35)

2. 증인 - 부활하신 예수는 제자들에게 증인의 사명을 주셔서 신앙적으로 교제하는 윤리를 가르쳐 주셨다.
　　1) 예수는 부활하셔서 여자들, 열 한 제자, 엠마오로 가는 두 제자에게 나타나셔서 친히 대화하시고 잡
　　　수시며 교제하셨다.(3~6,9,13~17,25~27,29~31,42~43)
　　2) 예수는 다시 열 한 제자들에게 나타나셔서 평강을 선포하시고 부활을 확인시켜 주시며 성경을 가
　　　르쳐 주시고 증인으로 임명하여 주셨다.(36~39,45~49)

3. 질문 - 하나님은 질문과 답변을 통해 욥이 무지를 깨닫고 자기를 낮추는 겸손의 윤리를 알게 하셨다.
　　1) 하나님은 처음에는 욥에게 질문만 하시다가 이제는 질문과 더불어 답변도 하셨다.(1~8,15~17)
　　2) 하나님은 욥에게 들소, 말, 독수리의 습성과 행동에 대해 말씀하시며 그를 침묵하게 하셨다.
　　　(9~12,19~25,27~29)

4. 연보 - 하나님은 성도에게 은혜를 베푸사 준비된 연보로 서로 구제하는 섬김의 윤리를 가르쳐 주셨다.
　　1) 바울은 가난한 자를 위해 약속한 연보를 미리 준비하되 마음에 정한대로 하고 인색함으로나 억지
　　　로 하지 말라고 했다.(3~7)
　　2) 바울은 하나님이 가난한 자를 돕는 성도들에게 모든 은혜를 베푸사, 넉넉하게 하시고 풍성하게 하
　　　셔서 성도들 서로 간에 감사하게 하고 또 자기에게 영광을 돌리게 하셨다고 말했다.(8,10~12)

기도

1. 주여, 그리스도인으로서 부활을 증거하는 영적 윤리의 사명을 감당하게 하옵소서.
2. 주여, 참 성도로서 많이, 정한대로, 인색함 없이, 자원함으로 즐겁게 연보하여 남을 섬기게 하옵소서.

죄인인 인간은 하나님의 법이 필요하다

제 목	죄인인 인간은 하나님의 법이 필요하다			
성경본문	출애굽기 22장	요한복음 1장	욥기 40장	고린도후서 10장
개별주제	배상 - 절대적으로	말씀 - 신앙적으로	인정 - 참회함으로	능력 - 의지함으로
핵심구절	1~5,7~11,14~15, 18~22,25~26,28~29	1~4,7,9~12,14,16~19 23,26~27,29~30,33~34 36~39,41~43,46~49,51	2~8,10~12,14~15 19~20,23~24	1,3~4,7~8,10~11 13~17

묵상(매일묵상, 구역예배, 성경공부)

1. 배상 - 하나님은 죄인인 인간이 죄와 허물을 범했을 때 하나님이 주신 법으로 처리하라고 명령하셨다.

　　1) 하나님은 소유에 대한 피해문제를 고의성과 상황성 등을 고려하여 배상하라고 하셨다.
　　　(1~5,7~11,14~15)

　　2) 하나님은 사회 생활 속에서 인간의 문화, 예의, 종교적 문제를 합리적이면서도 절대적인 법으로
　　　처리하도록 명령하셨다.(18~22,25~26,28~29)

2. 말씀 - 예수는 죄인인 제자들과 백성들에게 말씀의 빛 아래서 구원을 얻도록 진리의 법을 세워 주셨다.

　　1) 요한은 예수를 말씀, 하나님, 빛, 독생자, 세상 죄를 지고 가는 어린 양이라고 선포했다.
　　　(1~4,9,14,29)

　　2) 주 예수 그리스도는 안드레, 시몬 베드로, 빌립, 나다나엘을 제자로 선택하셨다.(37~43,47~49)

3. 인정 - 하나님은 욥이 주의 법 아래서 죄인임을 인정하게 하시고 용서와 긍휼의 구원의 법을 찾게 하셨다.

　　1) 하나님은 욥의 허물을 지적하신 후, 만약 욥이 교만한 자와 악인을 징계할 수 있다면 스스로 자신
　　　을 구원할 수 있는 존재로 인정하시겠다고 말씀하셨다.(2,7~8,10~12,14)

　　2) 욥은 하나님께 자기는 비천하며 입이 있어도 더 이상 할 말이 없다고 대답했다.(3~5)

4. 능력 - 바울은 아직 성숙하지 못한 고린도인들에게 무기가 되는 하나님의 능력의 법이 필요함을 말했다.

　　1) 바울은 유순함으로 고린도인들을 대하면서 우리의 싸우는 무기는 하나님의 능력이라고 말했다.
　　　(1,3~4)

　　2) 바울은 자신에 대해 부정적인 평가가 있을지라도, 주께서 주신 사도의 권세를 가지고 고린
　　　도인들을 세워가며 또한 결코 남의 수고와 규범으로 이루어 놓은 것을 뺏지 않는다고 말했
　　　다.(7~8,10~11,13~17)

기도

1. 주여, 남에게 부지불식간에 손해를 입혔다면 반드시 뉘우침으로 배상하는 참 마음을 갖게 하옵소서.
2. 주여, 하나님의 능력으로 범사에 승전보를 울리는 예수 그리스도의 사도요 제자가 되게 하옵소서.

말씀에 순종함으로 예비된 복을 받으라

제 목	말씀에 순종함으로 예비된 복을 받으라			
성경본문	출애굽기 23장	요한복음 2장	욥기 41장	고린도후서 11장
개별주제	준행 - 계명과 절기	믿음 - 표적과 청결	인정 - 나약과 소유	열심 - 복음과 고난
핵심구절	1~4,7~8,10~12,14~16 19~25,28~30,32~33	2~5,7~8,10~11,13~16 19~23	1~3,7~11,13~15, 22~26,30,34	2~5,7~9,12~15, 18~20,22~29

묵상(매일묵상, 구역예배, 성경공부)

1. 준행 - 하나님은 이스라엘 백성에게 약속의 땅에서 계명과 절기를 준행함으로 복을 누리라고 하셨다.
   1) 하나님은 이스라엘 백성에게 진실과 긍휼과 계명 준행의 생활을 하라고 말씀하셨다.
      (1~4,7~8,10~12)
   2) 하나님은 이스라엘 백성에게 무교절, 맥추절, 수장절을 지키라고 말씀하셨다.(14~16)
   3) 하나님은 이스라엘 백성에게 왕벌을 보내실 것과 가나안 땅의 신을 섬기지 말아야 할 것을 말씀하셨다.(20~21,23~24,28,32~33)

2. 믿음 - 예수는 제자들과 많은 사람들에게 자신의 표적을 보고 믿어 기적의 복을 받으라고 하셨다.
   1) 제자들은 예수가 가나 혼례집에서 물이 변하여 포도주가 되게 하심을 보고 믿게 되었다.
      (2~5,7~8,10~11)
   2) 많은 사람은 예수가 성전을 청결하게 하심과 행하시는 표적을 보고 그의 이름을 믿었다.
      (13~16,19~23)

3. 인정 - 하나님은 욥에게 천하의 모든 것이 자기의 소유임을 인정하고 주시는 복을 받으라고 했다.
   1) 하나님은 욥에게 리워야단도 통제하지 못하는 나약한 자라고 말씀하셨다.
      (1~3,7~9,13~15,22~26,30)
   2) 하나님은 욥에게 자기를 대항할 자는 없으며 천하의 모든 것이 자기의 것이라고 말씀하셨다.(10~11)

4. 열심 - 바울은 고린도인들에게 거짓 사도들을 용납하지 말고 복음 안에서 영적인 복을 누리라고 했다.
   1) 바울은 고린도인들에게 그들을 향한 자신의 열심을 말하면서 거짓 사도들을 용납하지 말라고 말했다.(2~5,7~9,12~15,19~20)
   2) 바울은 고린도인들에게 자신의 참된 사랑을 알게 하기 위해 자신의 경력과 그 동안 당한 고난과 역경을 자세히 설명하였다.(18,22~29)

기도

1. 주여, 우리가 삶 속에서 일어나는 하나님의 표적을 보고 예수를 더욱 잘 믿게 하옵소서.
2. 주여, 거짓된 지도자들의 가르침을 배척하고 복음 안에서 신령한 복을 누리게 하옵소서.

더 온전한 삶에는 지도하심이 필요하다

핵심구절

제 목	더 온전한 삶에는 지도하심이 필요하다			
성경본문	출애굽기 24장	요한복음 3장	욥기 42장	고린도후서 12장
개별주제	모세 - 율법과 계명	요한 - 회개의 세례	욥 - 중보의 기도	바울 - 계시와 권면
핵심구절	1~4,7~8,11~13,17~18	1~3,5~8,11~18,20~21 24~28,30,32~34,36	1~6,8~10,12~15	1~2,4~5,7~10,12~16 20~21

묵상(매일묵상, 구역예배, 성경공부)

1. 모세 - 하나님은 이스라엘 백성의 바른 삶을 위해 친히 율법과 계명을 모세에게 주셔서 전하게 하셨다.

　　1) 하나님은 이스라엘의 지도자들에게 자기에게로 올라와 경배하게 하시고, 모세만 더 가까이 오게 하사 모든 말씀과 율례를 주시며 백성에게 전하게 하시매 모든 백성이 준행하겠다고 응답했다.(1~3,7)

　　2) 모세는 이스라엘 백성을 가르칠 율법과 계명을 받기 위하여 부하 여호수아와 함께 산에 올라 하나님이 친히 기록한 율법과 계명의 돌판을 주시기까지 사십 일 사십 야를 산에 있었다.(12~13,17~18)

2. 요한 - 예수님은 니고데모에게 거듭남을, 죄인에게 영생을 주시기 위해 요한에게 세례를 베풀게 하셨다.

　　1) 예수님은 밤 중에 찾아온 유대인의 지도자 바리새인 니고데모에게 물과 성령으로 거듭나야 하나님의 나라를 볼 수 있고 또 들어갈 수 있다고 가르치셨다.(1~3,5~8)

　　2) 하나님이 세상을 사랑하사 보내 주신 독생자는 하늘로부터 오신 이요 만물 위에 계시고 성령을 한량없이 받아 하나님의 말씀을 전하는 자니 믿는 자는 영생을 얻는다고 세례 요한은 말했다.(13~18,34,36)

3. 욥 - 하나님은 욥을 깨우쳐 회개케 하시고 세 친구를 위해 기도하게 하시며 그 후 갑절의 복을 주셨다.

　　1) 욥은 하나님의 능력과 지혜를 온전히 인정하고 자기의 무지함과 무례함과 유한함을 고백한 후 티끌과 재 가운데에서 하나님 앞에 철저히 회개했다.(1~6)

　　2) 욥이 하나님의 말씀을 듣고 깨달은 후 세 친구를 위하여 용서와 중보기도를 드리자 하나님께서 욥을 기뻐 받으시고 그에게 소유와 자손에 대하여 갑절의 복을 주셨다.(8~10,12~15)

4. 바울 - 하나님은 바울에게 계시를 주셔서 사도의 직분을 감당케 하시고 고린도교회를 바로 잡게 하셨다.

　　1) 바울은 주의 환상과 계시에 대해 큰 경험이 있으나 사람들이 듣고 그것에 지나치게 생각할까 두려워서하지 않고 오히려 자기의 약한 것들을 자랑하여 그리스도의 능력이 머물게 한다고 말했다.(1,5,7~10)

　　2) 바울은 자신이 사도로서 그 동안 폐를 끼치지 않고 사역했음을 변호하고, 보러 갈 때에 서로 원하는 모습으로 보게 되지 않을까봐 두렵고 서로 나쁜 모습으로 보게 될까봐 두렵다고 말했다.(12~16,20~21)

기도

1. 주여, 하나님의 말씀을 받기 위해 긴 시간도, 피곤함도 감당하는 주의 종이 되게 하옵소서.
2. 주여, 욥과 바울처럼 억울하고 답답해도 철없는 자들을 용서하고 중보하는 의인이 되게 하옵소서.

주님은 모든 것을 인간을 위해 행하신다

제 목	주님은 모든 것을 인간을 위해 행하신다			
성경본문	출애굽기 25장	요한복음 4장	잠언 1장	고린도후서 13장
개별주제	성소 - 법궤와 등잔	만남 - 여자와 신하	경외 - 지혜와 지식	목양 - 징계와 축도
핵심구절	2~5,8~13,16~18,20 22~23,30~31,37~40	5~7,9~21,23~26,28~30 32,34~35,38~39,42 46~50,53	1~5,7~8,10,13~16 19~23,25,28~33	2~5,8~11

묵상(매일묵상, 구역예배, 성경공부)

1. 성소 - 하나님은 이스라엘 자손을 거룩한 곳에서 만나 주시기 위해 성소와 성구를 만들게 하셨다.
　　1) 하나님은 백성에게 기쁜 마음으로 예물을 바치게 하고 그것으로 성소를 짓게 하셨다.(2~5,8~9)
　　2) 하나님은 증거궤, 진설병 상, 등잔대, 등잔 일곱, 기구들을 주가 보여 주신 양식대로 만들게 하셨다.
　　(10~12,17~18,22~23,30~31,37~40)

2. 만남 - 예수는 사마리아 여자와 많은 사람들을 구원하시고 신하의 아들을 고쳐주시기 위해 찾아오셨다.
　　1) 예수는 사마리아 수가 성의 한 여자와 사마리아인들에게 자신이 그리스도이심을 알리고 믿게 하셨
　　다.(5~7,10,13~21,23~26,39,42)
　　2) 예수는 말씀을 통해 병들어 죽게 된 왕의 신하의 아들을 고쳐 주셨다.(46~50,53)

3. 경외 - 하나님은 지혜와 지식과 명철을 주시기 위해 솔로몬을 통하여 여호와 경외를 가르쳐 주셨다.
　　1) 솔로몬은 하나님을 경외하는 것이 지식과 지혜와 명철과 공의의 근본이라고 말했다.(1~5,7)
　　2) 솔로몬은 지혜가 사방에서 부르나 듣고 돌아오지 않음으로 멸망하게 된다고 말했다.
　　(20~23,25,29~33)

4. 목양 - 하나님은 고린도인들을 구원하고 양육하시기 위해 바울을 보내셔서 온전히 목양하게 하셨다.
　　1) 바울은 편지 마지막 부분에서 교회에 문제를 일으킨 자를 결코 용서하지 않겠다고 말했다.(2,10)
　　2) 바울은 고린도교회 성도들에게 자신들이 믿음 안에 있는지 스스로 시험해 보라고 말했다.(5)
　　3) 바울은 자신이 오직 진리를 위할 뿐이며 고린도인들이 온전하게 되는 것을 바랄 뿐이라고 말했
　　다.(8~9)

기도

1. 주여, 우리의 정성어린 예물로 하나님의 집을 온전히 헌당하게 하옵소서.
2. 주여, 하나님을 온전히 경외함으로 지식과 지혜와 명철과 정의의 능력을 얻게 하옵소서.

하나님 경외와 인간의 축복은 병행한다

핵심구절

제 목	하나님 경외와 인간의 축복은 병행한다			
성경본문	출애굽기 26장	요한복음 5장	잠언 2장	갈라디아서 1장
개별주제	성막 - 성소와 성구	예수 - 치유와 영생	경외 - 지혜와 보전	복음 - 사도와 저주
핵심구절	1~3,7,14~15,18,20, 22,30,33~35	2~3,5~11,14,17~19 21~22,24~27,29~30 36~37,39~40,44,46~47	1~5,7~8,10~12, 16~20	1,4,6~8,10~12, 14~20,23~24

묵상(매일묵상, 구역예배, 성경공부)

1. 성막 - 이스라엘 백성은 성막을 중심으로 하나님을 경배하고 하나님은 백성에게 축복언약을 선포하신다.
   1) 하나님은 모세에게 성막을 만들라고 하셨다.(1~3,7,14~15,18,20,22,30)
   2) 하나님은 성막 안에 성소와 지성소를 구분하시고 증거궤와 떡상과 등잔대를 놓게 하셨다.(33~35)

2. 예수 - 모든 사람은 이 땅에 오셔서 구속사역을 행하신 예수를 믿음으로 구원과 축복과 부활을 얻는다.
   1) 예수는 안식일에 베데스다 못에서 38년된 중풍병자를 고치셨다.(2~3,5~11,14)
   2) 예수는 아버지가 일하시니 나도 일한다고 하시고 심판의 권세를 주셨으니 심판한다고 하셨다.(17,19,27,30)
   3) 예수는 주를 믿는 자에게 영생이 있고, 선한 일을 행하는 자에게 생명의 부활이 있다고 말씀하셨다.(21,24~25,29,39)

3. 경외 - 솔로몬은 아들(백성)이 여호와를 경외할 때 지혜, 명철, 희락, 보전의 축복을 받는다고 말했다.
   1) 솔로몬은 아들에게 계명을 간직하고 지혜와 명철에 마음을 두면 여호와 경외하기를 깨닫게 된다고 말했다.(1~5)
   2) 솔로몬은 여호와를 경외할 때에 그가 우리에게 방패가 되어 주시며 즐겁게 하시고 악한 길에서 보전해 주신다고 말했다.(7~8,10~12,20)

4. 복음 - 사도된 바울은 고린도인들에게 오직 예수 복음만이 참된 구원의 축복을 준다고 강조했다.
   1) 예수 그리스도와 하나님 아버지로 말미암아 사도된 바울은 갈라디아 여러 교회들에게 예수 복음 외에 다른 복음은 없으며 다른 복음을 전하는 자들에게는 저주가 있을 것임을 말했다.(1,6~8,11~12)
   2) 바울은 자신의 예수 믿기 전과 믿은 후를 말하면서 어떻게 사도가 되었는지를 설명했다.(14~19,23~24)

기도

1. 주여, 성막을 중심으로 하나님께 예배하고 계명을 중심으로 하나님을 경외하게 하옵소서.
2. 주여, 예수를 믿음으로 영생을 얻고 다른 복음이 아닌 참 복음을 전함으로 축복을 받게 하옵소서.

의미있는 일에 관심을 기울이고 행하라

핵심구절

제 목	의미있는 일에 관심을 기울이고 행하라			
성경본문	출애굽기 27장	요한복음 6장	잠언 3장	갈라디아서 2장
개별주제	사역 - 성구와 등불	성찬 - 살과 피 기념	명령 - 공경과 선행	믿음 - 소명과 복음
핵심구절	1~3,8~9,16,19~21	5~14,16~21,24~29 33~35,37~40,45,47~48 53~56,62~63,65~66,68	1~12,16~17,21~28, 30,32,34	1~4,7~10,12~14,16 19~20

묵상(매일묵상, 구역예배, 성경공부)

1. 사역 - 하나님은 이스라엘 자손에게 성구와 성막의 뜰을 만들고 성소에 등불을 밝히라고 명령하셨다.
> 1) 하나님은 모세에게 조각목과 놋으로 제단을 만들게 하시고 성막의 뜰도 만들게 하셨
> 다.(1~3,8~9,16,19)
> 2) 하나님은 감람유로 등불을 켜서 저녁부터 아침까지 항상 여호와 앞에서 꺼지지 않게 하라고 말씀
> 하셨다.(20~21)

2. 성찬 - 예수는 오천 명과 제자들에게 기적의 떡과 성찬을 베푸시고 살과 피를 기념하라 하셨다.
> 1) 예수는 유월절이 가까울 때 빈들에게 오천 명을 먹이시고 바다 위를 걸어 제자들에게 가셨
> 다.(5~11,16~21)
> 2) 예수는 자기를 생명의 떡이라고 말씀하셨고 자기의 살과 피를 먹는 자는 영생을 얻는다고 하셨다.
> (33~35,40,47~48,53~56)

3. 명령 - 솔로몬은 아들(백성)에게 주의 명령을 기억하고 여호와를 공경하며 선을 행하라고 권면했다.
> 1) 솔로몬은 아들에게 법과 명령을 잊어버리지 말고, 인자와 진리가 떠나지 말게 하며, 여호와를 신뢰
> 하고 경외하되 재물과 소산물로 여호와를 공경하라고 말했다.(1~10)
> 2) 솔로몬은 아들에게 징계, 지혜, 명철, 근신을 사모하고, 힘이 있을 때 선을 행하라고 말했다.
> (11~12,21~28)

4. 믿음 - 바울은 이방인을 구원하기 위해 사도로 부르심을 받아 율법이 아닌 복음(이신득의)을 전파했다.
> 1) 바울은 예루살렘에서 유력한 자들에게 자신이 이방인의 사도요 가난한 자들을 위해 사역했다고 말
> 했다.(1~4,7~10)
> 2) 바울은 베드로의 외식적인 행동을 책망하면서 오직 구원은 율법에 있지 않고 예수 그리스도를 믿
> 는 믿음에 있다고 말했다.(12~14,16,20)

기도

1. 주여, 항상 여호와 앞에서 저녁이나 아침이나 불을 꺼뜨리지 않는 기도용사가 되게 하옵소서.
2. 주여, 항상 주의 법을 마음에 두고 인자와 진리를 쫓으며 선을 행하는 그리스도인이 되게 하옵소서.

가만히 있는 자는 유업을 얻을 수 없다

핵심구절

제 목	가만히 있는 자는 유업을 얻을 수 없다			
성경본문	출애굽기 28장	요한복음 7장	잠언 4장	갈라디아서 3장
개별주제	직분 - 제의와 제단	따름 - 나옴과 마심	도리 - 좇음과 피함	믿음 - 구원과 유업
핵심구절	1~4,10~12,15,17~21 29~31,33,35~38, 40~43	2~7,13~20,23~24, 28~34,37~39,45~47, 50~52	2~6,8~9,14~15, 18~19,22~24,27	1~5,9,11,13,18, 21~22,24~29

묵상(매일묵상, 구역예배, 성경공부)

1. **직분 - 하나님은 아론과 그의 아들들에게 제사장 직분을 맡기시고 제의를 만들어 입으라고 하셨다.**
   1) 하나님은 아론과 그의 아들들에게 제사장 직분을 담당하게 하셨다.(1~4,41)
   2) 하나님은 제사장 직분을 담당하는 자들을 위해 에봇, 판결 흉패, 에봇 받침 겉옷, 패, 속옷, 띠, 관을 정교하게 만들게 하시고 그것을 입은 제사장들은 제단에 오를 때 하체를 가리게 하셨다.(15,31,36,40~43)

2. **따름 - 예수는 자기를 믿고 따르는 자에게 성령의 충만함이 나타난다고 선포하셨다.**
   1) 예수의 가르침을 들은 형제들까지도 예수를 믿지 않고, 또 무리는 그를 귀신들렸다 하였으나 그를 잡으려는 자는 없었다.(3~5,14~15,20,30)
   2) 명절 끝날에 예수는 누구든지 목마르거든 내게로 와서 마시라고 외치셨고 또 자기를 믿는 자는 그 배에서 생수의 강(성령)이 흘러넘치리라고 말씀하셨다.(37~39,46)

3. **도리 - 솔로몬은 아들에게 도리를 지키고 사악한 행동과 잘못된 말을 멀리할 때 복을 받는다고 말했다.**
   1) 솔로몬은 아들에게 선한 도리와 지혜와 명철을 얻고 높이라고 했다.(2,5,8)
   2) 솔로몬은 아들에게 사악한 자의 길로 들어가지 말며 피하라고 했고, 특히 마음을 지키며, 입에서 구부러진 말과 비뚤어진 말을 멀리하고 좌로나 우로나 치우치지 말라고 했다.(14~15,22~24,27)

4. **믿음 - 바울은 율법을 내려놓고 믿음을 좇아야 약속된 유업을 이을 수 있다고 역설했다.**
   1) 바울은 갈라디아 성도들이 믿음에서 율법 아래로 다시 돌아가는 것을 보고 심히 당황하였다.(1~5)
   2) 바울은 오직 믿음으로 의롭다 함을 얻고 구원을 받아 아브라함의 자손이 되고 약속대로 유업을 이을 자가 된다고 말했다.(9,11,13,18,22,24~29)

기도

1. 주여, 주께서 맡겨주신 직분을 성실히 감당함으로 약속하신 유업을 얻게 하옵소서.
2. 주여, 하나님을 경외하고 예수 그리스도를 믿음으로 지혜와 명철과 성령충만을 얻게 하옵소서.

규율은 주님과 나의 관계를 온전케 한다

핵심구절

제 목	규율은 주님과 나의 관계를 온전케 한다			
성경본문	출애굽기 29장	요한복음 8장	잠언 5장	갈라디아서 4장
개별주제	제사 - 위임과 번제	말씀 - 용서와 진리	명령 - 근신과 가정	강권 - 자녀와 성령
핵심구절	1~7,10~12,14~15 18~19,21,24~25,28~29 33,37~38,41~42,46	2~4,7,9~12,14,16,18 23~24,28~32,34~40 42,44~45,47~51,54~55	1~2,7~10,15,18~19, 21	1~7,9,13~19,21~23 28~31

묵상(매일묵상, 구역예배, 성경공부)

1. 제사 - 하나님은 아론과 아들들에게 제사장 직분을 맡기는 위임 제사와 백성을 위한 번제를 명령하셨다.
   1) 하나님은 모세에게 아론과 그의 아들들을 위하여 제사장 직분을 위임하는 제사를 드리라고 하셨다.
      (1~7,10~12,14~15,18~19,21,24~25,28~29,33)
   2) 하나님은 제사장이 매일 드릴 번제에 대해 말씀해 주시고 이로 인하여 하나님과 이스라엘 자손과
      의 관계가 유지됨을 말씀해 주셨다.(38,41~42,46)

2. 말씀 - 간음한 여자는 예수의 말씀으로 용서와 구원을 얻고 유대인들은 말씀으로 자유로운 제자가 된다.
   1) 예수는 현장에서 잡힌 간음한 여자를 정죄하지 않으시고 사람들과 죄로부터 구원해 주셨
      다.(2~4,7,9~11)
   2) 하나님은 예수를 세상에 생명의 빛으로 보내시고 함께하시며 말씀을 주셨다.
      (12,14,16,18,23~24,28~29,42)
   3) 예수는 유대인들에게 내 말에 거하면 내 제자가 되고 진리가 너희를 자유롭게 할 것이라고 말씀하
      셨다.(31~32,34~40,51,55)

3. 명령 - 솔로몬은 아들에게 근신을 지키고 유혹을 이기며 가정을 세우는 규율을 명령하였다.
   1) 솔로몬은 아들에게 근신을 지키고 이성의 유혹을 잘 이겨내라고 말했다.(1~2,7~10)
   2) 솔로몬은 아들에게 가정을 잘 지키고 여호와의 눈 앞에서 평탄함을 얻으라고 말했다.(15,18~19,21)

4. 강권 - 바울은 믿음으로 얻은 아들의 명분과 성령을 따라 난 약속의 자녀가 된 것을 힘써 지키라고 했다.
   1) 하나님은 때가 차매 예수를 보내셔서 율법 아래에 있는 자들을 속량하시고 우리로 아들의 명분을
      얻게하사 아빠 아버지라 부르게 하셨다.(1~7)
   2) 바울은 갈라디아 형제들에게 다시 율법에 종노릇하지 말고 성령을 따라 난 약속의 자녀답게 살아
      갈것을 강권했다.(9,17~19,21,28~31)

기도

1. 주여, 하나님께 온전히 예배함으로 아름다운 사랑의 관계를 유지하고 늘 돌보심을 얻게 하옵소서.
2. 주여, 날마다 자신을 돌아보는 근신을 지키게 하시고 주신 가정을 잘 돌보는 성도가 되게 하옵소서.

주 뜻을 구별할 줄 아는 것이 신앙이다

핵심구절

제 목	주 뜻을 구별할 줄 아는 것이 신앙이다			
성경본문	출애굽기 30장	요한복음 9장	잠언 6장	갈라디아서 5장
개별주제	회막 - 성구와 속전	안식일 - 치유와 안식	금지 - 육체와 환경	열매 - 자유와 성령
핵심구절	1~3,6,8,10,12,14~16 18~20,25~30,34~35, 38	1~7,10~11,14,16~17 20~22,24~28,31, 33~38	1~3,6,8~12,14,16~21 23~25,30~31	1~6,10~13,16,18 22~24

묵상(매일묵상, 구역예배, 성경공부)

1. 회막 - 하나님의 뜻은 이스라엘 자손이 회막을 중심으로 모여 속죄를 받고 거룩해지는 것이다.
    1) 하나님은 모세에게 분향할 제단, 놋 물두멍, 거룩한 향기름, 향을 만들라고 하셨다.
    (1,6,18,25,34~35)
    2) 하나님은 이스라엘 자손의 수효를 조사하여 속전을 드리고 그것을 회막봉사에 쓰라고 하셨다.
    (12,14~16)

2. 안식일 - 예수님의 뜻은 각색 병자가 안식일에 전인적 치유를 받음으로 참된 안식을 얻는 것이다.
    1) 예수는 안식일에 날 때부터 맹인된 자를 침을 뱉어 진흙을 이겨 눈에 발라 고쳐 주셨다.
    (1~7,10~11,14)
    2) 맹인은 안식일에 눈을 뜨게 하신 주님의 일을 믿지 못하는 바리새인들과 논쟁했다.
    (16~17,24~28,31,33~34)

3. 금지 - 하나님의 뜻은 담보와 보증, 게으름, 주의 마음에 싫어하는 것들, 성적 쾌락을 금하는 것이다.
    1) 솔로몬은 아들에게 재정의 태도와 삶의 성실성과 여호와께서 미워하시는 것 예닐곱 가지를 교훈했다.(1~3,6,8~11,16~19)
    2) 솔로몬은 아들에게 아비의 명령과 어미의 법을 떠나지 말 것과 성에 관해 교훈했다.
    (20~21,23~25,30~31)

4. 열매 - 하나님의 뜻은 성도가 율법에 매이지 않고 자유를 누리며 성령의 열매를 맺는 것이다.
    1) 바울은 갈라디아 성도들에게 자유를 얻은 우리가 할례를 받으면 율법 전체를 행할 의무를 가진 자가 되며, 그리스도에게서 끊어지고 은혜에서 떨어진 자가 되는 것이니 다시 종의 멍에를 메지 말자고 했다.(1~6)
    2) 바울은 믿음으로 의롭다 함과 자유를 얻은 우리는 육체의 소욕을 멀리하고 성령을 따라 행하여 성령의 열매를 맺는 자가 되자고 권면했다.(13,16,22~24)

기도

1. 주여, 각 상황과 때에 따라 주님의 뜻을 분별하고 지체하지 않고 실천하는 제자가 되게 하옵소서.
2. 주여, 성도로서 가장 피해야 할 게으름과 욕심을 벗어 버리고 복음에 순종하게 하옵소서.

주는 길을 제시하시고 은혜를 베푸신다

핵심구절

제 목	주는 길을 제시하시고 은혜를 베푸신다			
성경본문	출애굽기 31장	요한복음 10장	잠언 7장	갈라디아서 6장
개별주제	회막 - 주심과 맡김	목자 - 알림과 믿음	계명 - 새김과 지킴	생활 - 살핌과 나눔
핵심구절	1~6,13~15,18	2~4,7,9~11,14~18 22~28,30,33,36~38 41~42	1~4,9~15,22~23, 25~26	1~2,4~10,14~15,17

묵상(매일묵상, 구역예배, 성경공부)

1. 회막 - 하나님은 맡은 자에게 영과 지혜를 주시고 회막을 중심으로 안식일을 지키게 하셨다.
> 1) 하나님은 유다 지파 브살렐과 단 지파 오홀리압 그리고 지혜로운 마음이 있는 모든 자에게 자기의 영과 지혜를 충만하게 부어 주사 회막의 모든 기구를 만들게 하셨다.(1~6)
> 2) 하나님은 이스라엘 자손에게 관계의 표징과 거룩한 날이 되는 안식일을 반드시 지키라고 하셨다.(13~15)

2. 목자 - 예수는 자신을 양의 문과 선한 목자로 알려주시고 믿음을 갖도록 증거하셨다.
> 1) 예수는 자신을 양의 문이요 선한 목자라고 말씀하시면서 양을 위해 목숨을 버리신다고 말씀하셨다.(2~4,7,9~11,14~17)
> 2) 예수는 자신과 아버지는 하나라고 말씀하시면서 자기를 믿지 않는다면 자기가 하는 일을 보고 믿으라고 하셨다.(25~28,30,36~38,41~42)

3. 계명 - 하나님은 솔로몬을 통해 이스라엘 백성에게 계명과 법을 마음에 새기고 지키라고 말씀하셨다.
> 1) 솔로몬은 아들에게 그의 말, 계명, 법을 손가락에 매며 마음판에 새기라고 명령했다.(1~4)
> 2) 솔로몬은 아들에게 간교한 여인을 주의하라고 강권하고 그렇지 않으면 생명을 잃을 것이라고 말했다.(9~15,22~23,25~26)

4. 생활 - 하나님은 바울을 통해 성도가 자신을 살피는 것과 서로 좋은 것을 나누는 것에 대해 말씀하셨다.
> 1) 바울은 형제의 범죄한 일이 드러나면 바로 잡아 주고 자신을 살피며 짐을 나눠지라고 말했다.(1~2,4~5)
> 2) 바울은 가르침을 받는 자가 가르치는 자와 좋은 것을 함께하고 성령을 위하여 심는 자가 되며 특히 믿음의 가정들을 위해 착한 일을 하라고 권면했다.(6~10)
> 3) 바울은 예수 그리스도의 십자가만 자랑하고 또 자신의 몸에 예수의 흔적을 지녔다고 말했다.(14~15,17)

기도

1. 주여, 선한 목자이신 예수 그리스도의 음성을 듣고 늘 따라가서 풍성한 꼴을 먹게 하옵소서.
2. 주여, 자기를 살피고 짐을 나눠지며 모든 좋은 것을 함께하는 참된 그리스도인이 되게 하옵소서.

주님은 중보자를 통해 죄인을 돌보신다

제 목	주님은 중보자를 통해 죄인을 돌보신다			
성경본문	출애굽기 32장	요한복음 11장	잠언 8장	에베소서 1장
개별주제	모세 - 범죄와 속죄	예수 - 죽음과 부활	솔로몬 - 찾음과 만남	바울 - 축복과 기도
핵심구절	1~8,11~14,16,19~24 26~28,31~34	1~4,8,11,14~15,17 20~27,32~35,38~44 47~50,53~54,57	1~9,12~18,21~22, 27,30,33~36	3~7,10~14,17~22

묵상(매일묵상, 구역예배, 성경공부)

1. 모세 - 하나님은 모세의 중보기도를 들으시고 범죄한 이스라엘 자손을 속죄해 주셨다.
    1) 아론과 이스라엘 백성은 하나님의 말씀을 받으러 산에 올라간 모세를 더 기다리지 못하고 귀에서 금고리를 빼어 금송아지를 만든 후 그 우상 앞에 번제와 화목제를 행하였다.(1~6,8)
    2) 모세는 범죄한 이스라엘 백성을 위하여 진노와 징계를 행한 후 두 번에 걸쳐 속죄의 기도를 드렸다.(11~13,19~20,26~28,31~34)

2. 예수 - 예수는 죽은 나사로를 살리시고 자기를 죽이려는 대제사장과 바리새인들을 위해 중보자가 되셨다.
    1) 예수는 사랑하는 나사로가 죽었음을 알고 베다니로 가셔서 마르다와 마리아의 신앙고백을 들으신 후 죽은 나사로를 다시 살리셨다.(1~4,14~15,17,20~27,38~44)
    2) 이 일로 대제사장인 가야바와 바리새인들은 예수를 죽이려고 모의하고 체포명령을 내렸다.(47~50,53,57)

3. 솔로몬 - 솔로몬은 아들에게 지혜를 찾아 만나면 모든 복이 온다고 가르쳐 주었다.
    1) 지혜는 사람들에게 자기를 찾으며 얻으라고 말하고 그렇게 하지 않으면 사망이라고 했다.(1~9,17,36)
    2) 지혜는 자기를 찾는 자에게 무한한 복과 풍성한 열매를 준다고 말했다.(12~16,18,21,33~35)

4. 바울 - 바울은 에베소 성도들에게 신령한 복을 가르쳐 주고 그들을 위해 더 깊은 중보기도를 해 주었다.
    1) 바울은 에베소에 있는 형제들에게 하나님 아버지가 예수 그리스도를 통해 신령한 복, 죄사함, 기업이 됨, 성령으로 인치심 등의 복을 주셨다고 말했다.(3~7,11~13)
    2) 바울은 신령한 복을 받은 에베소에 있는 형제들이 하나님, 부르심의 소망, 기업의 영광의 풍성함, 능력의 지극히 크심이 무엇인지 더욱 알기를 간절히 기도했다.(17~19)

기도

1. 주여, 먼저 믿은 자가 나중 믿은 자를 위해 항상 중보하게 하옵소서.
2. 주여, 하나님이 베푸신 영광의 풍성함과 능력의 크심을 깨닫는 신령한 성도가 되게 하옵소서.

주는 우리의 자세를 보시고 결정하신다

핵심구절

제 목	주는 우리의 자세를 보시고 결정하신다			
성경본문	출애굽기 33장	요한복음 12장	잠언 9장	에베소서 2장
개별주제	단장 - 마음을 단장	간직 - 믿음을 간직	응답 - 지혜에 응답	변화 - 인생에 변화
핵심구절	1~23	1~5,7,10~14,18,20~28 36~37,42,44~50	1~6,8~10,12~13,15~17	1~5,8~20

묵상(매일묵상, 구역예배, 성경공부)

1. 단장 - 여호와 하나님은 이스라엘 백성이 외모를 단장하는 것보다 마음을 단장하는 자세를 보셨다.

    1) 하나님은 모세에게 이스라엘 백성을 약속의 땅으로 인도하라고 명령하시면서 자신은 백성들의 자세를 살펴보신 후 동행여부를 결정하시겠다고 말씀하셨다.(1~6)

    2) 하나님은 회막 중심으로 생활하는 모세와 회막을 향하여 예배하는 백성을 보시고 친히 나타나셔서 동행하실 것을 약속하시고 그 징표로 자기의 영광을 보여 주셨다.(7~23)

2. 간직 - 예수는 마리아가 헌신한 것과 빛이신 자기를 믿는 자들의 마음의 자세를 보시고 간직하라 하셨다.

    1) 유월절 엿새 전에 마리아는 지극히 비싼 향유로 예수를 맞이하였고, 믿는 많은 무리들은 종려나무 가지로 호산나 찬송하면서 맞이하였다.(1~3,7,12~14,18)

    2) 예수는 제자들에게 자신이 한 알의 밀이 되어 죽을 것을 말씀하시고 빛인 자기를 믿는 자는 구원을 얻고 믿지 않는 자는 심판을 받을 것이라고 선포하셨다.(22~26,36~37,42,44~48)

3. 응답 - 솔로몬은 지혜가 초청하고 미련한 여인이 초대할 때 바르게 응답하는 자세가 중요함을 강조했다.

    1) 솔로몬은 지혜가 모든 상을 차려 놓고 초청하니 그에게 가서 생명을 얻으라고 말했다.(1~6,8~10,12)

    2) 솔로몬은 미련한 여인이 떠들며 초대할 때 그 헛된 말에 귀를 기울이지 말라고 말했다.(13,15~17)

4. 변화 - 바울은 에베소 이방인들이 예수를 영접하는 믿음의 자세를 가지므로 변화를 받았다고 말했다.

    1) 바울은 에베소 성도들에게 과거에는 공중권세 잡은 악한 영에 이끌리어 진노의 자녀로 살았으나 지금은 하나님의 풍성하신 긍휼로 말미암아 예수 안에서 새 사람이 되었다고 말했다.(1~5,8~10)

    2) 바울은 에베소 성도들에게 예전에는 이방인이었고 무할례자였으며 이스라엘 나라 밖의 사람이었고 약속의 언약들에 대해 외인이었으나 이제는 주 안에서 하나가 된 동일한 권속이라고 말했다.(11~14,18~20)

기도

1. 주여, 그동안의 죄를 회개하고 마음을 새롭게 함으로 주 앞에 바른 자세로 서게 하옵소서.
2. 주여, 나의 가장 가치있는 것으로 헌신하여 주님의 몸 된 교회를 세워가는 충성된 자가 되게 하옵소서.

계명의 중요성을 깨닫는 것이 경건이다

제 목	계명의 중요성을 깨닫는 것이 경건이다			
성경본문	출애굽기 34장	요한복음 13장	잠언 10장	에베소서 3장
개별주제	언약 - 금식과 계명	계명 - 씻김과 사랑	행함 - 의인과 악인	전함 - 복음과 이방
핵심구절	1~3,6~9,11~18,21~22 24,26~28,30,33,35	1~8,12~15,18~19,21 23,25~27,30,34~35,38	1,3~4,6,8~9,11~13,16 18~19,22,24~28,32	1~2,6~9,12~13,16~19

묵상(매일묵상, 구역예배, 성경공부)

1. 언약 - 모세는 40일 40야 금식을 하고 하나님을 만나 언약을 세우고 백성이 지켜야 할 계명을 받았다.

　　1) 모세는 새 돌판 둘을 만들어 산에 올라 자비로우시고 은혜로우시고 노하기를 더디하시고 인자와 진실이 많으신 여호와 하나님을 만나 함께 언약을 세웠다.(1~3,6~7,10)

　　2) 모세는 하나님을 만날 때 사십 일 사십 야를 떡도 물도 먹지 않고 십계명을 받았으며 그 얼굴 피부에 광채가 나므로 아론과 회중이 두려워하여 가까이 하지 못했다.(11~18,21~22,24,27~28,30,35)

2. 계명 - 예수는 제자들의 발을 씻기시고 그들에게 서로 사랑하라고 새 계명을 주셨다.

　　1) 예수는 유월절이 가까웠을 때에 제자들의 발을 씻기시고 자기를 팔 자를 예언하셨다.
　　 (1~8,12~15,21,26)

　　2) 예수는 제자들에게 서로 사랑하라는 새 계명을 주셨다.(34~35)

3. 행함 - 솔로몬은 계명을 쫓는 의인과 죄를 쫓는 악인의 행함을 비교하고 그들의 삶의 마지막도 언급했다.

　　1) 솔로몬은 지혜로운 의인은 손이 부지런하고 계명을 받으며 바른 길로 행하고 입에서 생명의 샘이 솟아나며 범사에 수고하고 말을 주의한다고 강조했다.(3~4,6,8~9,11,16,19)

　　2) 솔로몬은 악인의 삶에 대하여 두려워하는 것이 임하고 회오리바람에 없어지며 수명이 짧고 소망이 끊어지며 입은 패역을 말한다고 강조했다.(24~28,32)

4. 전함 - 바울은 하나님 속에 감추어졌던 비밀의 경륜인 예수를 이방에 전하는 사명을 온전히 감당했다.

　　1) 바울은 하나님의 은혜로 일꾼이 되어 감추어졌던 비밀의 경륜인 복음을 이방인에게 전했다.
　　 (1~2,6~9)

　　2) 바울은 예베소교회 성도들의 속사람이 강건해지고 그리스도의 사랑을 알되 그 너비와 길이와 높이와 깊이를 깨달아 더욱 충만하게 되길 기도했다.(16~19)

기도

1. 주여, 하나님의 말씀을 받기 위해 경건의 시간을 온전히 지키는 주의 일꾼이 되게 하옵소서.

2. 주여, 서로 사랑하라는 계명에 순종하고 복음을 전파하는 용기와 열정의 제자가 되게 하옵소서.

하나님은 자격을 갖출 때 능력을 주신다

핵심구절

제 목	하나님은 자격을 갖출 때 능력을 주신다			
성경본문	출애굽기 35장	요한복음 14장	잠언 11장	에베소서 4장
개별주제	예물 - 안식일과 성막	기도 - 기다림과 성령	정직 - 기쁘심과 축복	자격 - 충만함과 교회
핵심구절	2~3,5~12,19,21~22, 26,29~35	1~3,6,9~17,21,23~24 26~27,31	1~4,6,8~11,13~14,16 19~22,24~25,28,30	1~6,11~15,22~30,32

묵상(매일묵상, 구역예배, 성경공부)

1. 예물 - 하나님은 이스라엘 자손이 안식일 성수와 자원하는 예물을 드릴 때 성막에서 만나 주셨다.

　　1) 하나님은 모세를 통해 이스라엘 자손을 위한 날이요 여호와께 엄숙한 날인 안식일을 거룩하게 지키라고 명령하셨다.(2~3)

　　2) 하나님은 모세를 통해 이스라엘 자손에게 자원하는 마음으로 예물을 드리게 하시고 그것으로 성막과 그 중에 있는 모든 기구를 브살렐, 오홀리압, 지혜로운 마음을 가진 자들에게 만들게 하셨다.(5,10,21,29~35)

2. 기도 - 예수는 제자들이 근심하지 않고 기다리며 주의 이름으로 기도할 때 성령을 주신다고 말씀하셨다.

　　1) 예수는 제자들에게 마음에 근심하지 말라고 하시고 세상이 주지 못하는 평안을 주신다고 말씀하셨다.(1,27)

　　2) 예수는 제자들에게 거처를 예비하러 가신다고 말씀하시고 이후로는 자기의 이름으로 무엇을 구하든지 이루어주시겠다고 약속하셨다.(2~3,6,12~14,23)

　　3) 예수는 자기가 가면 진리의 영이신 성령이 오셔서 모든 것을 가르쳐 주시고 생각나게 하시며 자기가 하던 일보다 더 큰 일도 할 수 있도록 함께 하신다고 말씀하셨다.(16~17,26)

3. 정직 - 솔로몬은 정직하고 공의로운 자가 하나님의 기쁘하심을 받는다고 했다.

　　1) 솔로몬은 공평하고 정직하며 공의로운 자가 하나님의 기뻐하심을 받는다고 말했다.
　　　 (1,3~4,6,11,19,20)

　　2) 솔로몬은 악한 자의 입과 말과 인색함이 자신과 타인을 모두 망하게 한다고 말했다.
　　　 (9,13~14,22,24~25)

4. 자격 - 바울은 성도가 성숙한 성품과 마귀 대적과 성령충만의 자격을 갖출 때 몸된 교회를 세운다고 했다.

　　1) 바울은 부르심을 받은 에베소 성도들에게 겸손, 온유, 오래 참음, 용납, 참된 것을 말하기, 분을 품지 않기, 마귀에게 틈을 주지 않기, 구제를 위한 선한 일하기, 성령을 근심시키지 않기에 힘쓰라고 했다.(1~4,25~30,32)

　　2) 바울은 주께서 각 성도에게 직분의 은사를 주셨고 더욱 장성한 분량에까지 자라게 하시며 의와 진리의 거룩함으로 지으심을 받은 새 사람이 되게 하셨으니 하나가 되어 몸된 교회를 세우라고 했다.(11~15,22~24)

기도

1. 주여, 자원하는 예물을 드리므로 주님의 몸 된 교회를 온전히 세우게 하옵소서.
2. 주여, 주의 이름으로 기도하여 성령 충만함을 받고 성숙하여 거룩한 새 사람의 삶을 살게 하옵소서.

신령한 열매를 맺음으로 평강을 누리라

핵심구절

제 목	신령한 열매를 맺음으로 평강을 누리라			
성경본문	출애굽기 36장	요한복음 15장	잠언 12장	에베소서 5장
개별주제	열매 - 성막과 예물	관계 - 나무와 가지	성실 - 입과 말과 의	성별 - 생활과 언어
핵심구절	1~8,14,19~20,35~37	1~5,7~8,10,12~14, 16,19~20,26~27	1~4,6,11~12,14~16 18~19,21,23~24,27	1~5,8~11,14~20, 22~25,28~30,33

묵상(매일묵상, 구역예배, 성경공부)

1. 열매 - 브살렐, 오홀리압, 마음이 지혜로운 자는 성막을, 이스라엘 자손은 예물을 하나님께 열매로 드렸다.

    1) 브살렐과 오홀리압과 마음이 지혜로운 사람들은 하나님이 지시하신 그 식양과 크기대로 정교하게 성막을 만들었다.(1~2,8,14,19~20,35~37)

    2) 이스라엘 자손은 성소의 모든 것을 만들 예물을 자원하여 넉넉히 남음이 있도록 가져와 하나님께 드렸다.(3~7)

2. 관계 - 예수는 자기와 제자들을 포도나무와 가지로 비유하시면서 열매 맺는 관계로 말씀하셨다.

    1) 예수는 자기를 참 포도나무라고 말씀하시고 아버지는 농부이시며 제자들은 가지라고 하셨다.(1,5)

    2) 예수는 가지가 열매를 맺기 위하여 포도나무에 붙어 있어야 함을 말씀하시고 자기의 계명을 지켜 자기 안에 거하며 기도를 통해서 모든 것을 이루라고 하셨다.(2,4,7~8,10,16)

3. 성실 - 솔로몬은 아들에게 입과 바른 말, 의로움과 성실함으로 풍성한 열매를 맺을 수 있다고 말했다.

    1) 솔로몬은 정직하고 지혜로운 자의 입과 말은 사람을 구원하고 양약이 된다고 했다.(6,14,18~19,23)

    2) 솔로몬은 의인과 부지런한 자는 뿌리가 견고하여 부요해지며 남을 다스리게 된다고 했다. (3,11~12,24,27)

4. 성별 - 바울은 에베소 성도들에게 성별된 생활과 말, 신령한 삶과 경건으로 열매를 맺으라고 권면했다.

    1) 바울은 에베소 성도들에게 하나님을 본받아 음행과 온갖 더러운 것과 탐욕을 쫓지 말고 누추함과 어리석음과 희롱의 말을 하지 말며 감사의 말을 하고, 착함과 의로움과 진실함으로 살라고 했다.(1~4,8~9)

    2) 바울은 에베소 성도들에게 세월을 아끼고 성령충만을 받으며, 찬송과 신령한 노래를 부르라고 했다.(15~19)

    3) 바울은 에베소 성도들에게 교회가 그리스도에게 하듯 아내는 남편에게 복종하고, 그리스도가 교회를 위해 자신을 주심같이 남편은 아내를 사랑하라고 했다.(22~25,28~30,33)

기도

1. 주여, 주의 계명을 지키고 그 사랑 안에서 그와 함께 연합하여 풍성한 열매를 맺는 삶을 살게 하옵소서.

2. 주여, 누추하거나 어리석거나 희롱하는 말을 하지 말고 감사하는 말로 구원을 이루어 가게 하옵소서.

관계를 중히 여기는 자는 계명을 지킨다

제 목	관계를 중히 여기는 자는 계명을 지킨다			
성경본문	출애굽기 37장	요한복음 16장	잠언 13장	에베소서 6장
개별주제	만듦 - 성구와 향들	성령 - 고난과 승리	교훈 - 부모와 자녀	무장 - 도리와 갑옷
핵심구절	1~2,6~7,9~11, 16~17,22~25,29	1~2,6~11,13~14, 19~24,26~27,32~33	1~4,7~8,10,13,15 18~20,22~24	1~4,6~8,10~19,24

묵상(매일묵상, 구역예배, 성경공부)

1. 만듦 - 하나님과의 관계를 중히 여긴 브살렐은 주의 명령에 따라 성구와 향을 만들었다.
> 1) 브살렐은 하나님이 말씀하신 식양대로 궤, 채, 속죄소, 그룹 둘, 상, 등잔대, 등잔 일곱, 분향할 제단 등을 만들었다.(1,6~7,10,16~17,22~23,25)
> 2) 마음이 지혜로운 자는 향을 만드는 법대로 거룩한 관유와 향품으로 정결한 향을 만들었다.(29)

2. 성령 - 제자와의 관계를 중히 여긴 예수는 고난에 대한 예고와 성령을 통한 승리를 약속하셨다.
> 1) 예수는 장차 자기의 고난과 제자들의 고난이 있을 것을 말씀하셨다.(2,6,19~21,32~33)
> 2) 예수는 자기가 아버지께로 감으로 보혜사 성령이 임하여 기도 응답과 기쁨 충만이 있을 것이라고 말씀하셨다.(7~11,13~14,22~24,26)

3. 교훈 - 아들이 잘 되길 소원했던 솔로몬은 부모와 자녀 간의 관계와 풍부한 복을 위하여 교훈을 남겼다.
> 1) 솔로몬은 지혜로운 아들이 아비의 훈계를 듣고 자식을 사랑하는 부모가 근실히 징계한다고 했다.(1,18,24)
> 2) 솔로몬은 재물의 풍족한 복이 입의 열매와 부지런한 자의 마음과 계명을 두려워하는 자와 선한 경작을 하는 자에게 주어진다고 했다.(2~4,7,13,22~23)

4. 무장 - 에베소 성도들이 승리하길 원했던 바울은 하나님과 사람과의 관계를 위해 도리를 가르쳐 주었다.
> 1) 바울은 에베소 성도들에게 부모와 자식 간에, 주인과 종 간에 지켜야 할 도리를 가르쳐 주었다.(1~4,6~8)
> 2) 바울은 에베소 성도들에게 하나님의 전신갑주를 입고 항상 중보기도에 힘쓰라고 했다.(10~19)

기도

1. 주여, 그리스도인에게 고난이 따름을 알고 성령 안에서 잘 감당함으로 상을 받게 하옵소서.
2. 주여, 영적 전쟁에 승리하기 위해 전신갑주를 입게 하시고 종을 위한 중보기도를 멈추지 않게 하옵소서.

주님 안에서 성도는 하나가 되어야 한다

제 목	주님 안에서 성도는 하나가 되어야 한다			
성경본문	출애굽기 38장	요한복음 17장	잠언 14장	빌립보서 1장
개별주제	하나 - 제단과 예물	하나 - 예수와 제자	하나 - 가족과 이웃	하나 - 참여와 헌신
핵심구절	1~3,6,8~10,16, 20~26,29~30	2~5,8~11,14~15,17 19~21,23~24	1~2,4,6,10~13,15,17 20~22,24,26~27,29~31	3~5,7~12,14~18, 20~21,23~24,27~29

묵상(매일묵상, 구역예배, 성경공부)

1. 하나 - 예물을 드린 백성은 브살렐과 오홀리압이 주의 명령을 따라 만든 성막 안에서 하나가 되어야 한다.

    1) 브살렐과 오홀리압은 하나님의 명령에 따라 번제단, 채, 물두멍, 뜰, 성막 말뚝을 놋으로 만들었다.
    (1~3,6,8~9,20,22~23,30)

    2) 이스라엘 자손 중 20세 이상인 603,550명이 성소건축 비용으로 드린 금과 은과 놋은 매우 풍성했다.(24~29)

2. 하나 - 예수는 아버지와 자기가 하나인 것처럼 제자들을 보전하사 하나가 되게 해 달라고 기도했다.

    1) 예수는 아버지에게 자기를 영화롭게 해 주시고 제자들을 보전해 달라고 기도하셨다.
    (2~5,8~11,14~15)

    2) 예수는 하나님 아버지와 자기가 하나인 것처럼 제자들도 하나가 되게 해달라고 기도하셨다.
    (19~21,23)

3. 하나 - 솔로몬은 지혜와 명철과 정직과 구제가 있는 자는 서로 하나이며 하나님을 경외한다고 말했다.

    1) 솔로몬은 지혜와 명철이 있는 자는 집을 세우고, 여호와를 경외하는 자는 정직하며 자녀들에게 피난처가 되어주고, 온 집안을 하나되게 한다고 말했다.(1~2,11,26~27)

    2) 솔로몬은 가난한 자를 불쌍히 여기며 함께하는 자는 하나님을 공경하는 자요 복이 있는 자라고 말했다.(21,31)

4. 하나 - 바울은 빌립보 성도들이 복음을 위한 일에 참여하여 하나가 되어 준 점에 대하여 감사했다.

    1) 바울은 빌립보 성도들이 복음을 위한 일에 참여하여 하나가 되어 준 점에 대해 깊이 감사하고 기뻐서 늘 그들을 위하여 간구한다고 말했다.(3~5,7,9~11,27)

    2) 바울은 자신이 매임을 당함으로 다른 이가 용기를 얻고 더 담대히 복음을 전파하게 되거나 혹은 투기와 분쟁과 다툼으로 복음을 전파하게 되더라도 기뻐하고 기뻐한다고 말했다.(12,14~18,23~24)

기도

1. 주여, 지성소와 성소가 있는 교회 안에서 모든 성도가 복음으로 하나 되게 하옵소서.
2. 주여, 예수 그리스도의 복음이 전파되는 일이라면 자신까지도 희생할 줄 아는 헌신의 마음을 주옵소서.

3/28

주님은 사랑하는 자에게 사명을 주신다

핵심구절

제 목	주님은 사랑하는 자에게 사명을 주신다			
성경본문	출애굽기 39장	요한복음 18장	잠언 15장	빌립보서 2장
개별주제	마침 - 성의와 축복	수용 - 십자가와 재판	권면 - 언어와 마음	부탁 - 겸손과 영접
핵심구절	1~2,6~8,10~14,22,25 27~28,30,32,42~43	3~11,17,19~27 29~30,35~40	1~2,4,7~9,12~13 15~18,22~23,26,28,32	2~12,14~16,19~22 25~30

묵상(매일묵상, 구역예배, 성경공부)

1. 마침 - 하나님은 사랑하는 오홀리압에게 제사장에 관한 옷을 만드는 사명을 주셨고 그는 그 일을 마쳤다.
　　1) 하나님은 오홀리압과 마음이 지혜로운 자들에게 제사장의 거룩한 옷인 에봇, 흉패, 에봇 받침 긴 옷, 속옷, 속바지, 패 등을 만들게 하셨다.(1~2,8,10~14,22,27~28,30)
　　2) 모세는 이스라엘 자손이 하나님께서 명령하신 성막 곧 회막의 모든 역사를 다 마쳤을 때 그 모든 것을 보고 그들을 축복하였다.(32,42~43)

2. 수용 - 하나님은 사랑하는 독생자 예수에게 십자가의 사명을 주셨고 예수는 온전히 그 길을 감당하셨다.
　　1) 예수는 자기를 잡으러 온 자들에게 자신을 당당히 알리고 십자가의 길을 가시면서 제자들은 집으로 갈 수 있도록 용납하라고 말씀하셨다.(3~5,8~11)
　　2) 예수는 안나스, 가야바를 거쳐 빌라도의 법정에서 음모의 재판을 받으셨다. (20~24,29~30,35~38,40)

3. 권면 - 하나님은 솔로몬에게 아들(백성)을 교훈하는 사명을 주셨고 솔로몬은 자세히 잘 권면하였다.
　　1) 솔로몬은 아들에게 말을 할 때에 유순하고 지식있게 하며, 지혜롭게 의논하면서 때에 맞게 하고, 선하게 하라고 권면했다.(1~2,4,7,22~23,26)
　　2) 솔로몬은 아들에게 정직하고 견책받기를 좋아하며, 즐겁고 사랑하며, 분을 다스리고 깊이 생각하는 마음을 가지고 살라고 권면했다.(8,12~13,15~18,28,32)

4. 부탁 - 하나님은 바울에게 빌립보 성도들을 잘 양육하는 사명을 주셨고 그는 제자들과 함께 감당하였다.
　　1) 바울은 빌립보 성도들에게 예수님이 보여주신 겸손한 마음으로 남을 대하고, 어그러지고 거스르는 세대 가운데서 흠없이 빛으로 살며, 두렵고 떨림으로 구원을 이루라고 말했다.(2~8,12,14~15)
　　2) 바울은 빌립보 성도들에게 그들을 진실히 생각할 만한 자로서 믿을 만한 디모데와 충성하는 에바브로디도를 소개하면서 그들을 존귀히 여기라고 말했다.(19~22,25~30)

기도

1. 주여, 예수 그리스도를 닮아 우리에게 주어진 사명을 충실히 감당하게 하옵소서.
2. 주여, 마음과 말을 교훈대로 다스려 하나님께 영광을 돌리고 축복의 주인공이 되게 하옵소서.

104

3/29

성도는 세상 사람과 다른 기준으로 산다

핵심구절

제 목	성도는 세상 사람과 다른 기준으로 산다			
성경본문	출애굽기 40장	요한복음 19장	잠언 16장	빌립보서 3장
개별주제	성막 - 하나님 임재	예수 - 십자가 대속	주권 - 계획의 성취	푯대 - 믿음과 상급
핵심구절	2~7,9~13,15,17, 29~32,34~38	1~3,6,10~13,15~18,23 26~28,30,33~34,38~41	1~4,7~9,12~13,15 18~19,23~25,28,31~33	2~9,12~14,17~21

묵상(매일묵상, 구역예배, 성경공부)

1. 성막 - 하나님의 백성은 하나님의 임재가 있으신 성막을 중심으로 산다.
> 1) 모세는 둘째 해 첫째 달 초하루에 하나님이 명령하신대로 성막을 온전히 세웠다.(2~7,17,29~32)
> 2) 모세가 이 모든 역사를 마쳤을 때 구름이 회막에 덮이고 여호와의 영광이 성막에 충만했다.
> (34~38)

2. 예수 - 그리스도인은 십자가에 달리신 예수를 중심으로 삶의 모든 것을 맞추면서 산다.
> 1) 예수는 빌라도와 군인들, 대제사장들과 아랫사람들로부터 모욕과 고난을 당하시고 십
> 자가에 못 박히신 후 제자에게 어머니를 부탁하시고 다 이루었다 말씀하신 후 운명하셨
> 다.(1~3,6,15~18,23,26~27,30)
> 2) 아리마대 사람 요셉과 밤에 찾아왔던 니고데모는 예수의 장례를 준비한 후 새 무덤에 장사지냈다.
> (38~41)

3. 주권 - 솔로몬과 이스라엘 백성은 계획한 일의 성취가 다 하나님의 주권에 달려 있음을 인정하며 산다.
> 1) 솔로몬은 사람이 모든 일의 계획과 경영을 할지라도 그 일의 성취는 하나님의 주권에 달려 있다고
> 말했다.(1,3~4,9,25,33)
> 2) 솔로몬은 사람이 공의와 겸손으로 행동하면 감찰하시는 하나님이 그것을 다 보시고 사람과 재물을
> 겸하여 주신다고 말했다.(2,7~8,12~13,18~19,31)

4. 푯대 - 바울과 빌립보 성도들은 오직 믿음으로 부름의 상을 바라보고 푯대를 향하여 달려가며 산다.
> 1) 바울은 자신이 육체적으로 신뢰할 만하나 그것으로 의롭다 함을 얻은 것이 아니고 오직 예수 그리
> 스도를 아는 지식과 그를 믿는 믿음으로 의롭다 함을 얻었다고 말했다.(4~9)
> 2) 바울은 그간의 한 일을 잊어버리고 앞에 있는 것을 잡으려고 푯대를 향하여 하나님이 위에서 부르
> 신 부름의 상을 위해 달려간다고 말했다.(12~14)
> 3) 바울은 우리가 그리스도의 원수로 행하지 말고 하늘의 시민권을 가진 자로서 주 예수를 기다리며
> 하나님의 성령으로 봉사하고 그를 자랑하며 살자고 권면했다.(3,17~21)

기도

1. 주여, 모든 계획과 경영을 성실히 하되 오직 이루시는 이는 하나님이심을 알고 기도하게 하옵소서.
2. 주여, 나의 모든 기득권을 배설물로 여기고 오직 예수를 고상한 지식으로 인정하며 살게 하옵소서.

주님은 주 안에서 사는 법을 제시하셨다

핵심구절

제　목	주님은 주 안에서 사는 법을 제시하셨다			
성경본문	레위기 1장	요한복음 20장	잠언 17장	빌립보서 4장
개별주제	제사 - 번제와 화제	성령 - 평강과 믿음	마음 - 결단과 배려	자족 - 기쁨과 용기
핵심구절	1~4,6,9~10,13~15,17	1~2,6~8,11~23,26~29,31	1,3,5~6,9~10,12,14~15,17,20~22,25,27~28	1~2,4~9,11~13,15~16,18

묵상(매일묵상, 구역예배, 성경공부)

1. 제사 - 하나님은 이스라엘 자손에게 하나님 안에서 사는 방법으로 번제와 화제를 가르쳐 주셨다.
　　1) 하나님은 모세를 불러 회막에서 소, 양, 염소, 비둘기로 번제 드리는 방법을 가르쳐 주셨다.
　　　(1~4,6,10,14)
　　2) 하나님은 모든 번제를 화제로 드려 여호와께 향기로운 냄새가 되게 하라고 말씀하셨다.(9,13,17)

2. 성령 - 예수는 부활하신 후 제자들에게 주 안에서 사는 법으로 평강과 성령을 공급해 주셨다.
　　1) 안식 후 첫날, 예수는 부활하셔서 막달라 마리아와 제자들에게 나타나시고 평강을 비시며 성령을
　　　받으라고 말씀하셨다.(1,11~16,19~22)
　　2) 예수는 다시 디두모라 불리는 도마에게 나타나셔서 못 자국에 손을 넣어 보라고 하신 후, 자기를
　　　보고 믿는 자 보다 보지 못하고 믿는 자들이 복되다고 말씀하셨다.(26~29)

3. 마음 - 솔로몬은 주 안에 사는 자는 마음가짐을 바로 먹고, 남에 대해 올바른 태도를 갖는다고 했다.
　　1) 솔로몬은 사람이 자기 마음의 상태를 어떻게 갖느냐에 따라 화목과 복과 관계형통의 결과가 좌우
　　　된다고 말했다.(1,3,14,17,20~22,27)
　　2) 솔로몬은 가난한 자를 조롱하고, 남의 허물을 거듭 말하며, 악인을 의롭다고 하는 자는 여호와를 멸
　　　시하는 자요 하나님께 미움을 받을 것이라고 말했다.(5,9,15)

4. 자족 - 바울은 주 안에서 사는 자는 기뻐하고 관용하며 기도하고 자족하며 모든 것을 감당한다고 했다.
　　1) 바울은 자기에게 쓸 것을 공급해 준 빌립보 성도들에게 주 안에서 같은 마음을 품고, 기뻐하며 남에
　　　게 관용을 베풀고, 염려하지 말며 기도하라고 권면했다.(1~2,4~7,15~16)
　　2) 바울은 빌립보 성도들에게 자신은 어떠한 형편에든지 자족하기를 배웠으며, 능력 주시는 자 안에
　　　서 모든 것을 할 수 있다고 말했다.(11~13,18)

기도

1. 주여, 거룩한 예배를 드리고 성령을 받아 하나님 안에서 신령하게 사는 자녀가 되게 하옵소서.
2. 주여, 마음과 태도를 올바르게 함으로 기쁨과 관용과 자족과 용기가 있는 자가 되게 하옵소서.

106

하나님은 구속한 자에게 의무를 주셨다

3/31

핵심구절

제 목	하나님은 구속한 자에게 의무를 주셨다			
성경본문	레위기 2-3장	요한복음 21장	잠언 18장	골로새서 1장
개별주제	제사 - 소제와 화목제	목양 - 구속과 양식	잠언 - 권위와 지혜	돌봄 - 중보와 권면
핵심구절	2:1~5,7,11,13~14 3:1~2,5~6,12,16~17	2~7,10~13,15~20,25	1~2,4,8~10,12~14 16~17,19,21~22	1,3~5,7~15,18~20 22~24,27~29

묵상(매일묵상, 구역예배, 성경공부)

1. 제사 - 하나님은 출애굽을 통해 구속함을 받은 백성에게 소제와 화목제를 드리는 제사의 의무를 주셨다.
> 1) 하나님은 이스라엘 자손에게 고운 가루를 불사르거나 굽거나 부치거나 냄비의 것으로나 처음 익은 것 곧 첫 이삭으로 소제를 드리라고 하셨다.(2:1~2,4~5,7,14)
> 2) 하나님은 이스라엘 자손에게 소, 양, 염소를 불로 태워 화목제를 드리라고 하셨다.(3:1~2,5~6,12,16)

2. 목양 - 예수는 구속함을 받은 제자들에게 일용할 양식을 주시고 자기의 양을 칠 목양의 의무를 주셨다.
> 1) 부활하신 예수는 다시 고기 잡으러 가는 제자들에게 나타나셔서 일용할 양식을 주셨다.(2~7,11~13)
> 2) 예수는 베드로에게 네가 나를 사랑하느냐 질문을 하시고 자기의 양을 먹이라고 하셨다.(15~19)

3. 잠언 - 하나님은 솔로몬에게 백성을 가르칠 권위와 지혜를 주시고 잠언을 써서 전할 의무를 주셨다.
> 1) 솔로몬은 자기 소욕, 자기 의사, 자기 일, 남의 말하기를 좋아하는 자는 미련한 자요, 욕을 보거나 망하게 된다고 말했다.(1~2,8~9,13,21)
> 2) 솔로몬은 명철한 자가 여호와를 경외하고 마음을 잘 다스리며 말과 선물을 바르게 사용한다고 말했다.(4,10,14,16)

4. 돌봄 - 예수는 바울에게 사도의 권위를 주시고 성도에게 중보와 권면을 행하는 돌봄의 의무를 주셨다.
> 1) 사도 바울은 전한 복음을 듣고 믿음과 사랑과 소망의 성장을 보여준 골로새 성도들을 칭찬한 후, 그들의 열매 맺음과 성숙함을 위하여 디모데와 함께 풍성한 중보기도를 드렸다.(1,3~5,9~12)
> 2) 바울은 골로새 성도들이 믿음에 거하고 터 위에 굳게 서서 복음의 소망에서 흔들리지 아니하면 거룩하고 흠 없고 책망할 것이 없는 자로 주 앞에 서게 된다고 전하였다.(13~14,18~20,22~23,28)

기도

1. 주여, 구속함을 받은 자로서 정한 예배와 맡겨진 사명을 잘 감당하게 하옵소서.
2. 주여, 구속함을 받은 자로서 생활 속에 주어진 계명과 도리와 윤리를 기쁨으로 준행하게 하옵소서.

맥체인성경과
정독구조

맥체인성경의 묵상하기 문제는
성경을 읽어 나가면서 바로 성령의 감동을 받아
질문 문제를 만드는 것이다.
읽은 말씀 중에서 여러 요절의 내용을 합하여
문제를 만들 수도 있고 한 요절로 문제를 만들 수도 있다.

영혼의 양식 먹기 :
하나님의 말씀을 먹는 방법은 매우 다양하다.
맥체인성경을 통해 듣기, 읽기, 공부하기, 암송하기, 묵상하기,
적용하기를 실천하여 풍성한 깨달음을 얻는 구조이다.

단품, 코스, 퓨전, 뷔페 등 다양하게 음식먹기 :
어떤 음식을 어떻게 먹느냐에 따라 그 맛이 다르다.
맥체인성경 통독은 다양한 맛을 느끼게 하는 구조이다.

성경통독은 성경을 읽을 때 비행기를 타고 지나가듯
읽을 수 있으며 기차를 타고 지나가듯 읽을 수도 있다.
또한 자전거나 걸어가면서 가까이 보듯 읽을 수도 있다.
반면 맥체인성경통독은 입체적이며
전체대강의 줄거리를 살펴보면서 묵상하는 구조다.

하나님은 축복와 심판의 칼을 가지셨다

핵심구절

제 목	하나님은 축복와 심판의 칼을 가지셨다			
성경본문	레위기 4장	시편 1~2편	잠언 19장	골로새서 2장
개별주제	속죄 - 범죄와 제물	심판 - 대적과 진노	생활 - 심판과 축복	믿음 - 세움과 위안
핵심구절	2~6,12~15,20~23 26~28,31~33,35	1:1~3,6 2:2~3,5~9,11~12	2~9,11,13~15 17~19,21,23~25,29	1~4,6~8,11~12,14~17 19~20,23

묵상(매일묵상, 구역예배, 성경공부)

1. 속죄 - 하나님은 누구나 죄를 범했을 때 속죄제를 드리면 제사장을 통해 죄를 사해 주시는 복을 주셨다.
   1) 하나님은 제사장이나 회중이나 족장이나 평민이 여호와의 계명 중에 하나라도 범하면 속죄제를 드리라고 말씀하셨다.(2~3,13~14,22~23,27)
   2) 하나님은 범죄한 자가 드리는 속죄제물을 받으시고, 집례한 제사장이 속죄를 선포하면 그 죄를 사하여 주셨다.(4,20,24,26,28,31~32,35)

2. 심판 - 하나님 여호와는 의인을 인정하시고 그를 대적하는 자에게 진노하사 심판하신다.
   1) 하나님은 시편 기자를 통하여 복 있는 사람은 악인들의 꾀와 죄인들의 길과 오만한 자들의 자리에 앉지 않음으로 그들의 길을 인정하신다고 말씀하셨다.(1:1~3,6)
   2) 하나님은 그의 기름부음 받은 자인 아들을 대적하고, 여호와를 벗어나려고 하는 자들에게 분을 발하시고 진노하사 망하게 하신다.(2:2~3,5,7,11~12)

3. 생활 - 하나님은 생활의 모습에 따라 심판과 축복을 내리신다.
   1) 하나님은 솔로몬을 통하여 가난한 자와 거짓된 자와 게으른 자와 거만한 자는 생활 속에서 심판이 있을 것이라고 말씀하셨다.(4~5,7,9,15,24,29)
   2) 솔로몬은 명철을 지키는 자와 긍휼을 베푸는 자와 주를 경외하는 자는 하나님이 축복하신다고 말했다.(8,17,23)

4. 믿음 - 바울은 골로새 성도들에게 오직 예수 믿음으로 세움을 받아 위안과 성장의 복을 누리라고 했다.
   1) 바울은 골로새 성도들에게 예수 안에 뿌리를 박고 세움을 받아 믿음에 굳게 서서, 마음에 위안과 지혜와 지식의 모든 보화를 받으라고 권면했다.(2~3,6~7)
   2) 바울은 성도들에게 사람의 전통인 철학과 헛된 속임수을 주의하고, 먹고 마시는 것과 절기나 초하루나 안식일을 이유로 비판하지 못하게 하며, 오직 십자가의 믿음으로만 성장하라고 했다.(8,12,16~17,20)

기도

1. 주여, 악인들의 꾀와 죄인들의 길과 오만한 자들의 자리에 앉지 않으므로 복 있는 자가 되게 하옵소서.
2. 주여, 거짓되고 게으르며 거만하고 세상의 철학과 속임수에 빠져 심판을 받는 자가 되지 않게 하옵소서.

하나님께 인정받은 자는 의로움이 있다

핵심구절

제 목	하나님께 인정받은 자는 의로움이 있다			
성경본문	레위기 5장	시편 3~4편	잠언 20장	골로새서 3장
개별주제	백성 - 속죄제 속건제	다윗 - 고백함 기도함	백성 - 정직함 의지함	성도 - 위의것 생각함
핵심구절	1~7,10~11,15~18	3:1~4,6~8 4:1~3,5~8	1~3,5,7,9~11,13~15 17~19,22~24,27~30	1~3,5~6,8~10, 12~21,23,25

묵상(매일묵상, 구역예배, 성경공부)

1. 하나님께 인정받은 이스라엘 백성은 양심적으로 형편에 따라 속죄제와 속건제를 드리는 의로움이 있다.

　1) 하나님은 선민이 증인으로서 도리를 하지 않는 것, 부정한 것을 만지거나 닿는 것, 입술로 맹세한 것에 대해 지키지 않고 나중에 깨달았으면 허물이 있는 것이니 자복하고 속죄제를 드리라고 명령하셨다.(1~6)

　2) 하나님은 선민이 속죄제를 드릴 때 힘이 없어 어린양을 바치지 못하면 산비둘기나 집비둘기를 드리고 그것도 안되면 고운 가루를 예물로 드리고 부지 중에 죄를 지었으면 속건제를 드리라고 말씀하셨다.(7,10~11,15~18)

2. 하나님께 인정받은 다윗은 올바른 신앙고백과 부르짖는 기도와 의의 제사를 드리는 의로움이 있다.

　1) 다윗은 아들 압살롬에게 쫓길 때에 방패시요 영광이시요 머리를 드시는 자시요 구원이신 하나님께 성산에서 응답해 달라고 믿음 안에서 부르짖었다.(3:1~4,6~8)

　2) 다윗은 경건한 자를 택하시는 자요 안전히 살게 하시는 자이신 의의 하나님께서 자기의 기도를 들으시고 은혜를 베푸심으로 자기는 의의 제사를 드리고 큰 기쁨으로 눕고 자기도 한다고 고백했다.(4:1,3,5~8)

3. 하나님께 인정받은 백성은 정직함과 남을 배려함과 지혜로움과 여호와를 의지하는 의로움이 있다.

　1) 솔로몬은 술, 다툼, 한결같지 않은 저울 추와 되, 잠자기를 좋아하며 한담하는 자, 남의 비밀을 누설하는 자는 하나님께 미움을 받으며 망한다고 했다.(1,3,10,13,19,22~23)

　2) 솔로몬은 모략을 길어내며 온전하게 행하는 자가 복을 받고, 자기 품행을 정결하고 정직하게 하며 지혜로운 입술로 말하고 의논하면서 경영하며 여호와를 의지하는 자가 형통하다고 했다.(5,7,11,15,18,24)

4. 하나님께 인정받은 성도는 위의 것을 찾고 생각하며 실천하고 땅에 있는 지체를 죽이는 의로움이 있다.

　1) 바울은 골로새교회 성도들에게 새 사람을 입었으니 위의 것을 찾고 땅의 것을 생각하지 말며 땅에 있는 지체를 죽이라고 말했다.(1~3,5~6,8~10)

　2) 바울은 성도들에게 긍휼과 자비와 겸손과 온유와 인내를 옷 입고 서로 용서하며 사랑을 더하고 시와 찬송과 신령한 노래를 부르며 무슨 일을 하든지 주께 하듯하고 감사하는 마음으로 하나님을 찬양하라고 말했다.(12~17,23)

기도

1. 주여, 그리스도인으로서 주어진 의무와 도리를 다하는 진실한 제자가 되게 하옵소서.
2. 주여, 새 사람을 입은 자로서 타인에게 사랑을 베풀고 하나님께 감사를 드리는 자가 되게 하옵소서.

4/3 주는 성숙한 자를 품으시고 응답하신다

핵심구절

제 목	주는 성숙한 자를 품으시고 응답하신다			
성경본문	레위기 6장	시편 5~6편	잠언 21장	골로새서 4장
개별주제	제사 - 사죄하심	기도 - 응답하심	온전 - 승리주심	교제 - 천국주심
핵심구절	2~7,9,11~12,15~16,18 20~23,25~27,29~30	5:1~7,9,11 6:1~4,6~9	2~6,8~9,13~15,17, 19,21~24,26,29~31	1~6,8~12,14,17

묵상(매일묵상, 구역예배, 성경공부)

1. 제사 - 하나님은 죄를 범한 자가 피해자에게 추가로 보상하고 제사를 드리며 회개하면 다 사해 주신다.
   1) 하나님은 모든 백성에게 도둑질하지 말며, 훔친 것, 착취한 것, 맡은 것, 주운 것, 거짓 맹세한 물건을 돌려줄 때는 1/5을 더해 주고, 여호와께 속건제를 드리면 다 사해 주시겠다고 말씀하셨다.(2~7)
   2) 하나님은 제사장이 번제를 드릴 때 불을 꺼지지 않게 하고 재는 진영 바깥 정결한 곳에 버리며 소제는 향기로운 냄새가 되게 하고 속죄제는 거룩하니 제사 드리는 제사장이 먹으라고 말씀하셨다.(9,11~12,15~26,29)

2. 기도 - 하나님은 다윗이 악한 자에게 환난을 당할 때에 간절히 기도함을 들으시고 응답해 주셨다.
   1) 다윗은 죄악과 오만한 자와 행악자와 거짓말하는 자와 피 흘리기를 즐기는 자와 속이는 자를 싫어하시는 하나님께 자기의 심정을 헤아려 달라고 기도한 후 그 사랑에 힘입어 예배한다고 고백했다.(5:1~7,11)
   2) 다윗은 하나님의 분노와 진노로 자기의 몸과 영혼이 많이 수척해졌고 피곤하여 밤마다 눈물로 침상을 적시니 친히 은혜와 사랑을 베풀어 주시고 대적이 떠나가게 해 달라고 기도했다.(6:1~4,6~9)

3. 온전 - 하나님은 의인의 마음을 감찰하시고, 공의와 정의를 쫓으며 온전한 자에게 이김을 주신다.
   1) 솔로몬은 하나님이 마음을 감찰하시며 공의와 정의를 기뻐하시고, 가난한 자의 부르짖는 소리를 듣는 자와 입과 혀를 지키는 자를 환난에서 보전하신다고 말씀하셨다.(2~3,13,21,23,26)
   2) 솔로몬은 하나님이 눈이 높은 것과 마음이 교만한 것과 악인이 형통한 것과 속이는 말로 재물을 모으는 것과 얼굴을 굳게 하는 것을 죄로 여기시고 폐하시니 모든 이김은 하나님께 있다고 말했다.(4~6,29~31)

4. 교제 - 하나님은 영적으로 자기와 사귀고 성도들과 문안하며 교제하는 자에게 주의 나라를 허락하신다.
   1) 바울은 골로새교회 성도들에게 기도생활과 전도를 위한 중보와 세월을 아끼는 것과 항상 은혜로운 말을 하는 것을 간곡히 권면했다.(2~6)
   2) 바울은 자기의 사정을 전달하는 형제 두기고와 오네시모와 아리스다고와 마가와 유스도와 에바브라와 의사 누가에게 문안하고 서로 위로를 나누라고 말했다.(8~12,14)

기도

1. 주여, 남에게 손해를 입히는 죄를 범했을 때에 철저히 보상하며 회개의 제사를 드리게 하옵소서.
2. 주여, 악한 습관을 버리고 오직 온전함과 신앙적인 교제를 통해 성숙한 삶을 살게 하옵소서.

112

주님은 자기를 찾는 자에게 복을 주신다

핵심구절

제 목	주님은 자기를 찾는 자에게 복을 주신다			
성경본문	레위기 7장	시편 7~8편	잠언 22장	데살로니가전서 1장
개별주제	제사 - 명령과 화목	간구 - 심판과 찬양	의뢰 - 지혜와 축복	준행 - 믿음과 재림
핵심구절	1~2,5~7,10~16,18~20 23,25~26,29~30,32,34	7:1~2,6,8~10,14~15 8:1,3~6,9	1~2,4~6,9,11~13,15 17~21,24~25,29	1~3,6~10

묵상(매일묵상, 구역예배, 성경공부)

1. 제사 - 주는 제사를 통해 이스라엘 자손이 자기에게 나오도록 명령하셨고 그들에게 화목의 복을 주셨다.
　　1) 하나님은 이스라엘 자손에게 속건제, 속죄제, 화목제를 드리라고 명령하셨다.
　　　(1~2,5,11~13,15~16,38)
　　2) 하나님은 제사를 드린 후 먹게 하시고 그 제물의 특정 부위는 제사장의 몫이 되게 하셨다.
　　　(6~7,10,14,34)

2. 간구 - 다윗은 주께 자기의 대적을 향한 심판을 간구하고 만물을 창조하심에 대해 주 이름을 찬양했다.
　　1) 다윗은 하나님께 자신은 의로우니 자기를 괴롭히는 대적을 심판해 달라고 간구했다.(7:1~2,6,8~9)
　　2) 다윗은 하나님께 사람과 만물을 창조하신 주의 이름이 너무 아름답다고 찬양하며 고백했다.
　　　(8:1,3~6,9)

3. 의뢰 - 솔로몬은 겸손히 여호와를 경외하고 의뢰하는 자가 주께 지혜와 지식과 복을 받는다고 말했다.
　　1) 솔로몬은 재물보다 명예를 택하고, 겸손과 여호와를 경외하며, 아이에게 행할 길을 가르치고, 가난
　　　한 자에게 양식을 나눠주는 자가 하나님께 복을 받는다고 했다.(1,4,6,9,12,15)
　　2) 솔로몬은 지혜와 지식이 여호와를 의뢰하는 자에게 있다고 기록하였다.(17~20)

4. 준행 - 바울은 데살로니가교회가 믿음과 사랑을 준행하고 본이 된 점과 재림을 기다림을 칭찬했다.
　　1) 바울과 실루아노와 디모데는 데살로니가인의 교회에 편지를 쓰면서 그들의 믿음의 역사와 사랑의
　　　수고와 소망의 인내를 칭찬하였다.(1~3)
　　2) 바울은 또 데살로니가인의 교회가 많은 환난 중에도 말씀을 받아 마게도냐와 아가야에 있는 모든
　　　믿는 자의 본이 된 것과 재림하실 주를 기다리는 것을 거듭 칭찬하였다.(6~10)

기도

1. 주여, 저희에게 힘을 주사 주 앞에서 의로운 삶을 살게 하시고 늘 주의 이름을 찬양하게 하옵소서.
2. 주여, 모든 자에게 믿음의 역사와 사랑의 수고와 소망의 인내를 본으로 보이는 자가 되게 하옵소서.

의로우신 하나님은 인간을 심판 하신다

제 목	의로우신 하나님은 인간을 심판 하신다			
성경본문	레위기 8장	시편 9편	잠언 23장	데살로니가전서 2장
개별주제	위임 - 선택과 중보	심판 - 정죄와 돌봄	판단 - 부모와 음식	증거 - 복음과 고난
핵심구절	2~3,6~14,18,22~24 27~30,33~35	1~4,7~10,12~14,16 18~19	1,3~4,6~7,9,11,13~18 20~23,25~26,29~35	2~9,12,14~16,19

묵상(매일묵상, 구역예배, 성경공부)

1. 위임 - 의로우신 하나님은 범죄한 인간을 심판으로부터 건지시기 위해 제사장을 선택하시고 위임하셨다.
> 1) 모세는 하나님의 명령에 따라 아론과 그의 아들들에게 제사장 위임식을 집례하였다.
> (2,6~9,12~13,35)
> 2) 모세는 속죄제의 수송아지와 번제의 숫양과 또 다른 숫양으로 7일간 제사를 드렸다.
> (14,22~24,27~30,33)

2. 심판 - 공의의 하나님은 악한 자를 심판하시고 가난하고 약한 자를 돌아보신다고 다윗은 고백하였다.
> 1) 다윗은 공의로우신 심판의 하나님을 찬송하였다.(1~4,7~10,16,19)
> 2) 다윗은 가난한 자를 돌아보시는 하나님을 만민에게 고백하였다.(12,14,18)

3. 판단 - 솔로몬은 부모의 견책을 받고 공경하는 자와 음식을 판단하는 자가 주의 심판을 면한다고 말했다.
> 1) 솔로몬은 음식을 먹을 때 그 대상을 생각하고 의도를 판단해야 심판을 면한다고 말했다.(1,3,6~7)
> 2) 솔로몬은 부모의 견책을 듣고 공경하며 술과 음식을 탐하지 않는 자가 구원을 받을 것이라고 말했다.(13~22,25~26,29~35)

4. 증거 - 바울은 복음만을 전하면서 믿는 자에게 핍박과 고난을 주는 자는 주의 심판을 받는다고 증거했다.
> 1) 바울은 데살로니가교회에 복음만을 증거 했고 하나님을 기쁘시게 하려고 힘썼다고 말했다.
> (2~9,12,19)
> 2) 바울은 유대인이나 이방인이나 믿는 자에게 고난을 주는 자는 반드시 심판을 받는다고 말했다.
> (14~16))

1. 주여, 의로우신 하나님을 경외하고 두려운 마음으로 늘 삶을 돌아보게 하옵소서.
2. 주여, 먹고 마시는 일을 절제하고 복음을 증거하는 일에 전념하는 주의 제자가 되게 하옵소서.

주는 분명하고 적극적인 자를 복주신다

제 목	주는 분명하고 적극적인 자를 복주신다			
성경본문	레위기 9장	시편 10편	잠언 24장	데살로니가전서 3장
개별주제	열납 - 제사와 영광	역사 - 고발과 간구	통찰 - 의인과 악인	관심 - 보냄과 감사
핵심구절	1~4,6~8,12,15, 17~18,22~24	1,3~7,9,11~13,15 17~18	1,3~6,10~14,16~19 23~25,27,29,33~34	2~8,10,12~13

묵상(매일묵상, 구역예배, 성경공부)

1. 열납 - 여호와 하나님은 아론과 그의 아들들이 자신들과 백성들을 위하여 드린 모든 제사를 열납하셨다.
   1) 아론은 아들들과 함께 자기와 백성을 위해 여호와께 첫 제사로 속죄제, 번제, 화목제, 소제를 드렸다.(1~4,7~8,12,15,17~18)
   2) 여호와 하나님은 모든 제사를 열납하시고 모세와 아론과 온 백성에게 영광을 나타내셨다. (6,22~24)

2. 역사 - 시편 기자는 여호와께 악인의 죄악과 교만을 고발하고 일어나사 역사하여 달라고 간구했다.
   1) 시편 기자는 여호와께 침묵하지 마시고 역사하여 달라고 간구했다.(1,12~13,15,17~18)
   2) 시편 기자는 여호와께 악인의 사악함과 교만함과 죄악을 낱낱이 고발했다.(3~7,9,11)

3. 통찰 - 하나님은 지혜와 지식과 전략과 긍휼을 가지고 행하는 자와 그렇지 않은 자를 통찰하신다.
   1) 솔로몬은 지혜, 지식, 전략, 긍휼, 성실로 행하는 자를 하나님이 통찰하시고 보응하신다고 말했다. (3~6,11~14,17~18,29)
   2) 솔로몬은 악인의 형통을 부러워하지 않고 악인과 함께하지 않으며 악인을 옳다하지 않는 자는 하나님이 좋은 복을 주신다고 말했다. (1,19,24~25)

4. 관심 - 바울은 데살로니가교회의 상황을 알기 위해 디모데를 보내고, 기쁜 소식을 들은 후 감사했다.
   1) 바울은 데살로니가교회의 성도들이 환난 가운데서 어떻게 시험을 이기고 있는지 알고자 하여 디모데를 보냈다.(2~5)
   2) 바울은 데살로니가교회의 성도들이 믿음과 사랑을 잘 지키고, 바울의 동역자들을 보고 싶어 한다는 소식을 디모데에게 전해 듣고 감사하여 더욱 그들의 거룩함을 위하여 간구했다.(6~8,10,12~13)

기도

1. 주여, 매일, 매주마다 온전한 예배를 드리므로 하나님의 영광을 보게 하옵소서.
2. 주여, 믿는 자로서 지혜와 지식과 전략과 긍휼과 복음과 사랑으로 살게 하옵소서.

거룩하신 주님은 거룩한 자를 찾으신다

제 목	거룩하신 주님은 거룩한 자를 찾으신다			
성경본문	레위기 10장	시편 11~12편	잠언 25장	데살로니가전서 4장
개별주제	거룩 - 분향과 방법	순결 - 정직과 말씀	정도 - 입술과 행동	재림 - 거룩과 사랑
핵심구절	1~3,6,9~12,14,16~20	11:3~5,7 12:1~6	2~6,8~10,13~15,17 19~22,24,26,28	1,3~7,9,11,13~17

묵상(매일묵상, 구역예배, 성경공부)

1. 거룩 - 거룩하신 하나님은 제사장들이 명령하신 말씀과 방법대로 제사를 행하지 않았을 때 죽이셨다.
>   1) 거룩하신 여호와 하나님은 다른 불로 분향한 아론의 아들 나답과 아비후를 죽이셨다.(1~3)
>   2) 모세는 아론의 남은 아들 엘르아살과 이다말에게 죽음을 면하기 위한 방법을 가르쳐 주었다.
>   (6,9~12)

2. 순결 - 다윗은 거룩하신 하나님의 말씀은 순결하시다고 말했다.
>   1) 다윗은 하나님이 인생을 통촉하시되 의인을 감찰하시고 정직한 자를 만나주신다고 말했다.
>   (11:3~5,7)
>   2) 다윗은 악한 사람이 아첨과 자랑의 입술로 말하는 반면 하나님의 말씀은 순결하다고 말했다.
>   (12:1~6)

3. 정도 - 솔로몬은 모든 일에 정도를 지키는 것이 거룩하신 하나님 앞에서 지혜로운 생활이라고 말했다.
>   1) 솔로몬은 다툼이나 말이나 이웃 방문에 서두르지 말고 정도를 지켜 행하라고 말했다.
>   (8~10,13~15,17)
>   2) 솔로몬은 상황에 맞는 행동을 하는 것이 자기관리와 인간관계에 매우 중요하다고 말했다.
>   (19~21,24,26)

4. 재림 - 바울은 데살로니가교회에게 거룩함과 형제 사랑을 행하면서 주의 강림을 기다리라고 말했다.
>   1) 바울은 데살로니가인의 교회에 하나님이 기뻐하시는 일인 거룩함과 형제 사랑을 계속 잘 하라고
>   권면하였다.(1,3~7,9)
>   2) 바울은 데살로니가인의 교회에 잠자는 자들 곧 믿음 안에서 죽은 자들이 주의 강림 때에 먼저 일어
>   나 함께 내려온다는 소망의 말씀을 전해 주었다.(13~17)

기도

1. 주여, 하나님의 말씀이 순결하고 온전함을 알아서 주신 말씀대로 예배하며 살게 하옵소서.
2. 주여, 주님의 재림을 믿는 자로서 범사에 정도를 지켜 말하고 행동하는 자가 되게 하옵소서.

성도는 기준을 지키며 재림을 기다린다

핵심구절

제 목	성도는 기준을 지키며 재림을 기다린다			
성경본문	레위기 11~12장	시편 13~14편	잠언 26장	데살로니가전서 5장
개별주제	성별 - 정함과 부정함	믿음 - 맡김과 악행함	대처 - 특징과 처세법	재림 - 경각과 경건함
핵심구절	11:2~4,9~10,13,20~24 29,32~33,35~39,41 44~45,47/12:2~7	13:1~6 14:1~3,5~6	2~6,9~11,13~17,20 22~25	1~6,8~9,11~23

묵상(매일묵상, 구역예배, 성경공부)

1. 성별 - 하나님은 모세와 아론에게 정한 것과 부정한 것의 기준을 정해 주시고 성별을 지키게 하셨다.
　　1) 여호와께서는 모세와 아론에게 정한 짐승과 부정한 짐승, 먹을 짐승과 먹지 말아야 할 짐승을 가르쳐 주셨다.(11:2~4,9~10,13,20~21,29,41,47)
　　2) 여호와께서는 모세에게 여인이 자녀를 출산했을 때의 산후조리 방법과 할례를 가르쳐 주셨다.(12:2~7)

2. 믿음 - 다윗은 하나님을 믿기에 자신의 삶을 맡겼고, 어리석은 자는 하나님을 불신하기에 악행하였다.
　　1) 다윗은 여호와께 자기의 어려운 상황을 간절히 간구하고 믿음으로 응답을 확신하여 찬송했다.(13:1~6)
　　2) 어리석은 자는 하나님이 없다하며 악을 행하나 이스라엘은 믿고 피난처가 되심을 고백했다.(14:1~3,5~6)

3. 대처 - 솔로몬은 백성에게 미련한 자, 게으른 자, 말이 악한 자의 특징과 대처하는 법을 가르쳐 주었다.
　　1) 솔로몬은 미련한 자의 특징과 그를 대처하는 방법에 대해서 가르쳐 주었다.(2~6,9~11)
　　2) 솔로몬은 게으르고 악한 말을 하는 자의 특징과 그를 대하는 방법에 대해 가르쳐 주었다.(13~16,20,22~25)

4. 재림 - 바울은 데살로니가교회에게 주의 재림을 기억하고 깨어 덕을 세우며 경건하게 살라고 권면했다.
　　1) 바울은 믿는 자에게 주의 날은 도둑같이 임하지 아니하니 깨어 구별되게 살라고 권면했다.(1~6,8)
　　2) 바울은 데살로니가교회에게 다스리는 자는 귀히 여겨 주고, 연약한 자는 권계하고 격려해 주며, 자기 자신에 대해서는 경건과 인격의 삶을 행하라고 권면하였다.(12~22)

기도

1. 주여, 죄인들이 먹는 것을 탐하지 않고 하나님을 무시하지 않음으로 새 삶을 살게 하옵소서.
2. 주여, 종말론적 신앙을 가지고 날마다 깨어서 경건함과 덕스러움을 행하는 자가 되게 하옵소서.

주의 장막에 거할 자는 갖출 자격이 있다

4/9

핵심구절

제 목	주의 장막에 거할 자는 갖출 자격이 있다			
성경본문	레위기 13장	시편 15~16편	잠언 27장	데살로니가후서 1장
개별주제	정결 - 구별과 순종	예배 - 정직과 송축	지혜 - 겸손과 슬기	복종 - 인내와 믿음
핵심구절	2~3,6~9,15~19,21~22 25~27,29~31,34~39 43~46,49~52,54,57~59	15:1~5 16:2,4~5,7~9,11	1~2,11~12,14~16 20~22,24	3~5,7~12

묵상(매일묵상, 구역예배, 성경공부)

1. 정결 - 이스라엘 자손은 진영 안에 거하기 위하여 여호와의 규례대로 정결함을 지켰다.
> 1) 하나님은 모세와 아론을 통해 피부에 생기는 나병, 종기, 옴, 어루러기나 의복과 가죽에 생기는 곰팡이를 진단하게 하여 진영 안에서의 정함과 부정함을 구별토록 하였다.(2~3,9,18~20,29~31,38~39,47~52)
> 2) 이스라엘 자손들은 제사장을 통해 진찰해준 대로 이레 동안 가두어지거나 진영 밖에서 지내야 함에 순종했다.(4~5,11,45~46)

2. 예배 - 다윗은 주의 장막에 거하기 위하여 여호와 앞에 정직과 송축함으로 예배하며 나아갔다.
> 1) 다윗은 자신의 소원을 담아 주의 장막에 머무를 자가 누구인지 고백하며 노래했다.(15:1~5)
> 2) 다윗은 자신이 받은 복들을 고백하며 감사함을 담아 여호와 하나님을 송축했다.(16:2,5,7~9,11)

3. 지혜 - 솔로몬은 스올에 거하지 않기 위하여 겸손함과 슬기로움의 지혜로 무장할 것을 권면했다.
> 1) 솔로몬은 하루의 주권을 하나님께 내어드리는 겸손함을 위하여 자랑과 자화자찬을 하지 말라고 권면하였다.(1~2)
> 2) 솔로몬은 만족함을 느끼지 못하는 인간의 욕심을 꼬집으며 스올과 아바돈에 빠지지 말 것을 권했다.(20)

4. 복종 - 바울은 하나님 나라에 거하기 위하여 인내와 믿음 그리고 복음에 복종할 것을 당부했다.
> 1) 바울은 데살로니가 교회가 당하고 있는 박해와 환난이 하나님의 나라에 합당한 자로 여김 받게 하는 심판의 표시라고 위로하였다.(3~5)
> 2) 바울은 하나님을 모르는 자들과 예수의 복음에 복종하지 않는 자들은 영원한 멸망의 형벌을 받는다고 하였다.(7~9)

기도

1. 주여, 예수 그리스도의 보혈로 정결함을 얻어 주님 앞에 기쁨과 감사로 예배하게 하옵소서.
2. 주여, 하나님 나라에 소망을 두고 복음을 전하며 겸손과 슬기, 인내와 믿음으로 살게 하옵소서.

믿는 자는 주님의 뜻과 역사를 따라 산다

제 목	믿는 자는 주님의 뜻과 역사를 따라 산다			
성경본문	레위기 14장	시편 17편	잠언 28장	데살로니가후서 2장
개별주제	판결 - 나병과 색점	만족 - 기도와 구원	풍성 - 경외와 충성	구원 - 거룩과 진리
핵심구절	2~8,14~18,21,31~32 34~45,48,57	1~9,13~15	1,4~9,12~14,18, 20~23,26~28	1~4,8~10,13~15

묵상(매일묵상, 구역예배, 성경공부)

1. 판결 - 하나님은 제사장에게 나병환자나 색점이 있는 집을 판단하여 부정과 정함을 판결하게 하셨다.
  1) 하나님은 모세에게 나병환자가 나았을 때 제사장에게 가서 정결예식을 행하고 그 후 진영에 들어 오게 하라고 말씀하셨다.(2~8,14~18)
  2) 하나님은 모세와 아론에게 어떤 집에 나병 색점이 발생하면 가서 살펴보고 부정하면 집을 폐쇄 하거나 집안 사방을 긁고 교체하거나 집을 헐어 버리고, 고쳐지면 정하다 선포하라고 말씀하셨 다.(34~45,48)

2. 만족 - 다윗은 하나님께 자신의 의로움과 원수의 악함을 기도하고 주의 응답으로 만족케 될 것을 고백했 다.
  1) 다윗은 하나님께 자기의 의로움을 고백하고 원수로부터 구원해 줄 것을 기도했다.(1~9,13)
  2) 다윗은 하나님께 원수들의 특징을 고발하고 그 후 주의 구원으로 말미암아 자신이 깰 때에 주의 형 상으로 만족하게 될 것이라고 말했다.(14~15)

3. 풍성 - 솔로몬은 백성에게 악인의 특징과 모습 그리고 여호와를 경외하는 자의 풍성함을 교훈하였다.
  1) 솔로몬은 악인의 다양한 특징과 모습을 언급하면서 그들을 멀리할 것을 교훈하였다.
   (1,5,9,12,22,28)
  2) 솔로몬은 여호와를 찾고 경외하며 성실하고 충성된 자는 그 결국이 풍성하다고 말했다.
   (4,7,14,18,20)

4. 구원 - 바울은 재림에 대해 대적하고 불법한 자를 멀리하고 굳건하게 서서 구원을 얻으라고 말했다.
  1) 바울은 주 예수 그리스도의 강림하심에 관하여 대적하는 자와 불법한 자가 나타나서 미혹하겠지만 결코 쉽게 마음이 흔들리거나 두려워하거나 넘어져서는 안된다고 말했다.(1~4)
  2) 바울은 예수께서 강림하실 때에 불법한 자와 멸망하는 자는 폐하시고, 굳건하게 서서 말로나 편 지로 가르침을 받아 전통을 지키는 자는 성령의 거룩하심과 진리로 구원을 얻게 하신다고 말했 다.(8~10,13~15)

기도

1. 주여, 힘들고 어려울 때에도 의로움을 잃지 않고 오직 주께 믿음으로 기도하게 하옵소서.
2. 주여, 주의 강림이 점점 다가올수록 미혹되지 않게 하시고 거룩함과 진리로 구원을 얻게 하옵소서.

성도는 영혼과 육신을 주의하는 자이다

4/11

핵심구절

제 목	성도는 영혼과 육신을 주의하는 자이다			
성경본문	레위기 15장	시편 18편	잠언 29장	데살로니가후서 3장
개별주제	규례 - 질병과 생리	맡김 - 기도와 찬양	교훈 - 징계와 묵시	전통 - 복음과 선행
핵심구절	2~5,8,11,13~15,18~19 24~25,28~31	1~3,6,13,16~27,29~32 35~36,39~41,43,46,48	1~2,4,7~8,11,13~14 17~18,20,22,25~26	1~2,6~15,17

묵상(매일묵상, 구역예배, 성경공부)

1. 규례 - 하나님은 이스라엘 자손에게 유출병과 설정함과 불결기의 여인에 관한 규례를 가르쳐 주셨다.

    1) 하나님은 모세와 아론을 통하여 이스라엘 자손에게 유출병의 규례를 가르쳐 주셨다.

       (2~5,8,11,13~15)

    2) 하나님은 이스라엘 자손에게 설정함과 불결기의 여인에 관한 규례를 가르쳐 주셨다.

       (18~19,24~25,31)

2. 맡김 - 다윗은 하나님의 속성을 믿고 기도로 고난을 맡긴 후 응답을 받아 주께 영광과 찬양을 드렸다.

    1) 다윗은 여호와 하나님이 자기에게 어떤 분이심을 고백하고 현실에 타협하지 않고 기도로 자신의 고난을 온전히 맡겼다.(1~3,6,30~31)

    2) 다윗은 여호와 하나님이 자기의 문제에 구체적으로 역사하심을 고백하고 주께 영광과 찬양을 돌렸다.(16~20,24~27,39~41,43,46)

3. 교훈 - 솔로몬은 어리석은 자가 되지 말고 징계와 묵시를 쫓아 하나님을 의지하는 자가 되라고 교훈했다.

    1) 솔로몬은 어리석은 자는 자주 책망을 받아도 패망을 피하지 못하고 성읍을 요란하게 하며, 자기 노를 다 들어내고 말을 조급하게 한다고 교훈하였다.(1,8,11,20,22)

    2) 솔로몬은 의인은 백성을 즐겁게 하고 가난한 자의 사정을 알아준다고 교훈하였다.(2,7,14)

    3) 솔로몬은 백성에게 자식을 징계하고 묵시를 가지며 여호와를 의지하라고 말했다.(17~18,25~26)

4. 전통 - 바울은 자기가 전해준 복음이 퍼져 나가길 중보하고 복음 전통에서 벗어난 자들을 떠나라고 말했다.

    1) 바울은 데살로니가교회에게 주의 말씀이 퍼져나가고 바울과 그의 동역자들이 부당하고 악한 자들에게서 건져지기를 소망하는 중보기도를 부탁하였다.(1~2)

    2) 바울은 데살로니가교회에게 게으른 자, 사도에게 받은 전통대로 행하지 않는 자, 일하지 않는 자에게서 떠나고, 낙심하지 말며 선을 행하라고 명령하였다.(6~15)

기도

1. 주여, 어떤 상황 속에서도 타협하지 않고 영혼과 육신을 지켜 주님께 영광을 돌리는 자가 되게 하옵소서.

2. 주여, 예수와 바울이 전해준 복음대로 살아가는 자가 되기 위하여 항상 영과 몸을 주의하게 하옵소서.

주의 명령을 따르는 자는 열매를 맺는다

핵심구절

제 목	주의 명령을 따르는 자는 열매를 맺는다			
성경본문	레위기 16장	시편 19편	잠언 30장	디모데전서 1장
개별주제	정결 - 속죄와 규례	찬송 - 노래와 고백	지혜 - 겸손과 권력	충성 - 긍휼과 양심
핵심구절	1~2,4,7~11,13,15~16 21,23~25,29~31,34	1~2,5~6,7~14	2~9,11~14,17~18,21 24,29,32	1,3~8,12~16,18~19

묵상(매일묵상, 구역예배, 성경공부)

1. 정결 - 하나님은 주의 명령을 따라 속죄의 제사를 드리는 이스라엘 자손에게 정결의 열매를 맺게 하셨다.

　　1) 하나님은 아론의 두 아들이 죽었던 일이 반복되지 않게 하기 위해 성소에 들어가기 위한 속죄와 정결 예식의 절차를 가르쳐 주셨다.(1~2,4,13,15~16,21)

　　2) 하나님은 이스라엘 자손들의 정결함과 속죄를 위하여 이 규례를 영원토록 지킬 것을 명령하셨다.(29~31,34)

2. 찬송 - 하나님은 명령을 지키며 주를 노래하고 허물을 고백하는 다윗에게 찬송의 열매를 맺게 하셨다.

　　1) 다윗은 자연만물이 하나님의 영광을 선포하고 그의 손으로 하신 일을 나타냄을 노래했다.(1~2,5~6)

　　2) 다윗은 자신에게 있어 하나님의 율법과 증거, 교훈과 계명이 무슨 의미인지를 고백했다.(7~11)

3. 지혜 - 하나님은 주의 명령을 따라 말씀을 의지하며 경외하는 아굴에게 지혜의 열매를 맺게 하셨다.

　　1) 아굴은 제자들에게 하나님 앞에서 겸손할 것과 경외함을 잃지 말 것을 권면하였다.(2~9)

　　2) 아굴은 땅에 작고도 가장 지혜로운 것 넷을 이야기하면서 지혜가 권력이나 힘보다 우월함을 강조했다.(24~28)

4. 충성 - 하나님은 주의 명령을 따라 긍휼을 입고 사도가 된 바울에게 충성의 열매를 맺게 하셨다.

　　1) 바울은 자신이 사도가 되어 충성하는 이유는 비방자요 박해자였던 자신에게 긍휼과 은혜를 베푸신 예수 그리스도의 사랑에 감사하여 그 명령에 순종했기 때문이라고 말했다.(1,12~16)

　　2) 바울은 디모데에게 선한 싸움과 착한 양심으로 승리할 것을 당부하고 또 에베소 교회의 성도들이 다른 교훈과 율법의 올무에 얽매이지 않고 복음을 따를 수 있도록 잘 권면할 것을 당부했다.(3~8,18~19)

기도

1. 주여, 예수 그리스도의 보혈로 베푸신 정결함을 힘입어 주님을 즐거이 찬송하게 하옵소서.
2. 주여, 복음과 긍휼을 베푸시어 각자 맡겨주신 직분을 감사하며 선한 싸움에서 승리하게 하옵소서.

사명을 깨닫고 감당하는 것은 축복이다

핵심구절

제 목	사명을 깨닫고 감당하는 것은 축복이다			
성경본문	레위기 17장	시편 20~21편	잠언 31장	디모데전서 2장
개별주제	근본 - 성막과 피금지	경배 - 기도와 찬송	자격 - 왕과 여인	사명 - 남자와 여자
핵심구절	3~5,7,10~11,14	20:1~7,9 21:1~4,6~7,9,11,13	1~5,8~13,15~16,18 20~23,26~30	1~4,7~12,14

묵상(매일묵상, 구역예배, 성경공부)

1. 근본 - 하나님의 백성이 제물을 여호와의 성막에서 드리는 것과 피를 먹지 않는 것은 근본이요 사명이다.
   1) 여호와 하나님은 모세를 통하여 모든 이스라엘 자손에게 제사를 드릴 때는 소나 어린 양이나 염소를 회막 문으로 끌고 가서 여호와의 성막 앞에서 예물로 드리라고 말씀하셨다.(3~5,7)
   2) 하나님은 육체의 생명은 피에 있음으로 짐승을 잡아 먹을 때 피는 먹지 말라고 말씀하셨다.
   (10~11,14)

2. 경배 - 어떤 때나 어떤 곳에서도 믿음 안에서 기도하고 찬송하며 경배하는 것은 다윗의 사명이었다.
   1) 다윗은 여호와 하나님이 어떤 상황 속에서도 우리를 붙들어 주실 것을 믿고 기도하였다.(20:1~7)
   2) 다윗은 여호와 하나님이 왕의 소원을 응답하시고 복을 주시며 보호하셨다고 노래했다.
   (21:1~4,6,9,11)

3. 자격 - 르무엘 왕의 어머니는 옳은 왕과 현숙한 여인의 위치와 사명을 고취시키고 그 자격을 교훈했다.
   1) 르무엘 왕의 어머니는 아들에게 여자와 술을 주의하고 약한 자의 송사를 신원해 주라고 했다.
   (1~5,8~9)
   2) 르무엘 왕의 어머니는 현숙한 여인에 대해 그 역할, 자세, 결과를 교훈했다.
   (10~13,15~16,18,20~23,26~27)

4. 사명 - 바울은 자신과 디모데 및 남자와 여자의 사역적인 사명과 생활적인 사명을 가르쳐 주었다.
   1) 바울은 디모데에게 임금들과 높은 지위에 있는 모든 사람을 위해 기도해야할 사명이 있다고 했다.
   (1~3,8)
   2) 바울은 모든 사람이 구원을 받으며 진리를 아는데 이르기를 위하여 자기가 이방인의 스승으로 사명을 받았다고 말했다.(4,7)
   3) 바울은 하나님을 경외하는 여자들의 생활적인 사명을 교훈하였다.(9~12)

기도

1. 주여, 지도자이든 평민이든 남자로서 지켜야 할 도리를 지키고 사명을 감당하게 하옵소서.
2. 주여, 사회에서든 가정에서든 여자로서 지켜야 할 도리를 지키고 사명을 감당하게 하옵소서.

성도는 세상적 욕구를 떠나는 자들이다

핵심구절

제 목	성도는 세상적 욕구를 떠나는 자들이다			
성경본문	레위기 18장	시편 22편	전도서 1장	디모데전서 3장
개별주제	풍속 - 성과 제사	대적 - 비방과 조롱	헛됨 - 수고와 지식	직분 - 감독과 집사
핵심구절	2~4,6,17,19, 21~25,28,30	1~11,14~16,19~20 22~29	2~3,8~11,13~14, 16~18	1~4,7~11,13,15

묵상(매일묵상, 구역예배, 성경공부)

1. 풍속 - 하나님은 이스라엘 자손에게 이방의 풍속, 특히 성과 제사의 문화를 따르지 말라고 명령하셨다.
> 1) 하나님은 이스라엘 자손에게 애굽 땅과 가나안 땅의 풍속을 절대 행하지 말라고 말씀하셨다.(2~4,6,17)
> 2) 하나님은 이스라엘 자손이 이방의 풍속을 좇았을 때 반드시 그 땅에서 쫓겨날 것이라고 말씀하셨다.(21~25,28,30)

2. 대적 - 다윗은 악한 대적들로부터 자신을 지키고 구원을 얻기 위해 타협하지 않고 하나님께 기도했다.
> 1) 다윗은 자신의 영육이 심히 어려움 중에 있음을 하나님께 아뢰고 구원을 갈망했다.
>   (1~2,6~11,14~16,19~20)
> 2) 다윗은 구원을 얻은 후 뭇 백성들에게 하나님을 찬양하고 예배할 것을 선포했다.(3~5,22~29)

3. 헛됨 - 전도자는 세상의 모든 수고, 그리고 지혜와 지식의 더함도 결국 헛됨과 근심뿐이라고 말했다.
> 1) 다윗의 아들 전도자 솔로몬은 해 아래 모든 수고가 헛되고 헛될 뿐만 아니라, 이전 세대나 그 후 세대가 다 기억됨이 없을 것이라고 말했다.(2~3,8~11)
> 2) 전도자는 지혜를 써서 모든 일을 연구하고 살펴 본 후, 지혜와 지식이 넘쳐도 헛되고 근심이 더할 뿐이라고 고백했다.(13~14,16~18)

4. 직분 - 바울은 우리가 세상적 직위가 아닌 교회의 직분을 받아 잘 감당함으로 지위를 얻는 것이라고 했다.
> 1) 바울은 디모데에게 직분의 목적을 설명하고 감독의 자격을 가르쳐 주었다.(1~4,7)
> 2) 바울은 디모데에게 남자 집사, 여자 집사의 자격을 가르쳐 주고 하나님의 집인 교회에서 어떻게 행하여야 할지, 또 직분을 잘한 자들은 무엇을 얻을 수 있는지 가르쳐 주었다.(8~11,13,15)

기도

1. 주여, 날마다 세상의 풍속과 욕구를 따라 살지 않도록 경건의 비밀을 좇는 강한 의지를 주옵소서.
2. 주여, 교회의 직분 주심을 감사하고 그 역할을 잘 감당하여 아름다운 지위와 큰 담력을 얻게 하옵소서.

삶의 우선순위를 정하는 것이 믿음이다

핵심구절

제 목	삶의 우선순위를 정하는 것이 믿음이다			
성경본문	레위기 19장	시편 23~24편	전도서 2장	디모데전서 4장
개별주제	사랑 - 계명과 배려	진실 - 거룩과 청결	하늘 - 목표와 방향	말씀 - 경건과 성숙
핵심구절	2~5,9~12,14~15,17~19 23~26,28,30~32,34~36	23:1~6 24:1,3~5,7~8	3~11,13~16,18~19,21 23~24,26	1~8,10~15

묵상(매일묵상, 구역예배, 성경공부)

1. 사랑 - 하나님은 모세와 회중에게 삶의 우선순위를 사랑에 두고, 계명준수와 배려를 행하도록 명령하셨다.

　　1) 여호와 하나님은 이스라엘 자손에게 십계명과 관련된 계명을 지키도록 명령하셨다.
　　　(2~5,11~12,28,30~32)

　　2) 여호와 하나님은 추수 때에 가난한 자를 위한 복지적인 배려를 하도록 명령하셨다.
　　　(9~10,14~15,34~36)

2. 진실 - 다윗은 삶의 우선순위를 목자이신 하나님께 두고, 깨끗함과 청결함과 진실함을 추구하였다.

　　1) 다윗은 여호와 하나님이 자기의 목자가 되어 주셔서 모든 것을 돌봐주신다고 고백했다.(23:1~6)

　　2) 다윗은 영광의 왕이신 여호와의 산에 오를 자는 깨끗하고 청결하며 진실한 자라고 말했다.
　　　(24:3~5,7~8)

3. 하늘 - 전도자는 삶의 목표를 하늘에 두고, 이 세상에서의 우선순위를 성공과 소유에 두지 말라고 했다.

　　1) 전도자는 모든 즐거움을 취하고 모든 것을 얻으며 모든 것을 성취해 보아도 다 헛되어 바람을 잡는 것이며 무익한 것이라고 고백했다.(3~11)

　　2) 전도자는 지혜자나 우매자가 일반인 것, 지혜로 얻은 것이 다른 이에게 넘어가는 것, 일평생 수고하여 얻은 것이 남을 유익하게 하는 것을 보니 다 헛되고 바람을 잡는 것이라고 고백했다.(14~16,18~19,21,26)

4. 말씀 - 바울은 디모데에게 우선순위를 말씀과 기도에 두고, 경건과 모범과 성숙을 위해 전념하라고 했다.

　　1) 바울은 디모데에게 미혹하는 영과 귀신의 가르침으로 거짓말하는 자들의 말을 듣지 말고 오직 하나님의 말씀과 기도로 거룩함을 지키라고 말했다.(1~5)

　　2) 바울은 디모데에게 경건으로 자신을 연단하고, 말과 행실과 사랑과 믿음과 정절로 본을 보이며, 읽는 것과 권하는 것과 가르치는 것에 전심전력하여 모든 사람에게 성숙함을 나타내라고 말했다.(6~8,10~15)

기도

1. 주여, 항상 생활함에 있어 하나님의 계명을 준수하고 이웃을 배려하며 살게 하옵소서.

2. 주여, 세상의 성공과 소유보다 하늘의 소망을 두고 청결과 진실과 모범과 성숙을 추구하며 살게 하옵소서.

우리에게는 주님을 경외할 이유가 있다

핵심구절

제 목	우리에게는 주님을 경외할 이유가 있다			
성경본문	레위기 20장	시편 25편	전도서 3장	디모데전서 5장
개별주제	범죄를 심판하시는 주	환난을 속량하시는 주	인생을 주관하시는 주	선행을 드러내시는 주
핵심구절	2~8,10~21,23,25~27	1~2,4~5,7~9,11~18 20~22	1~8,10~15,17~21	1~4,8,10~11,17,20~22 24~25

묵상(매일묵상, 구역예배, 성경공부)

1. 심판 - 우리가 하나님을 경외해야 하는 이유는 그가 범죄를 심판하시는 분이시기 때문이다.
   1) 여호와 하나님은 몰렉을 섬기거나 접신한 자, 박수무당을 따르는 우상숭배의 범죄를 심판하신다.
   (2~6,27)
   2) 여호와 하나님은 간음, 수간 등의 문란한 성적 범죄들을 심판하신다.(10~21)

2. 속량 - 우리가 하나님을 경외해야 하는 이유는 그가 환난을 속량하시는 분이시기 때문이다.
   1) 여호와 하나님은 주님을 우러러 보고 의지하며 바라보는 자에게 은혜를 베푸신다.(1~2,15~16)
   2) 여호와 하나님은 자신의 죄를 고백하고 주의 선하심을 바라는 자에게 속량을 베푸신다.
   (7~8,11,21~22)

3. 주관 - 우리가 하나님을 경외해야 하는 이유는 그가 인생을 주관하시는 분이시기 때문이다.
   1) 여호와 하나님은 모든 것을 지으시고 때를 따라 아름답게 하셨다.(1~8,11)
   2) 여호와 하나님은 의인과 악인을 심판하시며, 인생의 호흡과 죽음의 주권을 가지신 분이다.(17~21)

4. 공개 - 우리가 하나님을 경외해야 하는 이유는 그가 선행을 감찰하시고 드러내시는 분이시기 때문이다.
   1) 여호와 하나님은 교회 안에서 서로를 대하는 태도를 지켜보신다.(1~4,8)
   2) 여호와 하나님은 사람의 죄와 선행을 밝히 드러내신다.(24~25)

기도

1. 주여, 오직 하나님을 바라보며 죄를 대속하신 은혜에 감사하는 하루 되게 하옵소서.
2. 주여, 교회 안에서 한 몸 된 형제자매를 위해 즐거이 선행을 베푸는 습관을 갖게 하옵소서.

4/17 성도는 재림 때까지 강령을 지켜야 한다

핵심구절

제 목	성도는 재림 때까지 강령을 지켜야 한다			
성경본문	레위기 21장	시편 26~27편	전도서 4장	디모데전서 6장
개별주제	거룩 - 정결과 육체	인내 - 단련과 담대	수고 - 우매와 서로	경건 - 자족과 영생
핵심구절	1~6,10~15,17~21,23	26:2,4~9,11 27:1,4~5,7~9,11~14	4~6,8~12	3~12,14~19

묵상(매일묵상, 구역예배, 성경공부)

1. 거룩 - 성도는 주님이 다시 오실 재림의 때까지 육체의 거룩함을 지켜야 한다.

    1) 하나님은 모세를 통하여 아론의 자손 제사장들에게 죽은 자를 만져 더럽혀지지 말 것과 머리털과 수염을 깎는 일에 대한 규례를 가르쳐 주셨다.(1~6,10)

    2) 하나님은 모세를 통하여 제사장들이 어떤 여인을 아내로 삼아야 할지, 어떤 육체의 흠이 없어야 하는지에 대한 규례를 가르쳐 주셨다.(13~15,17~21)

2. 인내 - 성도는 주님이 다시 오실 재림의 때까지 단련과 담대함으로 기다려야 한다.

    1) 다윗은 자신의 뜻과 양심을 하나님이 단련시켜 주시기를 바라면서 완전함을 행하고 사악함에서 벗어나고자 노력했다.(26:2,4~9,11)

    2) 다윗은 하나님께서 자신을 원수로부터 지켜 주실 것을 기대하면서 담대한 마음으로 여호와 하나님을 기다렸다.(27:1,4~5,7~9,11~14)

3. 수고 - 성도는 주님이 다시 오실 재림의 때까지 서로 함께 수고함으로 살아가야 한다.

    1) 솔로몬은 수고와 재주가 뛰어나다 할지라도 자기의 몸만 축내거나 욕심이 가득한 수고함은 우매한 것이라고 말했다.(4~6)

    2) 솔로몬은 나만의 행복을 위해 수고하는 것보다 두 사람이 서로 함께 수고하는 것이 더 좋은 상을 얻는다고 말했다.(8~12)

4. 경건 - 성도는 주님이 다시 오실 재림의 때까지 경건을 따르고 책망 받을 것이 없도록 해야 한다.

    1) 바울은 디모데에게 복음과 경건에 관한 교훈을 따르지 않는 것은 교만이고 진리를 잃어버린 다툼임을 알고 먹을 것과 입을 것에 자족하며 감사하고 멸망에 빠지는 욕심과 미혹을 받지 말라고 권면했다.(3~10)

    2) 바울은 예수님이 다시 오실 때까지 믿음의 선한 싸움으로 말미암아 흠이 없고 책망 받을 것이 없도록 하여 영생을 취할 것을 권면했다.(14~19)

기도

1. 주여, 예수 그리스도께서 이 땅에 다시 오실 그 날까지 믿음의 선한 싸움에서 승리하도록 도와주옵소서.

2. 주여, 하나님 나라에 들어가기까지 서로 함께 교회를 세우고 복음을 전하는 수고함을 잘 감당케 하옵소서.

구원하신 주님이 기뻐하시는 일을 하자

묵상(매일묵상, 구역예배, 성경공부)

1. 제물 - 이스라엘 자손을 애굽 땅에서 구원하신 여호와께 기뻐하시는 온전한 제물을 드려야 한다.
  1) 여호와 하나님은 모세를 통해 아론과 그의 아들들에게 성물을 어떻게 먹고 취급해야 하는지 그 규례를 자세히 말씀하셨다.(1~6,9~11,14)
  2) 여호와 하나님은 모세를 통해 이스라엘 자손에게 서원제물이나 자원제물을 드릴 때 반드시 기쁘게 받으심이 되도록 흠이 없는 수컷으로 드리라고 말씀하셨다.(17~20,22)

2. 의지 - 다윗은 기도를 들으시고 응답하시는 여호와 하나님께 마음을 다하고 찬송하며 항상 의지했다.
  1) 다윗은 힘과 방패와 요새가 되시는 여호와께 악인으로부터 구원해 달라고 간구하였다.(28:1~3,6~9)
  2) 다윗은 자기 백성에게 힘과 평강의 복을 주시는 여호와께 영광과 능력을 돌리라고 했다.(29:1~2,9,11)

3. 경외 - 전도자는 세상의 재물과 부요함을 좇지 말고 몫을 주시고 누리게 하신 하나님을 경외하라고 말했다.
  1) 전도자는 하나님의 집에 들어갈 때에 말씀을 듣고 입을 함부로 열지 말며 서원한 것이 있으면 갚고 오직 여호와를 경외하라고 권면했다.(1~2,4~7)
  2) 전도자는 은, 풍요, 재산을 가진 소유주들이 잠을 달게 자지 못하고 수고하여 얻은 것을 아무 것도 가지고 가지 못하는데 오직 하나님이 어떤 이에게 누리게 하심은 하나님의 선물이라고 말했다.(10~12,15~16,18~19)

4. 복음 - 바울은 디모데에게 복음과 함께 고난을 받을 때 버리는 자와 격려하는 자가 있음을 알라고 했다.
  1) 바울은 디모데에게 우리를 구원하시고 소명을 주신 하나님의 은혜를 깨닫고 오직 하나님의 능력을 따라 복음과 함께 고난을 받자고 말했다.(3~9,11)
  2) 바울은 디모데에게 자기에게 들은 바른 말을 본받아 지키고 성령이 부탁한 아름다운 것들을 지키되, 주변에는 우리를 버리는 자들도 있고 격려하고 부지런히 찾아와 돕는 자도 있음을 알라고 했다.(13~17)

기도

1. 주여, 어떤 상황 속에서도 하나님이 기뻐하시는 예배와 간구를 드리는 신실한 자가 되게 하옵소서.
2. 주여, 세상의 부요함을 좇지 말고 주신 몫을 감사하며 복음과 함께 고난을 받는 소명자가 되게 하옵소서.

주는 우리와 바른 관계맺기를 원하신다

제　목	주는 우리와 바른 관계맺기를 원하신다			
성경본문	레위기 23장	시편 30편	전도서 6장	디모데후서 2장
개별주제	지킴 - 절기와 규율	감사 - 찬송과 전파	만족 - 자녀와 장수	전함 - 진리와 그릇
핵심구절	2~3,5~8,10~11,14~16 22,24,27,30,34~36,43	1~5,7~8,10~12	1~3,6,9~12	2~7,9~10,12,15~18 20~23

묵상(매일묵상, 구역예배, 성경공부)

1. 지킴 - 하나님은 이스라엘 자손에게 절기를 정해 주시고 온전히 지켜 자기와 바른 관계맺기를 원하셨다.

　　1) 하나님은 모세를 통해 이스라엘 자손에게 안식일, 유월절, 무교절, 첫 이삭 바치는 절기, 두 번째 이삭 바치는 절기, 속죄일, 초막절을 영원한 규례로 지키라고 하셨다.(2~3,5~6,10,15~16,24,27,34,43)

　　2) 하나님은 모든 절기를 지킬 때에 온전한 예물을 드리고 절대 일하지 말 것을 명령하셨다.(7~8,30,36)

2. 감사 - 하나님은 다윗의 기도를 응답해 주시고 그의 찬송과 감사를 통해 자기와 바른 관계맺기를 원하셨다.

　　1) 하나님은 다윗의 부르짖음을 들으시고 원수로부터 벗어나게 하시며 슬픔이 변하여 춤과 기쁨이 되게 하셨다.(1~3,7~8,10~11)

　　2) 다윗은 여호와의 노염은 잠깐이요 그의 은총은 평생이라고 고백하면서 모든 성도들에게 하나님을 찬송하고 그의 거룩함을 기억하며 감사하라고 말했다.(4~5,12)

3. 만족 - 하나님은 택한 자에게 재물, 자녀, 장수를 주시고 만족케 하심으로 그와 바른 관계맺기를 원하셨다.

　　1) 솔로몬은 어떤 사람이 모든 소원에 부족함이 없어 재물과 부요와 존귀를 하나님께 받았어도 그것을 누리도록 허락받지 못했다면 그것은 불행한 일이고 마음을 무겁게 하는 것이라고 말했다.(1~2)

　　2) 솔로몬은 어떤 사람이 백 명의 자녀를 낳고 천 년의 갑절을 장수한다 하더라도 행복을 느끼지 못하고 만족하지 못한다면 많은 일들을 할지라도 무슨 유익이 있겠냐고 말했다.(3,6,11~12)

4. 전함 - 바울은 디모데가 바른 사역자가 되어 주님의 복음을 전함으로 하나님과 바른 관계맺기를 원했다.

　　1) 바울은 디모데에게 좋은 병사, 법대로 경기하는 선수, 수고하는 농부처럼 성실하게 복음을 전하는 자가 되어 택함을 받은 자들을 구원받게 하라고 권면했다.(2~7,9~10)

　　2) 바울은 망령되고 헛된 악성종양 같은 말을 버리고 오직 진리의 말씀을 옳게 분별하여 깨끗한 그릇에 담아 주인의 쓰심에 합당한 자가 되라고 권면했다.(15~17,20~21)

1. 주여, 주어진 절기를 힘써 지킴으로 하나님과의 관계를 바로 맺어 승리하는 삶을 살게 하옵소서.
2. 주여, 주신 재물과 부귀와 장수를 진리의 복음을 전하는데 힘써 사용하게 하옵소서.

주님은 불법을 행하는 자를 심판하신다

핵심구절

제 목	주님은 불법을 행하는 자를 심판하신다			
성경본문	레위기 24장	시편 31편	전도서 7장	디모데후서 3장
개별주제	모독 - 어둠과 망령	욕됨 - 불법과 심판	잔꾀 - 여자와 멸망	쾌락 - 말세와 현상
핵심구절	2~6,8,10~11,14~16,19~22	1~5,9~11,13~17,19,21,23~24	1~3,6~9,13~20,25~26,28~29	1~5,7,10~12,14~17

묵상(매일묵상, 구역예배, 성경공부)

1. 모독 - 여호와 하나님은 회막을 밝히라고 하셨고, 자기의 이름을 모독하는 자를 돌로 치라 하셨다.

1) 하나님은 아론에게 회막 안 증거궤 앞에 등잔불을 켜 두고, 순결한 상 위에 열 두 개의 떡을 두 줄로 한 줄에 여섯씩 진설하라고 명령하셨다.(2~6,8)

2) 하나님은 여호와의 이름을 모독하는 자를 돌로 쳐 죽이라고 말씀하셨다.(10~11,14~16)

2. 욕됨 - 여호와 하나님은 다윗을 그의 대적들과 원수들로부터 구원하시고 불법한 그들을 심판하셨다.

1) 다윗은 견고한 바위와 반석이시며 구원하는 산성과 진리가 되시는 하나님께 대적들의 욕과 원수들의 손에서부터 건져주시기를 간절히 부르짖었다.(1~5,9~11,13~17)

2) 다윗은 자기를 건져주신 하나님의 은혜와 사랑을 찬송하면서 모든 성도들에게 여호와를 사랑하고 또 범사에 강하고 담대하라고 말했다.(19,21,23~24)

3. 잔꾀 - 여호와 하나님은 악한 여인과 정직하지 못하고 많은 꾀들을 부리는 사람을 심판하신다.

1) 솔로몬은 생활함에 있어서 더 의미있는 것을 낫게 여기고 그 것을 선택하며, 지나치게 의인이 되지도 말고 지나치게 악인이 되지도 말고 오직 하나님을 경외하는 자가 되라고 말했다.(1~3,8~9,13~20)

2) 솔로몬이 살피고 연구하여 한 가지 깨달은 것은 악한 여인이 사망보다 더 쓰다는 것과 하나님을 기쁘게 하는 자는 이 여인을 피할 수 있다는 것이었다.(25~26)

3) 솔로몬이 낱낱이 살펴 깨달은 것은 천 사람 가운데 의로운 한 사람은 찾았으나 여자 중에는 하나도 찾지 못했고, 하나님은 사람을 정직하게 지으셨으나 모든 사람이 많은 꾀들을 낸다는 것이었다.(28~29)

4. 쾌락 - 바울은 디모데에게 말세에 사람들이 쾌락 사랑하기를 하나님 사랑하는 것보다 더한다고 했다.

1) 바울은 디모데에게 말세에 있게 될 사람들의 그릇된 현상들을 가르쳐 주었다.(1~5,7)

2) 바울은 디모데에게 이런 박해의 때에 어려서부터 배운 성경을 붙잡고 예수 안에 있는 믿음으로 구원을 이루라고 권면했다.(10~12,14~17)

기도

1. 주여, 자신도 모르는 사이에 하나님의 이름과 예수 그리스도의 이름을 망령되이 일컫지 않게 하옵소서.

2. 주여, 말세가 가까울수록 그릇된 것을 좇지 말고 오직 배우고 확실한 일과 성경을 붙잡게 하옵소서.

주는 사람이 잘 되도록 모든 것을 주신다

핵심구절

제 목	주는 사람이 잘 되도록 모든 것을 주신다			
성경본문	레위기 25장	시편 32편	전도서 8장	디모데후서 4장
개별주제	회복 - 안식년과 희년	사함 - 만남과 갈길	잘됨 - 지혜와 분변	예비 - 복음과 면류관
핵심구절	2~11,14~16,18~19 22~30,32~33,35~37 39~41,46,48~50,53~54	1~2,5~8,10~11	1,3,5~6,9,11~14, 17	1~5,7~8,10~11,13~17

묵상(매일묵상, 구역예배, 성경공부)

1. 회복 - 하나님은 이스라엘 자손이 잘 되고 행복하도록 안식년과 희년이란 회복 제도를 제정해 주셨다.
   1) 하나님은 이스라엘 자손에게 땅의 안식년과 땅 및 사람의 희년을 거룩하게 지키라고 명령하셨다.(2~11)
   2) 하나님은 이스라엘 자손에게 희년 전에는 부당한 이익을 취하지 말고 희년이 되면 모든 관계가 원래대로 돌아가도록 무조건적으로 명령하셨다.(14~16,23~30,32~33,39~41,48~50,53~54)

2. 사함 - 하나님은 영적인 복으로 죄사함을 주시고 자기를 찾는 자를 만나 주시며 갈 길을 가르쳐 주신다.
   1) 다윗은 허물을 사함 받은 것과 정죄를 당하지 않는 것이 귀한 복이라고 고백했다.(1~2,5,10)
   2) 다윗은 경건한 자에게 은신처가 되시고 갈 길을 가르쳐 주시는 하나님께 만날 기회를 찾아 나아가라고 말했다.(6~8)

3. 잘됨 - 하나님은 여호와를 경외하는 자에게 지혜를 주셔서 분변하게 하시고 결국에는 잘되게 하신다.
   1) 전도자는 모든 일에 때와 판단이 있음으로 지혜자는 사물의 이치 그리고 때와 판단을 분변하여 불행을 피하라고 했다.(1,3,5~6)
   2) 전도자는 해 아래서 행해지는 일들 중에 악인이 형통하고 상을 받거나 의인이 해를 당하고 벌을 받는 것을 보면서 헛됨을 느끼지만, 그럼에도 여호와를 경외하는 자가 잘 될 것을 고백했다.(9,11~14)

4. 예비 - 바울은 때를 얻든지 못 얻든지 말씀을 전하고 믿음을 지켰기에 의의 면류관이 예비되었다고 했다.
   1) 바울은 디모데에게 바른 교훈과 진리를 받지 않는 때가 이를지라도, 때를 얻든지 못 얻든지 말씀을 전하며 전도자의 일을 하라고 권면했다.(1~5)
   2) 바울은 디모데에게 자기는 선한 싸움을 싸우고 달려갈 길을 마치고 믿음을 지켰으므로 의의 면류관이 예비되었으나, 지금은 누가만 있음으로 마가와 함께 겉옷과 책을 가지고 오라고 했다.(7~8,11,13~16)

기도

1. 주여, 악한 세상에서 하나님의 법을 따라 살 수 있도록 용기와 능력을 주옵소서.
2. 주여, 죄사함을 받은 성도로서 때를 얻든지 못 얻든지 예수의 복음을 전하는 자가 되게 하옵소서.

하나님을 아는 자가 은혜와 복을 얻는다

핵심구절

제 목	하나님을 아는 자가 은혜와 복을 얻는다			
성경본문	레위기 26장	시편 33편	전도서 9장	디도서 1장
개별주제	규례 - 순종함 자복함	계획 - 찬송함 인정함	주권 - 힘씀 지혜로움	기준 - 세움 경계함
핵심구절	1~4,6,8~9,12~13 15~18,22,25~26,29~31 34~36,40~42,44~45	1~6,8,10~13, 15~16,18~20	1~3,7~11,14~15, 17~18	1~3,5~14,16

묵상(매일묵상, 구역예배, 성경공부)

1. 규례 - 이스라엘 백성은 규례와 계명을 주신 하나님을 알고 그 뜻에 순종함으로 복을 받게 되었다.
   1) 하나님은 이스라엘 백성에게 우상을 만들거나 경배하지 말고 안식일을 지키며 규례와 계명을 준행하면 철을 따라 비와 땅의 산물과 열매를 주고 평화를 주며 친히 너희의 하나님이 되실 것이라고 말씀하셨다.(1~4,6,9,12)
   2) 하나님은 백성에게 규례와 법도와 계명과 언약을 배반하면 각종 병을 주고 파종이 헛되며 대적에게 패하고 가난과 자녀의 죽음과 성읍의 황폐를 보게 될 것이나 죄를 자복하면 다시 언약을 기억하시겠다고 말씀하셨다.(15~18,29~31,40~42)

2. 계획 - 하나님을 자기 하나님으로 삼는 자는 그의 계획과 생각을 알고 경외하며 찬송함으로 복을 받는다.
   1) 시편 기자는 말씀으로 천지를 창조하신 하나님의 말씀은 정직하고 진실하며 그의 인자하심은 세상에 충만하니 모든 의인들과 모든 거민들은 그를 경외하고 찬송하며 새 노래로 노래하라고 말했다.(1~6,8)
   2) 시편 기자는 여호와의 계획은 영원히 서고 그의 생각은 대대에 이르며 모든 인생을 살피시고 구원은 여호와께 있으니 그를 자기 하나님으로 삼는 자와 경외하는 자에게 도움과 방패가 되신다고 말했다.(11~13,16,18~20)

3. 주권 - 모든 인생은 그 삶이 하나님의 주권 안에 있음을 알고 주어진 일에 힘쓸 때에 복을 누리게 된다.
   1) 솔로몬은 모든 인생이 다 하나님의 손 안에 있으며 그 결국은 다 일반이니 기쁨으로 음식을 먹고 정결하게 살며 사랑하는 아내와 즐겁게 살고 주어진 일을 힘을 다해 하라고 교훈했다.(1~3,7~10)
   2) 솔로몬은 모든 인생에게 재앙의 시기와 기회가 임하고 가난한 지혜자가 성읍을 구해도 기억됨이 없으며, 지혜자의 말들이 호령보다 낫고 무기보다 나으나 죄인 한 사람이 많은 선을 무너지게 한다고 말했다.(11,14~15,17~18)

4. 기준 - 디도는 주님의 기준을 알고 장로와 감독을 세우며 할례파와 그레데인들을 경계할 때 은혜를 입는다.
   1) 바울은 디도에게 자신이 사도된 이유와 전도의 중요성과 그레데에서 기준에 맞는 자를 장로와 감독으로 세울 것을 권면했다.(1~3,5~9)
   2) 바울은 디도에게 불순종하고 헛된 말을 하며 속이는 할례파의 입을 막고 거짓말쟁이며 악한 짐승이며 배만 위하는 게으름뱅이인 그레데인들을 엄히 꾸짖으라고 권면했다.(10~14,16)

기도

1. 주여, 하나님만을 경외하고 그 계명을 지켜 때를 따라 주시는 은혜와 복을 누리는 자가 되게 하옵소서.
2. 주여, 인생의 한계와 무지함을 깨닫고 오직 주어진 일에 힘쓰며 주의 기준에 맞는 삶을 살게 하옵소서.

주의 말씀을 인정하는 자가 복을 받는다

제 목	주의 말씀을 인정하는 자가 복을 받는다			
성경본문	레위기 27장	시편 34편	전도서 10장	디도서 2장
개별주제	소유 - 서원과 첫 것	감찰 - 의인과 악인	중심 - 개인과 나라	교훈 - 말씀과 생활
핵심구절	2~9,13~14,16,19, 26,28,30~32	1~4,6~10,12~19,21	1~7,10~17,20	1~8,11~14

묵상(매일묵상, 구역예배, 성경공부)

1. 인정 - 모세는 하나님의 말씀을 듣고 이스라엘 자손에게 여호와의 것을 인정하고 실천하도록 명령했다.

　1) 여호와 하나님은 이스라엘 자손에게 사람이나 가축이나 집이나 밭을 서원하여 드릴 때 그 값의 기준을 가르쳐 주셨고, 다시 무를 때 오분의 일을 더하라고 명령하셨다.(2~9,13~14,16,19)

　2) 여호와 하나님은 이스라엘 자손에게 가축 중에서 처음 난 것과 땅의 십분의 일은 여호와의 것이라고 가르쳐 주셨다.(26,28,30~32)

2. 감찰 - 다윗은 여호와 하나님이 의인과 악인을 감찰하시고 주관하심을 믿고 고백하며 찬양했다.

　1) 다윗은 큰 환난 중에 있을 때 여호와께 간구하므로 도우심을 받아 건지심을 얻고 하나님을 찬양했다.(1~4,6~10,17~18)

　2) 다윗은 하나님이 의인을 향하시고 악인을 미워하시며 벌하신다고 고백했다.(12~16,19,21)

3. 중심 - 전도자는 지혜자와 우매자, 망하는 나라와 흥하는 나라 사이에는 주권자의 선택이 있다고 말했다.

　1) 전도자는 지혜자와 우매자를 비교하면서 주권자 앞에서 겸손할 것을 권면했다.(1~4,12~15,20)

　2) 전도자는 망하는 나라와 흥하는 나라의 중심에는 주권자가 있다고 가르쳤다.(5~7,16~17)

4. 교훈 - 바울은 디도에게 성도의 남녀노소를 무론하고 말씀을 인정하도록 바른 교훈을 하라고 권면했다.

　1) 바울은 디도에게 하나님의 말씀이 비방을 받지 않도록 연령에 따라 건전한 교훈을 가르치라고 권면했다.(1~6)

　2) 바울은 디도에게 선한 일의 본을 보이고 늙은 남자, 늙은 여자, 젊은 여자, 젊은 남자가 책망할 것이 없는 건전한 말을 하게 하여 대적하는 자로 하여금 악하다 할 것이 없게 하라고 권면했다.(7~8)

　3) 바울은 디도에게 성도로 하여금 경건하지 않은 것과 세상 정욕을 다 버리고 신중함, 의로움, 경건함으로 살며 또 재림을 기다리며 선한 일을 하도록 가르치라고 권면했다.(11~14)

기도

1. 주여, 하나님의 것을 인정하고 온전히 드리게 하옵소서.

2. 주여, 세상의 정욕을 다 버리고 오직 말씀 안에서 신중함, 의로움, 경건함을 이루게 하옵소서.

선한 싸움을 싸우는 자가 은혜를 입는다

제 목	선한 싸움을 싸우는 자가 은혜를 입는다			
성경본문	민수기 1장	시편 35편	전도서 11장	디도서 3장
개별주제	계수 - 남자와 레위인	고백 - 믿음과 찬송	기억 - 심판과 지혜	구별 - 과거와 현재
핵심구절	1~4,7,21,23,25,27,29 31,33,35,37,39,41,43 45~47,50~51,53	1~4,7~10,13~15, 18~22,25~26	1~6,8~10	1~7,9~10,14

묵상(매일묵상, 구역예배, 성경공부)

1. 계수 - 하나님은 모세에게 레위인을 제외하고 싸움에 나갈 이스라엘 12지파의 수를 계수하라고 하셨다.
  1) 여호와 하나님은 시내광야 회막에서 모세에게 이스라엘 자손 중 이십 세 이상 싸움에 나갈 만한 남자를 계수하라고 하셨다.(1~4,21,23,25,27,29,31,33,35,37,39,41,43,45~46)
  2) 여호와 하나님은 모세에게 레위인은 계수하지 말고 증거 성막에 관한 모든 일을 보게 하라고 하셨다.(47,50~51,53)

2. 고백 - 다윗은 자기의 고통을 주께 맡기고 환난과의 싸움 중에도 믿음을 고백하고 기뻐하며 찬송을 불렀다.
  1) 다윗은 고통당하는 자기에게 침묵하지 마시고 역사해 달라고 여호와 하나님께 간절히 매달렸다.
     (1~4,19~22,25~26)
  2) 다윗은 환난 중에도 하나님에 대한 믿음을 분명히 하고 기뻐하며 감사하며 찬송했다.(7~10,18,28)

3. 기억 - 전도자는 하나님의 심판을 기억하고 삶 속에서 지혜롭게 행동하며 근심과 악과 싸우라고 말했다.
  1) 전도자는 불확실한 미래를 관망만 하지 말고 주어진 삶 속에서 지혜롭게 행동하라고 말했다.(1~6)
  2) 전도자는 청년들에게 하나님의 심판을 기억하고 마음에서 근심을 떠나게 하고 몸에서 악이 물러가게 하라고 권면했다.(9~10)

4. 구별 - 바울은 디도에게 성도가 과거를 기억하고 상속자로서 영적 싸움을 싸우며 살도록 권면하라고 했다.
  1) 바울은 디도에게 성도로 하여금 준비하게 하여 모든 선한 일 행하기와 좋은 일에 힘쓰기를 실천케 함으로 열매 있는 자들이 되게 하라고 말했다.(1,14)
  2) 바울은 디도에게 악한 죄인이었던 우리의 과거를 기억하고 이제는 은혜로 구원을 받은 상속자답게 비방과 다툼을 멀리하고 관용과 온유함으로 구별되게 살라고 권면했다.(2~7,9~10)

기도

1. 주여, 날마다 하나님의 심판하심을 기억하고 마음과 몸에서 악을 물리치며 살게 하옵소서.
2. 주여, 죄인이었던 우리의 과거를 기억하고 이제는 하나님의 상속자로서 변화된 삶을 살게 하옵소서.

주는 본분을 아는 자에게 승리를 주신다

핵심구절

제 목	주는 본분을 아는 자에게 승리를 주신다			
성경본문	민수기 2장	시편 36편	전도서 12장	빌레몬서 1장
개별주제	조직하심 - 세 지파씩	생명되심 - 보배로움	창조하심 - 기억할 것	용서함 - 오네시모
핵심구절	2~3,5,7,9~10,12,14 16~18,20,22,24~25, 27,29,31~32,34	1~4,6~7,9~10	1~5,7,9~11,13~14	1~2,4~5,7,9~14,16~18 20~21

묵상(매일묵상, 구역예배, 성경공부)

1. 조직하심 - 하나님은 이스라엘 12지파를 세 지파씩 행진할 수 있도록 조직하셨고 백성은 순종하였다.
  1) 하나님은 모세와 아론에게 회막을 중심으로 행진할 세 지파씩을 동서남북으로 배치하도록 말씀하셨다.(2,16~17,24,31)
  2) 행군 진영을 갖춘 603,550명은 자기들의 기를 따라 진 치기도 하고 행진하기도 했다.(32,34)

2. 생명되심 - 다윗은 하나님의 의, 심판, 인자하심, 생명의 원천이 되심을 아는 것이 사람의 본분임을 알았다.
  1) 다윗은 악인들은 그의 눈에 하나님을 두려워하는 빛이 없고, 자기의 죄악은 드러나지 않으며 미워함을 받지도 않는다고 착각하여 악한 길을 간다고 지적했다.(1~4)
  2) 다윗은 하나님의 의와 인자하심과 생명의 원천이 풍성하고 보배롭다고 고백했다.(6~7,9~10)

3. 창조하심 - 전도자는 모든 사람이 창조주를 기억하고 경외하는 것이 본분이라고 가르치고 기록하였다.
  1) 전도자는 청년의 때, 아무 낙이 없다고 할 늙은 때가 오기 전에 창조주를 기억하라고 권면했다.(1~5)
  2) 전도자는 일의 결국을 다 말한 후 모든 사람의 본분은 하나님을 경외하고 그의 명령들을 지키는 것이라고 말했다.(9~10,13)

4. 용서함 - 바울은 빌레몬이 오네시모를 용서하고 동역자로 여기는 것이 먼저 믿은 자의 본분이라고 말했다.
  1) 바울은 빌레몬에게 오네시모를 용서하고 자기에게 머물러 있도록 허락해 달라고 부탁했다.(1,5,7,9~14)
  2) 바울은 빌레몬에게 오네시모가 빚진 것이 있으면 대신 갚아 주겠다고 말한 후, 오네시모를 종이 아닌 사랑받은 형제로 대해 줄을 믿고 또한 그 이상 더 잘 행할 줄을 안다고 고백했다.(16~18,20~21)

기도

1. 주여, 교회를 성서적으로 조직하여 행진함으로 세상을 이기게 하옵소서.
2. 주여, 젊을 때나 더 늙기 전에 창조주를 기억하고 우리에게 악을 행한 자를 용서하게 하옵소서.

성도는 하나님의 계획에 집중하는 자다

핵심구절

제 목	성도는 하나님의 계획에 집중하는 자다			
성경본문	민수기 3장	시편 37편	아가 1장	히브리서 1장
개별주제	바뀜 - 레위인과 첫것	집중 - 하나님과 의인	사랑 - 솔로몬과 술람미	증거 - 예수와 천사
핵심구절	1~4,6~10,12~13,15,17 22~23,25~26,28~29 31~32,34~39,41~43 46~48,50	1~9,11,15~17,19~20 22~26,28~31,34,37 39~40	1~6,9~10,13~17	1~6,9,11~13

묵상(매일묵상, 구역예배, 성경공부)

1. 바뀜 - 하나님은 이스라엘 자손의 맏아들과 레위 지파를 여호와의 것으로 맞바꾸시는 계획을 명령하셨다.

    1) 여호와 하나님은 아론에게 자녀를 주셨고 자녀들은 제사장이 되었으며, 그들에게 레위 지파를 주사 성막의 일을 보게 하셨다.(1~3,6~10)

    2) 하나님은 레위 지파의 남자를 계수하게 하고 또 모든 지파의 처음 난 자들을 계수하게 하여 비교한 후 차이가 나는 수만큼 속전을 내게 하고 레위 지파를 하나님의 것으로 하셨다.(12~13,15,39,41~43,46~48)

2. 집중 - 다윗은 오직 하나님에게 집중하고 또 그의 계획하심이 의인에게 있음을 알고 의인의 삶을 추구했다.

    1) 다윗은 악인 때문에 불평이나 시기를 하지 말고 오히려 여호와 하나님께 집중하여 선을 행하고 그를 의지하면 악인은 망하고 의인은 땅을 차지하게 된다고 말했다.(1~9,11,15~17,19~20,29,34)

    2) 다윗은 하나님이 의인에 대하여 항상 돌보시고 그 자손까지 복을 내리시며 모든 환난과 악인들에게로 부터 구원하신다고 말했다.(23~26,28,30~31,39~40)

3. 사랑 - 솔로몬은 술람미를 사랑함으로 이를 표현하여 하나님이 선민을 사랑하시는 구원계획을 증거했다.

    1) 술람미는 자신의 모습이 검고 초라하지만 포도원지기의 사역을 감당하기 때문이니 흘겨보지 말라고 말했다.(5~6)

    2) 솔로몬은 술람미의 너무 아름다움과 사랑스러움을 비유적으로 표현함으로, 하나님이 자기 백성을 보실 때 너무도 사랑스러워 하신다는 것을 은유로 증거했다.(9~10,15)

4. 증거 - 히브리서 기자는 하나님이 예수를 가장 뛰어나게 하셨으며 그를 통해 구원계획을 이루심을 증거했다.

    1) 히브리서 기자는 하나님이 예수 그리스도를 역사 가운데 여러 부분과 모양으로 증거해 오셨다고 증언했다.(1~3)

    2) 히브리서 기자는 예수 그리스도가 천사보다 훨씬 뛰어남을 여러 말씀을 인용하여 증거했다.(4~6,9,11~13)

기도

1. 주여, 날마다 세상에 빠지지 않게 하시고 오직 하나님께 집중하여 의로운 삶을 살게 하옵소서.

2. 주여, 심히 검고 초라할지라도 아름답게 보시고 사랑해 주시는 하나님을 더욱 사랑하게 하옵소서.

135

자신의 할 일을 지켜가는 것이 행복이다

핵심구절

제 목	자신의 할 일을 지켜가는 것이 행복이다			
성경본문	민수기 4장	시편 38편	아가 2장	히브리서 2장
개별주제	회막 - 할 일과 금할 일	회개 - 죄악과 환난	동행 - 사랑과 이해	지킴 - 구원과 믿음
핵심구절	2~15,20,22~27, 29~32,34~36,38~40, 42~44,48	1~11,15,17~18,20~22	1~6,8~16	1~4,9,11~18

묵상(매일묵상, 구역예배, 성경공부)

1. 회막 - 하나님은 고핫, 게르손, 므라리 자손에게 회막에서 할 일과 금할 일을 가르쳐 주셨다.
   1) 여호와 하나님은 레위 자손 중 고핫 자손에게 회막 안의 지성물에 대해 할 일을 말씀하셨
   다.(2~15,20)
   2) 하나님은 게르손 자손과 므라리 자손에게 회막에서 할 일과 멜 것에 대하여 말씀하셨다.
   (22~27,29~32)

2. 회개 - 다윗은 자신에게 닥친 영육간의 환난을 극복하기 위해 하나님께 회개하고 소원을 간구했다.
   1) 다윗은 자신이 여호와의 책망과 징계로 인하여 영혼과 마음과 육이 모두 상하였고 사랑하는 자와 친
   구들도 멀리 섰으며 떠났다고 절규하였다.(1~11)
   2) 다윗은 자기의 구원의 하나님께 죄악을 용서해 주실 것과 원수로부터 놓일 것을 간절히 간구하였
   다.(15,17~18,20~22)

3. 동행 - 술람미는 솔로몬의 사랑을 알기에 그와 동행하고 동시에 이 행복을 지키기 위해 경계하였다.
   1) 술람미는 솔로몬에 대한 자랑과 더불어 그가 자신을 어떻게 사랑하는지에 대해 자세히 고백했
   다.(3~6)
   2) 술람미는 솔로몬이 자신에게 어떤 마음을 가지고 달려오는지, 무엇을 하자고 하는지 또 이 사랑을
   훼방하는 것이 무엇인지를 말했다.(8~16)

4. 지킴 - 예수는 마귀를 멸하시고 큰 구원을 얻은 우리와 형제를 도우시되 우리는 이 믿음을 지켜야 한다.
   1) 히브리서 기자는 하나님이 증언하시고 주와 사도들이 확증해 준 큰 구원을 우리가 잃지 않기 위해
   들은 것에 더욱 유념하고 흘러 떠내려가지 않도록 힘써야 한다고 말했다.(1~4)
   2) 히브리서 기자는 모든 사람을 살리기 위해 죽음의 고난을 받으신 예수가 영광과 존귀의 관을 쓰
   시고 죽음의 세력을 잡은 마귀는 멸하시며 형제 아브라함의 자손은 능히 도우실 수 있다고 말했
   다.(9,11~18)

기도

1. 주여, 주어진 영적 사역들을 감당함에 있어 할 일과 금할 일을 깨닫고 온전히 실천하게 하옵소서.
2. 주여, 하나님의 사랑하심과 예수님의 은혜 베푸심을 알고 철저히 믿음과 소망을 지키게 하옵소서.

주님은 우리의 선한 자세를 기뻐하신다

핵심구절

제 목	주님은 우리의 선한 자세를 기뻐하신다			
성경본문	민수기 5장	시편 39편	아가 3장	히브리서 3장
개별주제	정결 - 진영과 가정	겸손 - 인정과 소망	사모 - 찾음과 만남	조심 - 불신과 유혹
핵심구절	2~3,6~8,12~19, 25~28	1~9,11~13	1~4,6~11	1~3,5~6,12~14,18~19

묵상(매일묵상, 구역예배, 성경공부)

1. 정결 - 여호와 하나님은 이스라엘 공동체의 진영이나 가정이 부정하지 않고 정결하기를 원하셨다.
 1) 여호와 하나님은 나병환자, 유출증 있는 자, 주검으로 부정하게 된 자는 남녀를 막론하고 진영 밖으로 내 보내어 진영을 더럽히지 못하게 하라고 하셨다.(2~3)
 2) 여호와 하나님은 부부 사이에 남편이 아내에 대해 의심이 생기면 의심의 소제요 기억의 소제를 드리라고 말씀하셨다.(14~15,28)

2. 겸손 - 다윗은 자신의 유한함과 무능함을 인정하고 오직 하나님께 소망을 두고 겸손히 간구했다.
 1) 다윗은 자신의 인생이 심히 짧고 연약하며 허사임을 깨닫고 잠잠함으로 하나님을 기다렸다.(1~5,9,11)
 2) 다윗은 자신의 소망을 오직 하나님께 두고 죄와 욕을 당함, 질병에서 건져주실 것을 간절히 간구했다.(7~8,12~13)

3. 사모 - 술람미는 마음으로 사랑하는 솔로몬을 너무 사모하여 간절히 찾다가 만나매 그를 놓지 않았다.
 1) 술람미는 마음으로 사랑하는 자 솔로몬을 너무 사모하여 간절히 찾다가 만나매 그를 놓지 않았다.(1~4)
 2) 많은 사람은 솔로몬이 화려한 가마와 호위군사를 보내어 술람미를 데려 가려는 모습을 보고 감탄했다.(6~11)

4. 조심 - 히브리서 기자는 불신의 마음이나 죄의 유혹을 조심하고 모세보다 신실하신 예수를 생각하라고 했다.
 1) 히브리서 기자는 성도가 믿는 도리의 사도이시며 대제사장이신 신실하신 예수를 깊이 생각하라고 했다.(1~3)
 2) 히브리서 기자는 형제들로 하여금 믿지 않는 악한 마음을 품거나 죄의 유혹에 빠지는 것을 조심하고, 모세보다 더 신실한 분이신 예수님을 온전히 붙잡으라고 했다.(5~6,12~14,18~19)

기도

1. 주여, 교회와 가정을 정결하게 하는 성결한 삶을 살게 하시고 오직 하나님께만 소망을 두게 하옵소서.
2. 주여, 하나님과 예수 그리스도를 사랑하며 늘 사모하게 하시고 불신과 유혹에 빠지지 않게 하옵소서.

주님은 특별한 방법으로 은혜를 주신다

제 목	주님은 특별한 방법으로 은혜를 주신다			
성경본문	민수기 6장	시편 40~41편	아가 4장	히브리서 4장
개별주제	제도 - 축복기도	섭리 - 살핌 구원	사랑 - 칭찬 노래	복음 - 대제사장 예수
핵심구절	2~6,9,11~13, 18~20,23~27	40:1~5,8~10,12~13 16~17 41:1~3,5~9,11~12	1~3,7,9~12,15~16	1~2,6,9~16

1. 제도 - 하나님은 이스라엘 자손에게 나실인 제도와 제사장 축복기도 제도를 통해 은혜를 베푸셨다.

    1) 하나님은 모세에게 나실인의 서원을 하는 자는 포도주를 마시지 말고 머리에 삭도를 대지 말며 시체를 가까이 하지 말고 우연히 시체를 접하게 되면 머리를 밀고 속죄제물을 드리고 다시 시작하라고 말씀하셨다.(2~6,9,11~13)

    2) 하나님은 모세에게 제사장 아론과 그 아들들이 이스라엘 자손을 축복할 때 여호와는 네게 복을 주시고 지키시기를 원하며 얼굴을 비추사 은혜 베푸시기를 원하며 평강 주시기를 원하노라고 선포하게 하셨다.(23~27)

2. 섭리 - 하나님은 자기를 찾는 사람에 대하여 구원의 섭리를 통해 건지시며 고치시며 세우신다.

    1) 다윗은 하나님이 자기를 기가 막힐 웅덩이와 수렁에서 건지시고 걸음을 견고하게 하셨음을 많은 회중에게 전하고, 자기에게 수많은 재앙과 죄악이 덮쳤을 때 지체하지 말고 구원해 달라고 간구했다.(40:1~2,9~10,12~13,17)

    2) 다윗은 하나님이 가난한 자를 보살피는 자에게 복을 주사 재앙의 날에 건지시고 질병에서 고치시며 원수의 악담과 거짓말과 저주에서 능히 건져 주셔서 주 앞에 세우신다고 노래했다.(41:1~3,5~9,11~12)

3. 사랑 - 하나님은 자기를 바라보는 영혼에 대하여 일방적인 사랑을 베푸시고 칭찬하시며 노래하신다.

    1) 솔로몬은 술람미 여인의 눈과 머리털과 이와 입술과 입과 뺨 등 어여쁜 외모를 노래했다.(1~3)

    2) 솔로몬은 술람미 여인을 사랑하는 신부와 누이로 부르면서 흠이 없고 향기로우며 쳐다봄으로 마음을 빼앗겼고, 그를 동산의 샘이요 생수의 우물이요 흐르는 시내라고 노래했다.(7,9~12,15)

4. 복음 - 하나님은 복음을 받은 자에게 대제사장 예수님을 주사 때를 따라 돕는 은혜를 받게 하신다.

    1) 히브리서 기자는 복음을 듣고 믿음과 결부시키지 않는 자는 안식에 들어갈 수 없기에 그의 안식에 들어갈 자는 더욱 힘써 살아있는 말씀에 순종하여야 한다고 말했다.(1~2,6,9~13)

    2) 히브리서 기자는 큰 대제사장이신 하나님의 아들 예수님이 우리의 연약함을 동정하시고 죄가 없으신 분이시니, 때를 따라 돕는 은혜를 얻기 위하여 은혜의 보좌 앞에 담대히 나아가라고 말했다.(14~16)

1. 주여, 우리에게 주신 거룩한 규례와 계명의 제도를 잘 지킴으로 은혜를 누리게 하옵소서.
2. 주여, 받은 복음을 두려움으로 지키고 때를 따라 돕는 은혜를 얻기 위해 보좌 앞에 나아가게 하옵소서.

주는 선택한 자에게 깊은 감동을 주신다

핵심구절

제 목	주는 선택한 자에게 깊은 감동을 주신다			
성경본문	민수기 7장	시편 42~43편	아가 5장	히브리서 5장
개별주제	헌물 - 지휘관의 제물	소망 - 고라자손의 갈급	사랑 - 술람미의 고백	소명 - 예수님의 속죄
핵심구절	1~3,5,7~10,12,18,24 30,36,42,48,54,60,66 72,78,84,89	42:1~6,8,10~11 43:2~5	1~6,8,10~16	1~10,12~14

묵상(매일묵상, 구역예배, 성경공부)

1. 헌물 - 하나님은 모세가 장막세우기를 마친 후 지휘관들로 하여금 풍성한 헌물을 드리도록 감동을 주셨다.
- 1) 모세가 장막세우기를 끝내고 그것과 그 모든 기구와 제단과 기물에 기름을 발라 거룩히 구별한 날에 이스라엘 지휘관들 곧 모든 지파의 계수함을 받은 자의 감독된 자들이 헌물을 드렸다.(1~3,10,84)
- 2) 12지파 자손의 지휘관들이 하나님께 드린 헌물은 성소의 세겔로 130세겔 무게의 은반 하나, 70세겔 무게의 은 바리 하나, 10세겔 무게의 금 그릇 하나, 번제물, 속죄제물, 화목제물 등이었다.(13~17)

2. 소망 - 하나님은 고라 자손에게 어떤 상황 중에도 주께 소망을 두고 갈망과 찬송을 하도록 감동을 주셨다.
- 1) 고라 자손은 살아계신 하나님께 소망을 두고 낙심도 불안해하지도 않고 만나기를 갈망했다.(42:1~5)
- 2) 고라 자손은 원수의 억압 중에도 힘과 빛과 진리가 되신 하나님께 나아가 여전히 찬송하겠다고 고백했다.(43:2~5)

3. 사랑 - 솔로몬은 가장 멋진 모습으로 술람미를 찾아와 그의 마음에 사랑의 병이 나도록 감동을 주었다.
- 1) 술람미는 찾아온 솔로몬을 만나기 위해 뒤 늦게 문을 열었으나 그를 못 만나 병이 났다.(2~6,8)
- 2) 술람미는 너무도 사랑하는 자 솔로몬을 진실하면서도 가장 감미롭게 묘사하며 표현했다.(10~16)

4. 소명 - 하나님은 아론과 예수님에게 대제사장의 소명을 주셔서 죄인을 위해 제사하도록 감동을 주셨다.
- 1) 히브리서 기자는 백성의 죄를 속죄하는 제사를 드리기 위해 하나님의 부르심을 받은 아론도 존귀한 사명을 받았지만 자기도 한 죄인이기에 자신을 위하여도 속죄제를 드려야 한다고 말했다.(1~4)
- 2) 히브리서 기자는 예수님도 부르심을 받았고 죄가 없으신 아들이시면서도 친히 고난을 받으사 모든 자에게 영원한 구원의 근원과 멜기세덱의 반차를 따른 대제사장이 되셨다고 말했다.(6~10)

기도

1. 주여, 언제나 하나님의 감동을 받아 성전에서 향기로운 제물을 드리는 성도가 되게 하옵소서.
2. 주여, 찾아오시는 성령님을 속히 영접하고 소명도 받아 그 사명을 온전히 감당하는 자가 되게 하옵소서.

맥체인성경과
정독구조

일차적으로 성경을 사면으로 이해한다.
그리고 이차적으로 네 장의 성경본문을 핵심원리와
그에 대한 예제의 관계로 이해해 본다.
네 장 중 어떤 본문은 원리가 되고 어떤 본문은
그 예제가 될 수 있는 구조다.

성경 66권 중 한 권의 여러 장을 읽을 때
전체 대강의 줄거리를 묵상하게 되는 일반적인 통독과는 달리,
66권 중 다른 네 권의 한 장씩을 합쳐 네 장을 읽을 때
링크된 내용을 묵상하게 됨으로
다양하게 역사하신 하나님의 구속사를 깨닫게 되는 구조다.

신구약성경 전체를 네 등분으로 나눠
하루에 신구약 4장을 동시에 읽으면,
성경에 기록된 장구한 하나님의 구원의 역사를
네 시대, 네 상황으로 나누어 풍성하게 묵상할 수 있는 구조다.

신구약성경 전체를 네 시대로 구분하여
하루에 4장씩 동시에 읽으면
각 시대별로 또한 거시적인 안목으로
하나님의 다스리시는 역사를
역동적으로 묵상할 수 있는 구조다.

하나님께 속하는 것이 형통의 시작이다

핵심구절

제 목	하나님께 속하는 것이 형통의 시작이다			
성경본문	민수기 8장	시편 44편	아가 6장	히브리서 6장
개별주제	요제 - 레위인 자기것	의지 - 간구와 구원	사랑 - 기쁨과 자랑	성숙 - 행위와 기업
핵심구절	2,4,6~12,16,19, 21~22,24~26	1~3,6~9,11,13~14 17~24,26	2~9,12~13	1~2,4~6,10~13, 17~18

묵상(매일묵상, 구역예배, 성경공부)

1. 요제 - 하나님은 등불을 밝힌 회막에서 속죄제와 요제를 드림으로 레위인을 자기의 것으로 삼으셨다.

　　1) 여호와 하나님은 모세를 통하여 아론에게 일곱 등잔의 등불을 켜서 금을 쳐서 만든 등잔대 앞으로 비추게 하라고 말씀하셨다.(2,4)

　　2) 하나님은 레위인을 정결케 한 후 백성이 안수하여 요제로 드리게 하고 다시 수송아지들을 준비하여 머리에 안수하고 속죄제와 번제물로 드리게 하여 하나님의 것이 되게 하셨다.(6~8,10~12,19,21~22)

2. 의지 - 고라 자손은 하나님을 의지하고 또 그에게 간구함으로 모든 고난과 압제에서 구원을 받았다.

　　1) 고라 자손은 하나님이 자기의 조상들을 기뻐하셔서 이방 백성을 내쫓으시고 약속의 땅으로 인도하셨음으로 그 은혜를 소망하여 자신들도 하나님을 의지하고 자랑하며 감사한다고 고백했다.(1~3,6~8)

　　2) 고라 자손은 하나님께 자기들을 버리지 마시고 잠에서 깨셔서 자기들을 대적과 원수들의 고난과 압제에서 구원해 주실 것을 간절히 간구하였다.(9,13~14,17~18,20~21,23~24,26)

3. 사랑 - 솔로몬은 술람미를, 술람미는 솔로몬을 사랑함으로 서로에게 속하였음을 기쁨으로 자랑했다.

　　1) 술람미는 솔로몬을 찾다가 그가 동산에서 일하는 것을 보고 자신이 그에게 속하였음을 자랑했다.(2~3)

　　2) 솔로몬은 사랑하는 술람미에게 깊은 사랑을 섬세하게 고백하고 뭇 사람들에게도 마음껏 자랑했다.(4~9)

4. 성숙 - 히브리서 기자는 성도가 말씀에 견고히 서고 행위와 섬김으로 성숙해질 때 기업을 얻는다고 했다.

　　1) 히브리서 기자는 모든 성도는 그리스도의 말씀의 초보를 버리고 회개, 신앙, 세례, 안수, 부활, 심판에 대한 교훈을 견고히 하여 완전한 데로 나아가야 한다고 말했다.(1~2,5~6)

　　2) 히브리서 기자는 하나님이 우리의 행위와 섬김을 잊지 않으시니 끝까지 믿음과 인내로 약속들을 기업으로 받는 자들을 본받아 그들같이 되는 것이 소망이라고 말했다.(10~13,17~18)

기도

1. 주여, 죄와 허물로 죽었던 우리를 살리신 하나님께 우리의 모든 것을 온전히 드리게 하옵소서.

2. 주여, 예수의 대속의 사랑을 깨닫고 믿음으로 받아들여 영원한 기업을 얻는 자가 되게 하옵소서.

하나님은 뜻을 따르는 자를 인도하신다

제 목	하나님은 뜻을 따르는 자를 인도하신다			
성경본문	민수기 9장	시편 45편	아가 7장	히브리서 7장
개별주제	인도 - 구름과 불기둥	부음 - 존귀와 계승	따름 - 노래와 초대	맹세 - 단번과 영원
핵심구절	2~3,5,10~11,14~22	2~4,6~9,11~12,14~17	1~2,4~6,10~13	1~7,11~17,20~27

묵상(매일묵상, 구역예배, 성경공부)

1. 인도 - 이스라엘 자손은 시내 광야에서 유월절을 지켰고 하나님은 구름기둥과 불기둥으로 인도하셨다.
   1) 하나님은 이스라엘 자손에게 시내 광야에서 두 번째 유월절을 지키라고 말씀하셨다.
   (2~3,5,10~11,14)
   2) 성막을 세운 날부터 낮에는 구름기둥, 밤에는 불기둥이 나타나 이스라엘 자손을 인도하였다.
   (15~22)

2. 부음 - 하나님은 기쁘게 기름 부은 왕에게 존귀를 주시고 그 아들들에게는 왕위가 계승되도록 인도하신다.
   1) 고라 자손은 하나님이 즐거움의 기름을 부은 왕에게 존귀와 영광을 주신다고 찬양했다.(2~4,6~8)
   2) 고라 자손은 왕의 여인들이 영화를 누리고 아들들은 왕위를 계승할 것이라고 선포했다.
   (9,11~12,14~17)

3. 따름 - 솔로몬은 겸손히 자신의 사랑을 따르며 기뻐하는 술람미를 가장 행복한 곳으로 인도할 수 있다.
   1) 솔로몬은 술람미의 아름다움을 보고 화려한 비유로 그를 노래했다.(1~2,4~6)
   2) 술람미는 사랑하는 자인 솔로몬과 함께 들로 나가자고 하며 깊은 사랑을 나누자고 초대했다.
   (10~13)

4. 맹세 - 히브리서 기자는 예수가 맹세함으로 영원한 제사장이 되어 하나님의 인도하심을 받았다고 증거했다.
   1) 히브리서 기자는 제사장 멜기세덱에 관하여 초월적인 존재성과 아브라함보다 높은 자이며 율법에 의해 제사장이 되는 레위 지파에 속하지 않는 유일무이한 제사장이라고 소개하였다.(1~7)
   2) 히브리서 기자는 예수가 율법에 의한 제사장처럼 많은 수효가 필요한 죽음 앞에 놓인 일반 제사장이 아니라 멜기세덱의 반차를 쫓아 난 무죄한 영원한 제사장이라고 설명했다.(14~17,20~27)

기도

1. 주여, 저희가 주를 경외하고 주의 날을 준수하겠사오니 날마다 구름기둥과 불기둥으로 인도하여 주옵소서.
2. 주여, 저희가 하나님의 기뻐하시는 자가 되어 범사에 승리하고 자녀가 잘되는 은총을 누리게 하옵소서.

주의 역사는 성도의 수고를 필요로 한다

제 목	주의 역사는 성도의 수고를 필요로 한다			
성경본문	민수기 10장	시편 46~47편	아가 8장	히브리서 8장
개별주제	나팔 - 구름기둥 인도	찬송 - 피난처와 왕	정열 - 사모와 기다림	새김
핵심구절	2~14,17~18,21~22 25,29~32,35~36	46:1~3,5,7,10~11 47:1~4,6~9	1~3,6~7,13~14	1~4,6~10,13

묵상(매일묵상, 구역예배, 성경공부)

1. 나팔 - 하나님이 이스라엘 자손을 구름기둥으로 인도하실 때 그들은 나팔을 만들어 불고 따라야 한다.
   1) 하나님은 모세에게 나팔을 만들어 회중을 모을 때, 천부장을 모을 때, 행진할 때, 대적을 치러 나갈 때, 절기 때 불라고 말씀하셨다.(2~10)
   2) 구름이 성막에서 떠오를 때 모세는 나팔을 불게하고 선두에서 유다 자손의 진영이, 다음은 거둔 성막을 게르손 자손과 므라리 자손이 메고, 다음은 르우벤 진영이, 다음은 고핫인이 성물을 메고, 다음은 에브라임 자손 진영이, 마지막으로는 단 진영이 행진했다.(11~14,17~18,21~22,25)

2. 찬송 - 하나님이 이스라엘 자손의 피난처와 왕이 되어 주실 때 그들은 찬송하고 찬송하며 높여야 한다.
   1) 고라 자손은 하나님을 환난 중에 만날 큰 도움이시요 피난처라고 고백했다.(46:1,5,7,10~11)
   2) 고라 자손은 하나님이 우리의 왕이 되심으로 찬송하고 찬송해야 한다고 했다.(47:1~2,6~9)

3. 정열 - 솔로몬이 술람미를 향해 무엇과도 바꿀 수 없는 불같은 사랑을 할 때 그녀는 그만 바라봐야 한다.
   1) 술람미는 솔로몬을 사랑함에 있어 마음껏 표현하지 못함에 대하여 아쉬움을 토로했다.(1~3,14)
   2) 솔로몬은 술람미에 대해 죽음같이 강하고 물도 홍수도 삼키지 못하며 온 가산을 다 주고도 바꿀 수 없는 그런 정열적인 사랑을 한다고 말했다.(6~7,13)

4. 새김 - 히브리서 기자는 하나님이 선민에게 새 언약을 주실 때 그 법을 생각과 마음에 새겨야 한다고 말했다.
   1) 히브리서 기자는 예수는 율법을 따라 예물을 드리는 땅의 제사장이 아니요, 하늘에서 지극히 크신 이의 보좌 우편에 앉아 성소와 참 장막에서 섬기는 더 아름다운 직분을 얻은 자요, 더 좋은 언약의 중보자시라고 설명했다.(1~4,6)
   2) 히브리서 기자는 이스라엘 집과 유다 집에 애굽에서 나올 때 맺은 언약이 아닌 주의 법을 생각과 마음에 기록한 새 언약을 주셨다고 말했다.(8~10,13)

기도

1. 주여, 고해와 같고 광야와 같은 세상을 살아갈 때 주님의 인도하심을 믿고 따라가게 하옵소서.
2. 주여, 새롭게 주신 새 언약 예수 그리스도의 법을 생각과 마음에 새기고 온전히 따라가게 하옵소서.

하나님은 긍정적인 믿음을 기뻐하신다

제 목	하나님은 긍정적인 믿음을 기뻐하신다			
성경본문	민수기 11장	시편 48편	이사야 1장	히브리서 9장
개별주제	원망 - 진노와 재앙	찬양 - 높임과 기쁨	회개 - 외식과 불의	믿음 - 속죄의 새언약
핵심구절	1~2,4~6,9~18,20,23 25,27~29,31,33~34	1~2,5,8~14	1~8,11~18,21,23 25~27	1~7,9~12,14~15,18,22 24~26,28

묵상(매일묵상, 구역예배, 성경공부)

1. 원망 - 이스라엘 백성이 삶을 원망함으로 하나님을 멸시하게 되자 고기는 먹었으나 큰 재앙도 맛보았다.
   1) 이스라엘 백성이 악한 말로 만나 외에는 아무 것도 없고 차라리 애굽이 좋았다고 원망하자 하나님이 들으시고 한달 동안 고기를 주어 먹게 하겠다고 약속하셨다.(1,4~6,10~11,14,18)
   2) 하나님은 모세와 장로 70인에게 예언하게 하시고 메추라기를 하룻길 되는 지면 위에 두 규빗쯤 내리신 후 자기를 멸시한 백성에게 진노하사 심히 큰 재앙을 내리셨다.(16~17,20,25,31,33~34)

2. 찬양 - 고라 자손은 여호와 하나님의 위대하심, 인자하심, 정의로우심, 자기의 하나님 되심을 찬양했다.
   1) 고라 자손은 여호와 하나님을 위대하시다고 찬양하고 그의 성과 산이 높고 아름답다고 했다.(1~2,8)
   2) 고라 자손은 하나님의 인자하심과 이름과 정의와 심판을 생각하고 그 하나님이 자기의 하나님이 되심을 확신하며 기쁘게 선포하였다.(9~14)

3. 회개 - 하나님은 이사야를 통해 유다와 예루살렘의 죄를 지적하시고 회개하면 구원해 주시겠다고 하셨다.
   1) 여호와 하나님은 이사야를 통해서 유다와 예루살렘의 죄 즉 여호와를 버린 것과 외식적인 제사과 타락한 성읍과 불의한 고관들을 정죄하시고 심판을 예고하셨다.(1~6,11~14,21,23)
   2) 여호와 하나님은 이사야를 통해 이스라엘이 회개하고 정의로운 삶을 살라고 말씀하셨다.(16~18,26~27)

4. 믿음 - 저자는 예수가 온전한 장막에서 자기의 피로 단번에 이루신 이 속죄의 새언약을 믿어야 한다고 말했다.
   1) 히브리서 기자는 먼저 첫 언약의 예법과 세상에 속한 성소를 자세히 언급한 후 그 곳에서는 제사장과 백성의 허물을 위한 반복적인 피의 제사가 필요했다고 말했다.(1~7,18,22)
   2) 히브리서 기자는 그리스도께서 대제사장으로 오사 창조에 속하지 아니한 더 크고 온전한 장막에서 자기의 피로 영원한 속죄를 이루시고 단번에 성소에 들어가신 새 언약을 이루셨다고 말했다.(11~12,14~15,24~26,28)

기도

1. 주여, 원망과 탐욕과 멸시를 버리고 오직 회개와 찬양과 선포의 삶을 살게 하옵소서.
2. 주여, 예수 그리스도가 그의 피로 단번에 속죄를 이루신 것을 믿고 담대히 전하는 자가 되게 하옵소서.

성도는 옛 삶이 아닌 성별의 새 삶을 산다

제 목	성도는 옛 삶이 아닌 성별의 새 삶을 산다			
성경본문	민수기 12~13장	시편 49편	이사야 2장	히브리서 10장
개별주제	부정 - 비방과 악평	착각 - 의지와 자랑	죄악 - 우상과 교만	성별 - 거룩과 새삶
핵심구절	12:1~3,6~10,13~15 13:2~3,6,8,18~20 22~23,25,27~28,30~33	4~8,10~13,15~20	1~6,8,10~12,17~22	1~3,5,7,10~17,19~25 29,31~36,39

묵상(매일묵상, 구역예배, 성경공부)

1. 부정 - 모세에 대해 아론과 미리암은 비방을 했고 가나안을 정탐한 10명의 정탐꾼은 부정적인 악평을 했다.

    1) 모세가 구스 여자를 취하자 아론과 미리암은 이를 비방하매 하나님은 진노하사 미리암에서 나병을 내리시고 이레 동안 진중에 들어오지 못하게 하시니 그 날 동안은 백성이 행진하지 못했다.(12:1,7~10,14~15)

    2) 모세는 하나님의 말씀에 따라 각 지파 지휘관 한 사람씩을 택해 가나안 땅을 정탐하게 했고, 40일 동안 정탐하고 돌아온 그들은 그 땅을 악평했고 오직 갈렙 만이 그 땅을 취하자고 했다.(13:2~3,25,27~28,30~33)

2. 착각 - 고라 자손은 재물을 의지하고 자랑하는 자가 영원할 줄로 착각하나 멸망하는 짐승과 같다고 말했다.

    1) 고라 자손은 자기 재물을 의지하고 부유함을 자랑하는 자는 그 재물과 자기 이름의 토지를 남에게 남겨 두고 가져가는 것이 없겠고 사람들에게 칭찬을 받았을지라도 멸망하는 짐승과 같다고 했다.(4~8,10~13,16~20)

    2) 고라 자손은 하나님이 자기를 영접하시고 자기 영혼을 스올의 권세에서 건져내시리라고 노래했다.(15)

3. 죄악 - 이사야는 유다가 우상을 경배하고 교만한 죄악을 지었음으로 심판을 받을 것이라고 예언했다.

    1) 이사야는 하나님께서 유다와 예루살렘에서 율법과 여호와의 말씀이 나오게 하실 것이며, 모든 전쟁은 사라지고 칼이 보습으로 창이 낫으로 바뀌는 평화가 올 것이라고 예언했다.(1~4)

    2) 이사야는 야곱 족속이 동방 풍속을 따른 것과 이방인과 언약한 것과 우상을 경배한 것과 교만하고 거만했던 모든 것을 만군의 여호와가 심판할 것이니 피하고 다시 그의 빛에 행하자고 선포했다.(5~6,8,12,17~21)

4. 성별 - 히브리서 기자는 믿는 자가 예수의 피로 말미암아 거룩해졌으므로 성별되게 새 삶을 살라고 했다.

    1) 히브리서 기자는 율법이 장차 올 일의 그림자요 죄를 기억하게 하는 것일 뿐 참 형상이 아니므로 해마다 드리는 제 사로는 모든 자들이 정결하게 될 수 없고 오직 예수의 몸을 단번에 드림으로 거룩함을 얻는다고 했다.(1~3,5,10~15)

    2) 히브리서 기자는 형제들에게 예수의 피로 성소에 들어갈 담력을 얻었으니 악한 양심으로부터 벗어나고 참 마음과 온전한 믿음으로 주께 나아가며 서로 돌아보아 사랑과 선행을 격려하고 모이며 인내하라고 했다.(19,22~25,29,32~36,39)

1. 주여, 믿으면서도 부정적이거나 착각에 빠져 세상 것을 의지하는 자로 살지 않도록 도와주옵소서.

2. 주여, 믿는 자로서 오직 예수로 거룩하고 온전한 믿음으로 서로 사랑과 선행을 격려하며 살게 하옵소서.

주님은 인간의 믿음을 보시고 역사하신다

핵심구절

제 목	주님은 인간의 믿음을 보시고 역사하신다			
성경본문	민수기 14장	시편 50편	이사야 3~4장	히브리서 11장
개별주제	신뢰 - 여호수아 갈렙	확신 - 아삽	확언 - 이사야	믿음 - 아벨 에녹
핵심구절	2~3,6~9,11~20,22~24 29~31,33,37,43~45	1~2,4~6,8,12, 14~18,21~23	3:1~5,8,11~12,14,16 18~23,26 4:1~4	1,3~8,11,14,16~17 19~26,28~31,33~37

묵상(매일묵상, 구역예배, 성경공부)

1. 신뢰 - 여호수아와 갈렙은 오직 하나님의 약속을 신뢰하고 약속으로 백성을 설득하며 전진했다.
  1) 정탐꾼의 보고를 들은 회중이 모세와 아론을 원망하고 애굽으로 돌아가자고 소리치자 여호수아와 갈렙은 그들은 우리의 먹이니 두려워하지 말고 여호와가 우리와 함께하심을 믿으라고 했다.(2~3,6~9)
  2) 하나님이 믿지 않는 회중을 전염병으로 멸하시겠다고 하자 모세는 사죄의 기도를 드렸고, 또 순종한 갈렙에게는 땅을 차지할 것이라고 말씀하셨으며 원망하는 백성은 벌하시겠다고 말씀하셨다.(11~20,24,37)

2. 확신 - 아삽은 하나님이 세상을 주관하심을 확신하고 제사하며 부르짖는 자는 영화롭게 하신다고 말했다.
  1) 아삽은 하나님이 온 세상을 부르시고 시온에서 빛을 비추시며 제사로 언약을 맺은 성도들을 책망하지 않으시고 감사로 제사와 서원을 드리며 환난 날에 부르는 자는 영화롭게 하신다고 말했다.(1~2,5,8,14~15)
  2) 아삽은 하나님이 악인에 대해 거짓으로 율례를 전하고, 언약을 입에 두었으나 내 말을 뒤로 던지고 도둑과 연합하였으니 책망하고 죄를 낱낱이 드러내며 찢을 것이매 건질 자가 없을 것이라고 말했다.(16~18,21~22)

3. 확언 - 이사야는 하나님이 예루살렘과 유다에 대해 심판하시고 회복하신다는 말씀을 확언하고 선포했다.
  1) 이사야는 예루살렘과 유다가 세상 것을 의뢰하고 그들의 언어와 행위가 여호와를 거역하니 장로들과 고관들을 신문하고 시온의 딸들의 사치를 제하며 시온을 황폐하게 할 것이라고 말했다.(3:1~3,8,14,16,18~23,26)
  2) 이사야는 때가 되매 하나님이 심판하는 영과 소멸하는 영으로 이스라엘과 시온과 예루살렘에 남아 있는 자와 시온의 딸들을 거룩하다 칭하시고 청결하게 하실 것이라고 예언했다.(4:2~4)

4. 믿음 - 히브리서 기자는 믿음으로 살았던 영웅들의 이야기와 믿음 안에서 일어났던 사건들을 기록했다.
  1) 히브리서 기자는 믿음을 정의한 후 믿음으로 살았던 아벨, 에녹, 노아, 아브라함, 사라, 이삭, 야곱, 요셉, 모세 등 그들의 삶과 결과와 의의를 기록했다.(1,3~8,11,14,16~17,19~26)
  2) 히브리서 기자는 믿음안에서 일어났던 사건들과 고난을 자처했던 영웅들의 삶을 기록했다.(28~31,33~37)

기도

1. 주여, 어떤 일이든지 하나님의 약속 안에서 믿음의 시각으로 판단하고 모든 일을 진행하게 하옵소서.
2. 주여, 히브리서에 등장하는 믿음의 영웅들처럼 주어진 시대를 담대하게 역류하며 살아가게 하옵소서.

하나님은 예배를 통해 죄악을 사하신다

제 목	하나님은 예배를 통해 죄악을 사하신다			
성경본문	민수기 15장	시편 51편	이사야 5장	히브리서 12장
개별주제	제사 - 절기와 속죄	노래 - 통회와 주의 의	불경 - 불법과 심판	경외 - 경주와 성별
핵심구절	2~6,8,12,15,19~20 23~25,27,30~35,38~39	1~3,5,7,9~12,14 16~17,19	1~5,7~8,11~13,16~17 20~21,24~26,30	1~3,7,9~15,22~24 28~29

묵상(매일묵상, 구역예배, 성경공부)

1. 제사 - 하나님은 이스라엘에게 제사와 절기와 계명을 지키게 하시고 이를 통해 그들의 죄를 속하셨다.

    1) 하나님은 이스라엘에게 각종 제사나 절기제를 드릴 때 제물에 따라 고운 가루와 기름의 양을 다르게 하고 타국인에게도 동일하게 적용하며 인도한 땅에서 양식을 먹을 때 거제를 드리라고 말씀하셨다.(2~6,8,12,15,19~20)

    2) 하나님은 이스라엘과 타국인이 부지 중에 죄를 범하면 속죄제를 드리고 고의로 범하면 백성 중에서 끊을 것이며 안식일을 범하면 돌로 치고, 옷단 귀에 술을 달아 계명을 기억하라고 말씀하셨다.(23~25,30~35,38~39)

2. 노래 - 다윗은 상한 심령과 통회하는 마음으로 하나님께 기도를 드려 속죄를 받고 주의 의를 노래했다.

    1) 다윗은 하나님께 주의 인자와 긍휼을 따라 자기의 죄악을 지워 주시고 우슬초로 정결하게 씻어 주시며 정한 마음을 창조해 주시고 정직한 영을 새롭게 하시며 성령을 거두지 말아달라고 간구했다.(1~3,7,9~11)

    2) 다윗은 하나님이 번제 제사를 기뻐하지 않으시고 상한 심령과 상하고 통회하는 마음의 제사를 원하시니 자신이 속죄받은 후에는 주의 의를 노래하며 의로운 제사를 드리겠다고 약속했다.(14,16~17,19)

3. 불경 - 이사야는 이스라엘이 하나님의 사랑과 율법을 버리고 불경되게 살므로 심판을 받는다고 말했다.

    1) 이사야는 하나님이 이스라엘 족속을 포도원으로, 그 중에 극상품 포도나무를 유다사람으로 여기시고 정의를 바라셨으나 그들은 율법을 버리고 주를 멸시하는 자로 들포도를 맺었다고 말했다.(1~4,7,24)

    2) 이사야는 하나님이 가옥과 전토를 이어 홀로 거주하려는 자들, 종일 술에 취하는 자들, 주께서 하시는 일에 관심이 없는 자들, 거짓되고 교만한 자들에게 노를 발하실 것이라고 예언했다.(8,11~13,20~21,25)

4. 경외 - 히브리서 기자는 믿는 자에게 주를 경외함으로 경주와 징계와 세움과 성별됨을 이루라고 말했다.

    1) 히브리서 기자는 믿는 자에게 주 예수를 바라보며 앞에 당한 경주를 하고 죄와 성숙을 위해 징계도 받으며 피곤한 손과 연약한 무릎을 일으켜 세우고 저는 다리를 고침 받게 하라고 했다.(1~3,7,9~15)

    2) 히브리서 기자는 믿는 자에게 화평함과 거룩함을 따르고 쓴뿌리로 인해 더럽게 되지 않게 하며 살아계신 하나님의 도성인 흔들리지 않는 나라를 받은 자답게 두려움으로 하나님을 섬기라고 했다.(14~15,22,28)

1. 주여, 믿는 자가 하나님께 온전하며 신령한 예배를 드리므로 속죄와 평강을 얻게 하옵소서.
2. 주여, 믿는 자가 오직 주를 바라보며 경주와 성숙, 인내와 징계, 화평과 거룩을 이루어 가게 하옵소서.

하나님의 질서를 대적하는 자는 망한다

제 목	하나님의 질서를 대적하는 자는 망한다			
성경본문	민수기 16장	시편 52~54편	이사야 6장	히브리서 13장
개별주제	탐냄 - 교만과 염병	대적 - 심판과 보응	부패 - 죄악과 무지	행함 - 계명과 제사
핵심구절	1~3,6~7,9~15,18~24 27~32,35,37~49	52:1~3,5~8 53:1~3,5~6 54:1~5,7	1,3,5~9,11~12	1~5,7~9,12~13,15~17 20~21

묵상(매일묵상, 구역예배, 성경공부)

1. 탐냄 - 고라, 다단, 아비람, 지휘관 250명은 모세와 아론의 자리를 탐내고 대적하다가 멸망했다.
   1) 여호와 하나님은 모세와 아론을 대적했던 고라, 다단, 아비람의 집과 속한 모든 사람과 그들의 재물을 땅이 삼키게 하시고 또 아론처럼 분향하는 250명을 불로 멸하셨다.(1~3,9~11,18~21,24,30~32,35)
   2) 하나님은 오직 아론 자손만 제사장으로 분향케 하셨고 또 모세와 아론을 죽이려 했던 이스라엘 자손의 온 회중에게 염병을 내리셔서 14,700명을 죽이셨다.(39~49)

2. 대적 - 사악한 도엑, 부패한 자, 원수들은 다윗을 대적하다가 모두 멸망했다.
   1) 하나님의 인자하심을 의지하는 다윗은 사악한 도엑에게 주의 심판이 임할 것을 선포했다.(52:1~3,5~8)
   2) 다윗은 주가 하나님이 없다하는 부패한 자들과 이스라엘을 대적하는 자들을 버리셨다고 했다.(53:1~3,5~6)
   3) 다윗은 주께 원수에게서 구원해 주실 것을 간구했고 하나님은 그 원수에게 보응하셨다.(54:1~5,7)

3. 부패 - 이사야는 여호와의 속죄하심을 입고 부패한 이스라엘 백성을 향하여 선지자적 사명을 감당했다.
   1) 이사야는 거룩하신 여호와 하나님이 높이 들린 보좌에 앉으신 모습을 보았다.(1,3)
   2) 이사야는 여호와 하나님께 죄사함을 받은 후, 이스라엘 백성에게 나아가 황폐하게 될 때까지 들어도 깨닫지 못하고 보아도 알지 못하리라는 말씀을 선포하는 예언적 사명을 받았다.(5~9,11~12)

4. 행함 - 히브리서 기자는 성도가 새 계명을 행하고 주가 기뻐하시는 제사를 드리면 심판을 면한다고 했다.
   1) 히브리서 기자는 성도들이 행할 것을 권면하고 준행치 않을 경우에는 주가 심판하신다고 말했다.(1~5,7,9)
   2) 히브리서 기자는 마지막으로 성도들에게 예수 안에서 하나님이 기뻐하시는 찬송, 선행, 나눔, 복종의 제사를 드리라고 권면했다.(15~~17)

기도

1. 주여, 하나님이 정해주신 질서를 따라 겸손히 사명을 감당함으로 구원에 이르게 하옵소서.
2. 주여, 하나님이 기뻐하시는 찬송의 제사, 선행과 나눔의 제사, 순종과 복종의 제사를 드리게 하옵소서.

하나님이 선택한 자에게는 증거가 있다

핵심구절

제 목	하나님이 선택한 자에게는 증거가 있다			
성경본문	민수기 17~18장	시편 55편	이사야 7장	야고보서 1장
개별주제	꽃핌 - 증거와 보수	응답 - 간구와 의지	징조 - 역사와 징조	교훈 - 성품과 행함
핵심구절	17:2~5,8,10,13 18:1~6,8~11,15~16 18~21,24,26~28,31	1~6,10~17,22~23	1~4,7,9,11~12,14~16 18,20	2~8,12~15,17,19~22 25~27

묵상(매일묵상, 구역예배, 성경공부)

1. 꽃핌 - 하나님은 선택한 아론의 지팡이에 싹이 나는 증거를 주셨고 레위인에게는 기업으로 보수를 주셨다.
1) 하나님은 아론의 지팡이에 싹이 나고 꽃이 피게 하셔서 이스라엘 자손으로 하여금 원망을 그치고 죽지 않게 하셨다.(17:2~5,8,10)
2) 하나님은 아론과 그의 아들들에게 제사장의 직무를, 레위인에게 성소의 직무를 맡기시고 그에 따른 기업과 보수로 제물과 십일조를 취하게 하셨다.(18:1~3,6,8~9,19~21,24,31)

2. 응답 - 하나님은 선택한 다윗의 기도를 들으시고 핍박에서 건져 주시는 구원의 증거를 베풀어 주셨다.
1) 다윗은 자기에게 근심과 핍박을 주는 원수가 가까운 동료와 친구라고 하면서 하나님이 간섭하셔서 구원해 주실 것을 간절히 간구했다.(1~5,10~17)
2) 다윗은 선민에게 모든 짐을 여호와께 맡기라고 하면서 자신은 오직 주를 의지한다고 고백했다.(22~23)

3. 징조 - 하나님은 선택한 이사야에게 처녀가 잉태하여 아들을 낳는 임마누엘의 증거를 예언하게 하셨다.
1) 여호와 하나님은 이사야를 통해 아하스 왕에게 아람의 르신 왕과 이스라엘의 베가 왕의 동맹과 대적을 두려워하지 말고 하나님의 역사를 굳게 믿으라고 말씀하셨다.(1~4,7,9)
2) 여호와 하나님은 아하스 왕에게 임마누엘의 징조를 예언해 주셨다.(11~12,14~16)

4. 교훈 - 하나님은 선택한 야고보를 통해 믿는 형제들에게 행함의 지침인 여러 가지 교훈을 증거로 주셨다.
1) 그리스도의 종 야고보는 흩어져 있는 열두 지파 형제들에게 시험, 인내, 지혜에 관한 교훈을 가르쳐 주었다.(2~8,12~15)
2) 야고보는 형제들에게 듣기, 성내지 않기, 말씀 받기, 실천하기, 경건하기에 관한 행함의 지침을 가르쳐 주었다.(19~22,25~27)

기도

1. 주여, 선택함과 구원함을 받은 우리에게 세상 사람들이 볼 수 있는 증거와 표징이 나타나게 하옵소서.
2. 주여, 잘 듣고 성내지 않으며 말씀을 받아 실천하고 늘 인내하는 경건한 그리스도인이 되게 하옵소서.

하나님은 참 성도가 살 길을 권면하신다

핵심구절

제 목	하나님은 참 성도가 살 길을 권면하신다			
성경본문	민수기 19장	시편 56~57편	이사야 8~9장 7절	야고보서 2장
개별주제	정결 - 속죄와 잿물	찬양 - 내편과 새벽	경외 - 말씀과 평강	믿음 - 사랑과 행함
핵심구절	2~3,6~7,9,11~12 14~18	56:1~5,8~12 57:1~3,6~10	8:1~4,6~7,9~13,16~20 9:2~4,6~7	1~5,8~10,12~17, 19~22,26

묵상(매일묵상, 구역예배, 성경공부)

1. 정결 - 하나님은 범죄와 시체로 더러워진 백성에게 속죄제의 잿물로 씻어 정결하게 하라고 권면하셨다.
　　1) 여호와 하나님은 모세를 통해서 이스라엘 자손이 아직 멍에 메지 아니한 붉은 암송아지를 속
　　　죄제로 드리게 한 후 그 재를 사용하여 부정을 씻는 예전을 행하도록 정결예식을 제정해 주셨
　　　다.(2~3,6~7,9)
　　2) 여호와 하나님은 시체나 뼈나 무덤을 만진 자나 부정해진 그릇들은 잿물로 씻어 정결하게 하라고
　　　명령하셨다.(11~12,14~18)

2. 찬양 - 다윗은 원수의 압제와 재앙 중에 있었으나 하나님을 의지하고 찬송하며 부르짖는다고 고백했다.
　　1) 다윗은 원수의 압제 속에서 두려움을 느꼈으나 하나님을 의지하고 그 말씀을 찬양하며 눈물로 기도
　　　함으로 응답을 받아 하나님이 내편이심을 알았다고 고백했다.(56:1~5,8~12)
　　2) 다윗은 사울이 일으킨 재앙들 중에 있었으나 하나님께 부르짖고 마음을 확정하여 노래하며 새벽을
　　　깨우고 감사하며 찬송한다고 고백했다.(57:1~3,6~10)

**3. 경외 - 이사야는 자녀의 이름을 통해 하나님의 심판을 예고한 후 그를 경외하며 말씀을 따르라고 권면했
　　다.**
　　1) 여호와 하나님은 이사야에게 아들을 낳으면 그 이름을 마헬살랄하스바스라 작명하게 하여 범죄한
　　　이스라엘이 앗수르에게 노략당할 것을 예언하게 하셨다.(8:1~4,6~7)
　　2) 이사야는 이스라엘에게 임마누엘의 하나님을 두려워하며 그의 증거의 말씀과 율법과 징조와 예표
　　　를 믿고 따르라고 권면했다.(8:13,18~20)
　　3) 이사야는 흑암에 행하던 백성과 그늘진 땅에 거주하던 자에게 평강의 왕이 오신다고 예언했
　　　다.(9:2~4,6~7)

4. 믿음 - 야고보는 믿는 형제들에게 차별이 없는 사랑과 행함이 있는 믿음을 보이라고 권면했다.
　　1) 야고보는 흩어져 있는 열두 지파 형제들에게 사람을 차별하지 말라고 권면했다.(1~5,8~10,12~13)
　　2) 야고보는 흩어져 있는 열두 지파 형제들에게 행함이 있는 믿음을 보이라고 권면했다.
　　　(14~17,20~22,26)

기도

1. 주여, 날마다 죄 가운데 살아가는 저희가 회개를 통하여 주의 보혈로 정결하게 씻음을 받게 하옵소서.
2. 주여, 고난 중에서도 찬송과 기도를 잃지 않게 하시고 오직 행함있는 믿음으로 승리하게 하옵소서.

하나님은 늘 사랑과 공의로 다스리신다

핵심구절

제 목	하나님은 늘 사랑과 공의로 다스리신다			
성경본문	민수기 20장	시편 58~59편	이사야 9장 8~10장 4절	야고보서 3장
개별주제	물 - 반석과 거룩	힘 - 요새와 노래	죄 - 진노와 저주	의 - 행함과 지혜
핵심구절	1~8,10~18,21,24~26 29	58:1~2,4~7,10~11 59:1~5,7,9~10,12~13 16~17	9:8~13,16~17,19~21 10:1~4	1~2,4~6,8~11,13 17~18

묵상(매일묵상, 구역예배, 성경공부)

1. 물 - 하나님은 이스라엘 자손의 원망을 아시면서도 반석에서 물이 솟아나게 하시는 사랑을 보여 주셨다.

    1) 이스라엘 자손이 신 광야에 이르러 가데스에 머물 때에 그 곳에 물이 없음으로 모세와 아론을 원망하였으나, 하나님은 모세를 통해 반석에서 물이 나게 하심으로 거룩함을 나타내셨다.(1~8,10~13)

    2) 모세는 가나안 땅으로 가기 위해 에돔 왕에게 그의 땅을 지나 갈 것을 요청하였으나 에돔 왕은 용납하지 아니하였고, 이 즈음에 아론은 호르 산 꼭대기에서 죽었다.(14~18,21,24~26)

2. 힘 - 하나님은 다윗의 간구를 들으시고 그의 힘이 되어주사 원수로부터 건져내시는 사랑을 보여 주셨다.

    1) 다윗은 통치자들과 재판관들이 그 거짓됨으로 인해 하나님의 심판을 받는다고 말했다. (58:1~2,4~7,11)

    2) 다윗은 힘과 요새가 되시는 자기의 하나님이 악을 토하고 저주와 거짓말을 하는 원수들에게로부터 자기를 온전히 건져주시고, 그로 인해 자기는 노래하며 찬송한다고 말했다. (59:1~5,7,9~10,12~13,16~17)

3. 죄 - 하나님은 이스라엘 백성의 넘쳐나는 죄악을 보시고 맹렬한 진노를 통하여 공의를 보여 주셨다.

    1) 이사야는 이스라엘의 죄가 관영함을 고발한 후 하나님의 진노가 맹렬할 것을 예언했다. (9:8~13,16~17)

    2) 이사야는 이스라엘의 불법과 불공평과 박탈과 토색과 약탈하는 자에게 주의 저주를 선포했다. (10:1~4)

4. 의 - 하나님은 위로부터의 지혜를 주시는 사랑을 통하여 말과 행함과 의의 열매를 거두게 하셨다.

    1) 야고보는 말과 혀의 중요성을 언급하고 한 입에서 단물과 쓴물을 낼 수 없다고 말했다. (1~2,4~6,8~11)

    2) 야고보는 지혜와 총명이 있는 자는 온유함으로 행함을 보이고, 위로부터 난 지혜 즉 성결, 화평, 관용, 양순, 긍휼, 선한 열매, 편견과 거짓이 없음, 화평으로 심어 의의 열매를 거둔다고 말했다. (13,17~18)

기도

1. 주여, 생활 속에서 어려움을 만날지라도 원망보다는 기도와 찬양을 실천하게 하옵소서.
2. 주여, 말을 조심하게 하시고 성결, 화평, 관용, 양순, 긍휼, 진실을 실천하는 지혜로 살게 하옵소서.

주님의 선하심에 도전하면 벌을 받는다

핵심구절

제 목	주님의 선하심에 도전하면 벌을 받는다			
성경본문	민수기 21장	시편 60~61편	이사야 10장 5~34절	야고보서 4장
개별주제	거역 - 불뱀과 점령	의지 - 간구와 서원	교만 - 심판과 진노	정욕 - 비방과 자랑
핵심구절	4~9,16~17,20~24 31~35	60:1,3~5,10~12 61:1~5,7~8	5~7,12~21,24~25,27 33~34	1~3,6~8,10~11,13~14 16~17

묵상(매일묵상, 구역예배, 성경공부)

1. 거역 - 이스라엘 백성은 하나님을 원망하고 아모리 왕 시혼과 바산 왕 옥은 거역함으로 벌을 받았다.
   1) 이스라엘 백성이 우회하는 길로 인해 하나님과 모세를 향하여 원망하자 하나님은 불뱀을 보내어 물게 하셨고 동시에 모세에게 놋뱀을 만들어 살게 하셨다.(4~9)
   2) 하나님은 이스라엘 백성에게 길을 열어주지 않고 싸움을 걸어온 아모리 왕 시혼과 바산 왕 옥을 모세의 손에 넘기셔서 그 땅을 점령케 하셨다.(21~24,33~35)

2. 의지 - 다윗은 피난처와 망대이신 하나님을 의지하여 구원을 받고 대적은 다윗을 억압하다가 벌을 받았다.
   1) 다윗은 사람의 구원은 헛되고 오직 하나님의 구원하심만이 온전함으로, 그를 의지하며 대적의 박해로부터 회복시켜 주실 것을 간절히 간구했다.(60:1,5,10~12)
   2) 다윗은 마음이 약해 질 때에 자기의 피난처와 견고한 망대가 되시는 하나님께 서원을 드리고 인자와 진리로 보호해 주실 것을 간절히 간구했다.(61:1~5,7~8)

3. 교만 - 하나님은 채찍 가운데서 회개하는 남은 자를 돌아오게 하시고 교만한 막대기 앗수르를 벌하셨다.
   1) 하나님은 범죄한 이스라엘을 책망하기 위해 앗수르를 막대기로 사용하셨으나 그는 자기의 능력으로 모든 일을 행하였다고 생각하고 교만하니, 이를 보시고 더 철저히 심판하시겠다고 말씀하셨다.(5~7,12~19)
   2) 하나님은 이스라엘을 향한 채찍을 그치시고 그 남은 자를 구원하여 돌아오게 하시되, 교만한 앗수르에게는 더 큰 진노로 멸하시겠다고 말씀하셨다.(20~21,24~25,33~34)

4. 정욕 - 야고보는 성도들에게 주를 가까이하지 않고 정욕, 마귀, 비방, 자랑을 따르면 벌을 받는다고 했다.
   1) 야고보는 흩어진 열두 지파 성도들에게 오직 정욕이 없는 기도로 소망하는 것을 얻으라고 권했다.(1~3)
   2) 야고보는 열두 지파 성도들에게 마귀를 대적하고 겸손하며 하나님을 가까이 하라고 권했다.(6~8,10)
   3) 야고보는 모든 구원과 심판이 하나님께 있으니 서로 비방하지 말고, 또 내일 일을 계획하며 자랑하지 말고 오직 선을 행하라고 권면했다.(11,13~14,16~17)

기도

1. 주여, 주를 따라가다 고난을 만났을 때 원망하지 않게 하시고 다윗처럼 절대믿음으로 간구하게 하옵소서.
2. 주여, 겸손함으로 하나님을 가까이 하게 하시고 욕심없는 기도와 선행을 실천하게 하옵소서.

주는 마음을 보시고 참 길로 인도하신다

핵심구절

제 목	주는 마음을 보시고 참 길로 인도하신다			
성경본문	민수기 22장	시편 62~63편	이사야 11~12장	야고보서 5장
개별주제	욕심 - 발락과 발람	갈망 - 경건과 도움	회개 - 평화와 노래	인내 - 기도와 찬송
핵심구절	1~3,5~8,12~13,15~23 27~35,38,41	62:1~4,7~8,10~11 63:1~9	11:1~6,9,12~14,16 12:1~5	1~9,11,13~16,19

묵상(매일묵상, 구역예배, 성경공부)

1. 욕심 - 하나님은 발람의 속마음을 보시고 참 길로 인도하려 하셨으나 그는 욕심을 따라 행동했다.

　　1) 모압 왕 발락은 행진하는 이스라엘의 소문을 듣고 번민한 나머지 예언자 발람을 불러 이스라엘을 저주하게하기 위해 고관들을 보냈다.(1~3,5~7)

　　2) 발람은 사신 고관들의 말을 듣고 일차 거절했으나 발락의 거듭되는 초청에 마음이 흔들려 하나님의 진노하심 가운데서도 결국 따라가게 되었다.(12~13,15~23,27~35)

2. 갈망 - 다윗은 심한 위기 가운데 있었으나 오직 마음을 다해 하나님을 갈망함으로 주의 도움을 얻었다.

　　1) 다윗은 자기를 죽이려고 하는 세력 앞에서 오직 마음을 반석, 요새, 피난처, 권능 되시는 하나님께 두고 잠잠히 바라며 기다린다고 고백했다.(62:1~4,7,11)

　　2) 다윗은 황폐한 광야와 자기의 영혼을 찾아 멸하려는 원수들 앞에서, 하나님만을 갈망하고 주의 인자하심을 찬양하며 새벽에 주의 말씀을 읊조릴 때에 주는 자기의 도움이 되셨다고 고백했다.(63:1~9)

3. 회개 - 하나님은 평화의 왕을 보내셔서 회개하고 따라오는 이스라엘 백성에게 평화의 나라를 약속하셨다.

　　1) 하나님은 이새의 뿌리에서 여호와의 영을 가진 영원한 왕이 나게 하셔서, 평화의 땅을 이루고 흩어진 이스라엘 백성을 돌아오게 하시겠다고 말씀하셨다.(11:1~6,12~14,16)

　　2) 이스라엘은 주의 날에, 진노를 그치시고 안위를 베푸시는 구원과 힘의 하나님 여호와께 감사의 노래를 부르게 될 것이라고 이사야는 예언했다.(12:1~5)

4. 인내 - 고난과 핍박이 있을 때 인내와 즐거운 마음으로 함께 기도하면 하나님은 응답의 길로 인도하신다.

　　1) 야고보는 부정한 방법으로 재물을 쌓은 부한 자들에게 고생과 통곡이 임할 것이라고 말했다.(1~6)

　　2) 야고보는 흩어진 열두 지파 성도들에게 인내하며 서로 원망하지 말고 고난을 당할 때 기도하고 즐거울 때 찬송하며 병들었을 때 장로들을 청하여 함께 기도하라고 권면했다.(7~9,11,13~16)

기도

1. 주여, 세상 것에 욕심을 갖지 말게 하시고 하나님의 나라에 마음을 두고 살게 하옵소서.

2. 주여, 죄를 멀리하고 고난이 있을 때 인내하며 즐거울 때는 찬송하고 병들었을 때는 기도하게 하옵소서.

주께 묻거나 말씀을 듣는 자는 승리한다

핵심구절

제　목	주께 묻거나 말씀을 듣는 자는 승리한다			
성경본문	민수기 23장	시편 64~65편	이사야 13장	베드로전서 1장
개별주제	제사 - 제물과 음성	기도 - 양떼와 곡식	예언 - 들음과 전함	지킴 - 칭찬과 권면
핵심구절	1~5,9~13,18~25,27	64:1~5,7~9 65:2~5,8~9,11~13	1~6,9,11,13~17,19 21~22	1~3,6~10,12,14~15 17~19,22~23,25

묵상(매일묵상, 구역예배, 성경공부)

1. 제사 - 발람은 하나님께 제사를 드린 후 말씀을 받아 모압 왕 발락에게 전함으로 유혹에서 승리했다.
　　1) 모압 왕 발락은 장소를 옮겨가며 세 번이나 이스라엘을 저주해 줄 것을 발람에게 요청했다.(13,27)
　　2) 발람은 발락에게 제단 일곱을 쌓고 수송아지 일곱 마리와 숫양 일곱 마리를 준비하게 하여 제사한 후, 하나님이 이스라엘을 사랑하여 저주할 수 없다는 음성을 듣고 발락에게 전했다.(1,4~5,9~12,18~24)

2. 기도 - 다윗은 자기 원수의 악한 언행을 기도하고 주의 선택하심을 입어 영육 간에 승리했다.
　　1) 다윗은 하나님께 원수의 악한 언행을 다 고하고 결국에는 하나님이 도우실 것을 고백했다.(64:1~5,7~9)
　　2) 다윗은 하나님이 주의 뜰에 살게 하신 사람은 죄악을 용서해 주시고 복을 주어 윤택하게 하시며 한 해를 관 씌우셔서 기름을 부어 초장에 양떼와 골짜기에 곡식이 넘치게 하신다고 했다.(65:2~4,8~9,11~13)

3. 예언 - 이사야는 하나님의 말씀을 듣고 바벨론과 이스라엘에게 예언함으로 맡은바 사명감당에 승리했다.
　　1) 이사야는 여호와 하나님이 바벨론을 멸하시는 여호와의 날이 가까웠다고 경고했다.(1~6,9)
　　2) 이사야는 하나님이 교만, 오만, 거만한 바벨론을 메대 사람을 통해 멸하심으로 그 나라가 들짐승의 터가 될 것이라고 예언했다.(11,13,17,19,21~22)

4. 지킴 - 베드로는 흩어져 있는 성도들의 소망, 믿음, 사랑을 칭찬하고 거룩, 경외로 승리할 것을 권면했다.
　　1) 베드로는 순종함과 택하심을 받은 흩어진 성도들이 가지고 있는 예수 그리스도의 부활을 통해 얻게 된 산 소망, 금보다 귀하신 예수를 확실히 믿는 믿음, 그리고 보지 못하였으나 주를 사랑하는 마음을 칭찬했다.(1~3,7~9)
　　2) 베드로는 흩어진 성도들에게 모든 행실에 거룩한 자가 되고 나그네로 있을 때에 두려움으로 지내며 썩지 아니할 하나님의 말씀으로 거듭난 자답게 서로 마음으로 뜨겁게 사랑하라고 권면했다.(14~15,17,22~23)

기도

1. 주여, 믿는 중에 시험과 유혹을 받을지라도 결국에는 순종하여 주께 영광을 돌리는 자가 되게 하옵소서.
2. 주여, 맡은 바 사명을 감당하고 마지막 때까지 믿음, 소망, 사랑, 거룩을 지키는 자가 되게 하옵소서.

절대신앙을 지키면 영광을 보게 하신다

핵심구절

제 목	절대신앙을 지키면 영광을 보게 하신다			
성경본문	민수기 24장	시편 66~67편	이사야 14장	베드로전서 2장
개별주제	예언 - 성령과 열방	경외 - 인자와 심판	경고 - 청소와 회복	모범 - 사모와 인내
핵심구절	1~5,8~11,14~19	66:1~6,9~10,13~14 18~20 67:1~4,6~7	1~7,10~15,18~20 23~27,32	1~5,9~12,16~17,19~24

묵상(매일묵상, 구역예배, 성경공부)

1. 예언 - 발람은 존귀의 유혹에 넘어가지 않는 절대신앙을 지켰음으로 더 큰 예언을 하는 영광을 보았다.

    1) 발람은 하나님이 자신을 선히 여기심을 보고 전과 같이 점술을 쓰지 않고 하나님의 영을 받아 이스라엘을 더욱 축복하는 예언을 했다.(1~5,8~9)

    2) 발람은 이스라엘을 저주하지 않음으로 모압 왕 발락에게 저주의 말을 들었으나 더욱 은혜가 충만하여 모압, 에돔, 아말렉, 겐, 앗수르에 관한 내용까지 전부 예언했다.(10~11,14~19)

2. 경외 - 시편 기자는 거짓없는 기도로 절대신앙을 보였고, 그 결과 주의 인자와 공평한 심판을 보았다.

    1) 시편 기자는 죄악을 품지 않고 진실히 기도함으로 하나님의 인자하심을 얻게 되었다.
    (66:9~10,18~20)

    2) 시편 기자는 하나님이 은혜를 베푸시고 공평히 심판하시니 찬송하고 경외하자고 말했다.
    (67:1~4,6~7)

3. 경고 - 이사야는 절대신앙으로 바벨론과 앗수르에 대한 청소를 경고했고 선민은 회복의 영광을 본다고 했다.

    1) 이사야는 교만한 바벨론이 냉혹하게 심판을 받아 스올로 내려가겠고 이스라엘은 회복될 것이라고 선포했다.(1~6,11~15)

    2) 이사야는 하나님이 멸망의 빗자루로 바벨론과 앗수르를 깨끗이 청소할 것이라고 경고했다.(23~25)

4. 모범 - 베드로는 신령한 젖을 사모하고 선한 행실과 고난을 참는 절대신앙으로 거룩한 제사장이 되라고 했다.

    1) 베드로는 흩어진 성도들에게 모든 악독, 기만, 외식, 시기, 비방하는 말을 버리고 신령한 젖을 사모하며 신령한 제사를 드릴 거룩한 제사장이 되라고 권면했다.(1~5,9~10)

    2) 베드로는 나그네 같은 성도들에게 고난을 이겨내신 예수 그리스도를 본받아 행실을 선하게 갖으며 뭇 사람을 공경하고 부당하게 고난을 받아도 하나님을 생각하며 참으라고 권면했다.(11~12,17,19~21)

기도

1. 주여, 절대신앙을 가지고 모든 유혹과 고난을 능히 이겨내는 참 그리스도인이 되게 하옵소서.

2. 주여, 말씀을 사모하고 그리스도를 본받은 거룩한 제사장이 되어 주께 영광을 돌리는 자가 되게 하옵소서.

계명 준수여부로 삶의 결과가 달라진다

제 목	계명 준수여부로 삶의 결과가 달라진다			
성경본문	민수기 25장	시편 68편	이사야 15장	베드로전서 3장
개별주제	음행 - 진노와 염병	악행 - 버림과 망함	우상 - 경고와 황폐	권면 - 부부와 성도
핵심구절	1~4,6~8,11~13, 17~18	1~5,7,9~10,14,18~21 28~29,32,34~35	1~9	1~4,7~9,13~16, 18~19,21

묵상(매일묵상, 구역예배, 성경공부)

1. 음행 - 이스라엘은 바알브올을 섬기는 모압 여자와 음행함으로 주의 진노하심을 입어 염병에 걸려 죽었다.

　　1) 여호와 하나님은 이스라엘 백성이 싯딤에서 모압 여자들과 함께 바알브올에게 제사하는 일에 가담하는 음행의 모습을 보시고 심히 진노하셨다.(1~4)

　　2) 이스라엘 자손의 온 회중이 회막 문에서 울 때에 시므온 가문의 한 지도자 시므리와 미디안 여인 고스비가 들어옴으로 제사장 아론의 증손자 비느하스가 창으로 죽이니 그들 중에 염병이 그쳤다.(6~8,11,17~18)

2. 악행 - 다윗은 원수와 악인이 거짓된 악행으로 인해 하나님께 버림을 받고 결국 망한다고 고백했다.

　　1) 다윗은 하나님이 원수들, 주를 미워하는 자들, 악인은 망하게 하시고 그의 백성에게는 흡족한 비와 은택을 준비하셨으니 이스라엘은 그의 이름을 찬양하고 그 앞에서 기뻐 뛰며 즐거워하자고 했다.(1~5,9~10,21)

　　2) 다윗은 날마다 우리 짐을 지시고 우리를 사망에서 벗어나게 하시는 구원의 하나님은 이스라엘의 하나님이시니 모든 자들은 하나님께 노래하고 찬송하자고 했다.(19~20,32,34~35)

3. 우상 - 이사야는 여호와 하나님이 우상숭배를 일삼는 모압을 황폐하게 하실 것이라고 경고했다.

　　1) 이사야는 하나님이 그모스 우상 신을 섬기는 모압의 북쪽 지역을 황폐하게 하신다고 경고했다.(1~4)

　　2) 이사야는 하나님이 우상을 숭배하는 모압의 남쪽 지역을 더 황폐하게 하신다고 경고했다.(5~9)

4. 권면 - 베드로는 모든 믿는 자들에게 부부로서 또 믿는 성도 간에 반드시 지켜야 할 계명을 권면했다.

　　1) 베드로는 아내들에게 남편의 구원을 위하여 남편에게 순종하라고 했고 남편들에게는 아내에게 생명의 은혜를 함께 이어받을 자로 알고 귀히 여겨 기도가 막히지 않게 하라고 권면했다.(1~4,7)

　　2) 베드로는 흩어진 성도들에게 한마음, 사랑, 긍휼, 겸손, 복을 빌어 주고 또 의를 위하여 고난을 받으며 근심하지 말고, 소망에 관한 질문의 대답과 선한 양심을 가지라고 권면했다.(8~9,13~16)

기도

1. 주여, 우리의 짐을 져주시고 사망에서 건져주신 은혜에 감사하여 늘 찬송하며 노래하게 하옵소서.

2. 주여, 기도와 복이 막히지 않도록 부부 간에 존중하며 성도 간에 항상 겸손히 행동하게 하옵소서.

하나님의 뜻은 인간의 삶에 역사가 된다

5/17

핵심구절

제 목	하나님의 뜻은 인간의 삶에 역사가 된다			
성경본문	민수기 26장	시편 69편	이사야 16장	베드로전서 4장
개별주제	계수 - 뽑기와 나눔	응답 - 기도와 찬양	예언 - 유다와 모압	고난 - 봉사와 참여
핵심구절	1~4,7,9~11,14,18,22 25,27,33~34,37,41,43 47,50~51,53~56,58~62	1~4,6,9~14,17,19~21 24,27~28,30,32~34	1,3,5~8,10,12,14	1~3,7~13,16,19

묵상(매일묵상, 구역예배, 성경공부)

1. 계수 - 하나님은 이스라엘 자손에게 다시 계수하고 제비를 뽑아 기업을 나누라고 말씀하셨다.

　　1) 하나님은 염병 진노 후에 다시 모압 평지에서 이스라엘 중 20세 이상 능히 전쟁에 나갈 만한 자를 계수하라고 모세와 제사장 엘르아살에게 명령하셨다.(1~4,7,14,18,22,25,27,34,37,41,43,47,50)

　　2) 열 두 지파의 계수한 총수는 601,730명이었고 그 수에 따라 제비뽑아 기업을 나눠 주었으며, 레위인은 23,000명이었는데 총 계수에 들지 않았으니 기업이 없기 때문이었다.(51,53~56,62,65)

2. 응답 - 다윗은 심한 시련과 대적자들의 비방, 수치, 능욕을 주께 기도하고 응답을 받음으로 찬양했다.

　　1) 다윗은 수렁과 큰 물이 넘침같이 원수들로부터 심한 시련을 겪으므로 피곤하고 지쳤지만 자기로 인해 다른 사람들이 수치를 당하지 않게 하시고 자기도 건져 달라고 하나님께 기도했다.(1~4,6,9~14,17)

　　2) 다윗은 대적자들의 비방과 수치와 능욕이 충만하여 사람을 의지하려고 찾았으나 없어 하나님께 그들을 생명책에서 지위 달라고 간절히 기도하고 주를 더 찬양하겠다고 고백했다.(19~21,27~28,30,32~34)

3. 예언 - 하나님은 이사야에게 유다와 모압의 미래에 대해 예언하라고 말씀하셨다.

　　1) 여호와 하나님은 모압으로 하여금 유다에게 조공을 받쳐 자신들의 피난처를 얻으라고 이사야를 통해 말씀하셨다.(1,3,5)

　　2) 여호와 하나님은 이사야를 통해 교만한 모압은 완전히 멸망한다고 예언케 하셨다.(6~8,10,12,14)

4. 고난 - 하나님은 베드로를 통해 흩어진 성도들에게 사랑, 대접, 봉사, 고난의 삶을 살라고 말씀하셨다.

　　1) 베드로는 흩어진 성도들에게 그리스도의 고난에 참여하는 자가 복이 있다고 말했다.(1,12~13,16,19)

　　2) 베드로는 성도들에게 근신하여 기도하고, 뜨겁게 서로 사랑하며, 대접하고, 선한 청지기 같이 은사를 사용하여 서로 봉사하며, 말을 할 때에는 하나님의 말씀으로 하는 것 같이 하라고 말했다.(7~11)

기도

1. 주여, 성경을 통해 주의 말씀을 듣고 그 지시하심을 따라 순종함으로 복을 받게 하옵소서.
2. 주여, 성도 간에 서로 사랑하고 봉사하면서 함께 그리스도의 고난에 참여하는 교회가 되게 하옵소서.

주님은 세상을 합리적으로 통치하신다

제　목	주님은 세상을 합리적으로 통치하신다			
성경본문	민수기 27장	시편 70~71편	이사야 17~18장	베드로전서 5장
개별주제	합당 - 기업과 후계자	타당 - 중보와 고백	적당 - 멸망과 위로	온당 - 장로와 젊은이
핵심구절	1~5,7~13,15~20	70:1~2,4~5 71:1~9,14~15,18~23	17:1,3~8,11,13 18:1,4~7	1~3,5~10

묵상(매일묵상, 구역예배, 성경공부)

1. 합당 - 하나님은 딸들에게도 합당한 기업을 주시고 모세를 거두실 때 준비된 여호수아를 세우셨다.
   1) 하나님은 아들이 없는 슬로브핫의 딸들에게 기업을 이어 받게 하라고 모세에게 말씀하셨다.(1~4,7~11)
   2) 모세는 하나님께 죽음을 예고 받자, 이스라엘 자손을 인도할 한 사람을 선택해 달라고 기도하고 주의 뜻에 따라 여호수아를 안수하여 후계자로 세웠다.(12~13,16~20)

2. 타당 - 하나님은 다윗이 타당한 기도를 드리므로 이를 응답하시고 그의 요새요 피난처가 되어 주셨다.
   1) 다윗은 하나님께 자기의 영혼을 찾는 자들에게서 건져달라고 간구하고, 주를 찾는 자들과 주의 구원을 사랑하는 자들이 항상 하나님은 위대하시다 고백하게 해 달라고 기도했다.(70:1~2,4~5)
   2) 다윗은 자기를 수치와 악인의 손에서 건져주시는 하나님은 숨을 바위시요 반석이시요 요새시요 소망이시요 견고한 피난처시라고 고백하고, 늙고 백발이 될 때에도 버리지 말아달라고 간구했다.(71:1~9,14~15,18~23)

3. 적당 - 하나님은 이사야를 통해 다메섹과 에브라임과 열방에게 멸망을, 구스에게 적당한 위로를 주셨다.
   1) 이사야는 하나님이 다메섹과 에브라임과 열방을 심판하시되 조금은 남겨 두신다고 예언했다.(17:1,3~8,13)
   2) 하나님은 이사야를 통해서 구스에게 말씀하시기를 때가 되면 강한 나라가 예물을 가지고 이스라엘에게 나오는 회복을 볼 것이니 너희는 두려워하지 말고 지켜보라고 하셨다.(18:1,4~7)

4. 온당 - 하나님은 베드로를 통해 교회의 지도자와 성도들이 온당히 감당해야 할 의무와 책임을 말씀하셨다.
   1) 베드로는 하나님의 양무리를 치는 장로들에게 자원함으로 하되 더러운 이득을 위하여 하지 말고 기꺼이 하며 주장하는 자세로 하지 말고 본이 되도록 하라고 권면했다.(1~3)
   2) 베드로는 젊은 자들인 성도들에게 하나님의 능하신 손 아래에서 겸손하고, 염려를 다 주께 맡겨 버리며, 근신하고 깨어서 마귀를 대적하면 은혜의 하나님이 온전하고 강하게 도우신다고 권면했다.(5~10)

1. 주여, 항상 주어진 일에 최선을 다하게 하시고 때가 되면 지혜로운 후계자를 세우게 하옵소서.
2. 주여, 항상 목회자는 본이 되게 하시고 성도들은 겸손하며 깨어 영적 전쟁에 승리하게 하옵소서.

주님은 인생의 모든 영역을 주관하신다

핵심구절

제 목	주님은 인생의 모든 영역을 주관하신다			
성경본문	민수기 28장	시편 72편	이사야 19~20장	베드로후서 1장
개별주제	종교 - 절기와 제사	정치 - 공의와 평강	경제 - 피폐와 포로	교육 - 성품과 말씀
핵심구절	2~4,9~11,15~19, 23,26,31	1~2,4~5,7,9~13,15 17~20	19:1~3,7~10,12~14 19~22 20:1~5	3~11,14~16,19~21

묵상(매일묵상, 구역예배, 성경공부)

1. 종교 - 하나님은 모세를 통하여 이스라엘 자손에게 종교적인 지침을 주셨다.
  1) 여호와 하나님은 이스라엘 자손에게 매일, 안식일, 초하루, 유월절과 무교절, 칠칠절에 온전한 제사를 드리라고 명령하셨다.(2~4,9,11,16~19,26)
  2) 모든 절기의 제사는 매일 상번제와 그 전제 외에 드리는 번제가 되게 하라고 하셨다.(10,15,23,31)

2. 정치 - 하나님은 공의로운 왕을 세우셔서 가난한 백성을 평강가운데로 인도하신다고 말씀하셨다.
  1) 다윗은 여호와께 자기와 솔로몬에게 백성을 온전히 다스릴 판단력과 공의를 달라고 기도했다.(1~2,20)
  2) 하나님은 왕을 공의롭게 하셔서 가난한 백성의 억울함을 풀어주고 궁핍한 자의 자손을 구원하며 압박하는 자를 꺾으므로 그 나라가 흥왕하여 평강이 풍성하게 하실 것이라고 했다.(4,7,9,12~13,17~19)

3. 경제 - 하나님은 우상을 섬기는 애굽과 구스가 포로가 되어 경제적으로 곤핍하게 될 것을 말씀하셨다.
  1) 하나님은 이사야를 통해 애굽이 우상숭배로 인해 경제적으로 피폐하게 될 것이나 여호와가 자신을 알게 하기 위하여 다시 고치시고 경배를 받으실 것이라고 말씀하셨다.(19:1~3,7~10,12~14,19~22)
  2) 하나님은 이사야의 벗은 몸과 벗은 발을 징조와 예표로 삼아 애굽과 구스가 앗수르에 끌려가서 포로가 될 것을 미리 예언해 주셨다.(20:1~5)

4. 교육 - 하나님은 베드로를 통해 성도들에게 신성한 성품과 성경의 말씀에 바로 설 것을 교육하셨다.
  1) 베드로는 보배로운 믿음을 받은 자들에게 신성한 성품에 참여하고 부르심과 택하심을 굳게 하여 넉넉히 영원한 나라에 들어가라고 교육했다.(3~11)
  2) 베드로는 예수 그리스도의 능력과 강림을 친히 본 자로서 성경의 모든 예언을 말하고 풀 때 성령의 감동하심을 받은 사람이 하나님께 받아 전하는 것이라고 가르쳤다.(14~16,19~21)

기도

1. 주여, 주님이 주신 모든 절기를 성실하게 지킴으로 하나님께 영광을 돌리는 백성이 되게 하옵소서.
2. 주여, 공의로운 지도자를 세워 주사 이 민족이 피폐하지 않고 평강 가운데 살게 하옵소서.

주의 보호하심은 경고함에서 시작된다

5/20

핵심구절

제 목	주의 보호하심은 경고함에서 시작된다			
성경본문	민수기 29장	시편 73편	이사야 21장	베드로후서 2장
개별주제	알림 - 절기와 제사	경각 - 황폐와 사모	경고 - 나라와 선민	경계 - 선생과 성도
핵심구절	1~2,6~7,11~13,16~17 20,23,26,29,32,35,39	1~8,11~14,16~19 22~25,28	1~2,6~9,11~16	1~3,6~7,10,12~14 17~21

묵상(매일묵상, 구역예배, 성경공부)

1. 알림 - 하나님은 이스라엘 자손에게 복을 주시고 지켜주시기 위하여 절기와 제사 방법을 알려 주셨다.
   1) 여호와 하나님은 이스라엘 자손에게 일곱째 달 초하루, 일곱째 달 열흘 날 속죄일, 장막절 8일 간의 절기를 지키라고 명령하셨다.(1~2,7,12~13,17,20,23,26,29,32,35)
   2) 모든 제사는 그 달의 번제와 그 소제, 상번제와 그 소제, 그 전제 외에 그 규례를 따라 향기로운 냄새로 화제를 통해 여호와께 드리라고 말씀하셨다.(6,11,16,39)

2. 경각 - 하나님은 아삽이 악인의 황폐와 전멸을 보고 경각케 하심으로 그 영혼이 주를 사모하게 하셨다.
   1) 아삽은 악인의 형통함과 강건함과 풍부함을 보고 깨닫기 전에는 질투하였다고 고백했다.(2~8,11~12)
   2) 아삽은 자신이 마음을 깨끗하게 하고 손을 씻어 정직하게 사는 것이 다 헛되다고 생각하다가 악인들이 갑자기 황폐하며 전멸하는 것을 보고 주 밖에 사모할 자가 없다고 고백했다.(13,16~19,22~23,25,28)

3. 경고 - 하나님은 이사야를 통해 바벨론, 두마, 아라비아의 멸망을 경고하시고 믿는 자의 신앙을 보호하셨다.
   1) 이사야는 마병대가 쌍쌍이 쳐들어와 바벨론의 조각한 신상들을 다 부숴버리고 성을 함락하는 모습을 보고 바벨론의 처절한 멸망을 예언했다.(1~2,6~9)
   2) 이사야는 두마와 아라비아의 멸망을 경고했다.(11~16)

4. 경계 - 베드로는 거짓 선생들의 행동, 특징, 최후를 말하고 성도가 쫓지 않도록 주의하라고 경고했다.
   1) 베드로는 거짓선지자요 거짓 선생들이 이단을 끌어들이고 죄된 행동과 탐심의 말을 함으로 멸망으로 인도함을 경계하라고 권면했다.(1~3,10)
   2) 베드로는 거짓 선생들의 특징과 최후를 구체적으로 설명하고 그들은 물 없는 샘이요 개와 돼지 같은 존재라고 말했다.(12~14,17~21)

기도

1. 주여, 우리가 하나님과의 올바른 관계를 유지하기 위하여 명령하신 예배를 온전히 드리게 하옵소서.
2. 주여, 말세에 나타나는 많은 거짓 선생과 이단을 주의하고 주의 가르침만 따르는 자가 되게 하옵소서.

주는 말씀을 경히 여기는 자를 멸하신다

제 목	주는 말씀을 경히 여기는 자를 멸하신다			
성경본문	민수기 30장	시편 74편	이사야 22장	베드로후서 3장
개별주제	서원 - 지킴과 예외	간구 - 돌봄과 심판	예언 - 유다와 셉나	주의 - 미혹과 행실
핵심구절	2~8,13	1~2,4~7,9~12,18~19 21~23	1~5,8~21,25	3~7,9~14,17

묵상(매일묵상, 구역예배, 성경공부)

1. 서원 - 하나님은 이스라엘 자손에게 서원한 것은 반드시 지키라고 말씀하시되 예외를 두셨다.
   1) 하나님은 이스라엘 자손들에게 서원한 것은 반드시 지키라고 모세를 통해 명령하셨다.(2~4,6~7)
   2) 하나님은 여자가 서원한 것은 아버지나 남편이 허락하지 않으면 사하여진다고 말씀하셨다.(5,8,13)

2. 간구 - 아삽은 불쌍한 하나님의 백성을 돌보아 주시고 주의 말씀의 대적자는 심판해 달라고 간구했다.
   1) 아삽은 학대 받고 가난하며 궁핍한 하나님의 백성을 돌보아 주실 것을 간절히 간구했다.(1~2,19,21)
   2) 아삽은 여호와께 주의 대적의 행실을 고발하고 그들을 심판해 주실 것을 간구했다.
   (4~7,10~11,18,22~23)

3. 예언 - 하나님은 자신을 공경하지 않고 말씀을 거역하는 유다 백성과 셉나를 멸하신다고 말씀하셨다.
   1) 하나님은 유다의 공경하지 않음과 먹고 마시는 죄악을 보시고 그들을 용서하지 않으시고 포위와 침략을 통해 그들이 패망하게 될 것을 이사야를 통해서 예언하셨다.(1~5,8~14)
   2) 하나님은 유다의 국고와 왕궁을 맡은 서기관 셉나의 부정부패를 지적하시고 그의 멸망을 이사야를 통해서 예언하셨다.(15~19)

4. 주의 - 베드로는 말세에 주의 말씀을 조롱하는 무법자를 주의하고 거룩한 행실과 경건을 지키라고 말했다.
   1) 베드로는 주의 강림하시는 날 즉 하나님의 날에 대하여 조롱하는 자들이 와서 자기의 정욕대로 행할 것을 가르쳐 주고 그 무법한 자들의 미혹에 넘어가지 않도록 주의하라고 권면했다.(3~7,9,17)
   2) 베드로는 주의 날이 도둑같이 오리니 거룩한 행실과 경건함으로 점도 없고 흠도 없이 자기를 지키라고 권면했다.(10~14)

기도

1. 주여, 신앙생활을 하면서 하나님께 서원한 것이 있다면 기억나게 하시고 반드시 지키게 하옵소서.
2. 주여, 말세에 재림을 조롱하고 정욕을 쫓아 무법하게 행동하는 자를 멀리하고 경건을 지키게 하옵소서.

주는 우리가 주의 사역을 알기 원하신다

핵심구절

제 목	주는 우리가 주의 사역을 알기 원하신다			
성경본문	민수기 31장	시편 75~76편	이사야 23장	요한일서 1장
개별주제	분배 - 용사와 전리품	경배 - 경외와 서원	이전 - 멸망과 영광	사귐 - 전함과 자백
핵심구절	1~4,6,8,12,14~16 19~20,25~30,41,47~50	75:1~2,4~5,7,9~10 76:1~3,6~7,9,11	1~2,4,6~9,12,14~15 17~18	1~10

묵상(매일묵상, 구역예배, 성경공부)

1. 분배 - 하나님은 이스라엘의 원수를 멸하기 원하시며 이스라엘 선민이 정결하고 분배하길 원하신다.

1) 여호와께서는 모세에게 이스라엘 자손의 원수, 여호와의 원수를 미디안에게 갚으라고 명령하셨음으로 모세는 이스라엘 열 두 지파 각 천명씩을 소집하여 미디안과 브올의 아들 발람을 칼로 쳤다.(1~4,6,8)

2) 모세는 싸움에서 돌아온 천부장들과 백부장들에게 먼저 정결하게 씻으라고 하고 그 모든 전리품을 제사장과 레위인과 백성들에게 나눠 주라고 명령했다.(14~16,19~20,25~30,48~50)

2. 경배 - 하나님은 악인을 심판하시고 의인을 높이시며 친히 시온에서 경배를 받으시고 거하시길 원하신다.

1) 아삽은 하나님이 정한 기약이 이를 때에 오만하고 교만한 악인은 심판하시고 겸손한 의인은 그 뿔을 높이시므로 감사하며 찬송한다고 고백했다.(75:1~2,4~5,7,9~10)

2) 아삽은 하나님의 전능하심과 크고 강하심을 선포하고 그가 세상의 모든 힘과 교만을 치신 후 이스라엘의 시온에서 경외와 서원을 받으시며 거하신다고 선포했다.(76:1~3,6~7,9,11)

3. 이전 - 하나님은 타락한 나라를 멸망시키고 다시 일어나도 그 영광은 주의 백성에게 이전시키신다.

1) 이사야는 두로와 시돈이 무역을 통해 세상적으로 찬란한 영화를 누렸으나 교만함과 쾌락을 쫓음으로 여호와께 심판을 받아 처절하게 멸망당함을 예언했다.(1~2,4.6~9,12,14~15)

2) 이사야는 여호와께서 다시 두로를 권고하심으로 그들이 부요하게 되겠지만 그 모든 것은 하나님께 예물로 바쳐지거나 여호와 앞에 거하는 자의 몫이 될 것이라고 예언했다.(17~18)

4. 사귐 - 요한은 자기가 만난 예수를 전함으로 사귐이 있고 죄의 자백을 통해 더 온전한 사귐이 된다고 했다.

1) 사도 요한은 생명의 말씀이신 예수에 대하여 자신이 들은 바요 본 바요 손으로 만진 바라고 말하면서 모든 자들에게 그리스도를 전함으로 서로 사귐이 있게 하려 한다고 했다.(1~3)

2) 사도 요한은 하나님은 빛이시니 우리가 하나님과 사귐이 있다고 하면서 어둠 가운데 행하면 거짓말을 하고 진리를 행하지 않는 것이니 죄를 자백하고 사함을 얻어야 한다고 말했다.(5~9)

기도

1. 주여, 저희가 수고하여 얻은 것을 항상 서로 나눔으로 평안하고 견고한 공동체를 이루어가게 하옵소서.
2. 주여, 성부 하나님과 예수 그리스도와 성령을 온전히 믿고 의지함으로 더 깊은 사귐을 갖게 하옵소서.

주는 책임있는 신앙생활을 기뻐하신다

제 목	주는 책임있는 신앙생활을 기뻐하신다			
성경본문	민수기 32장	시편 77편	이사야 24장	요한일서 2장
개별주제	책임 - 기업과 점령	반성 - 회의와 기억	징벌 - 황폐와 영화	준행 - 계명과 거함
핵심구절	1~2,4~9,11~13,16~19 21~22,24,29~30,33	1~4,7~13,19~20	1~6,9,11,13,15~16 19~23	1~5,8~11,14~16,18, 20,22~23,25,27~28

묵상(매일묵상, 구역예배, 성경공부)

1. 책임 - 르우벤과 갓 자손은 요단 동쪽의 땅을 기업으로 요청하고 서쪽 땅의 점령에 대해 책임지겠다고 했다.

　　1) 르우벤 자손과 갓 자손은 모세, 제사장 엘르아살, 회중 지휘관들에게 나아와 요단 강 동쪽의 땅을 요구하고, 자신들은 요단 서쪽 땅을 모두 점령할 때까지 함께 싸우겠다고 약속했다.(1~2,4~5,16~19)

　　2) 모세는 자초지종을 듣고 난 후 르우벤 자손과 갓 자손에게 조건적 약속을 책임있게 지킬 것을 명령하고 동쪽의 시혼과 옥의 땅을 주었다.(21~22,29,33)

2. 반성 - 아삽은 환난 중에 하나님에 대한 회의가 일어났으나 반성하고 책임있는 신앙고백을 했다.

　　1) 아삽은 환난 날에 주를 찾고 부르짖었으나 침묵하시는 하나님에 대하여 회의를 느꼈다.(1~4,7~9)

　　2) 아삽은 자기의 잘못을 뉘우친 후 다시 하나님의 역사하심을 기억하고 송축하며 책임있는 신앙고백을 했다.(10~13,19~20)

3. 징벌 - 하나님은 땅이 율법을 범하고 율례를 어기며 책임있는 행동을 하지 않음으로 징벌을 내리셨다.

　　1) 여호와께서 땅과 그 주민이 율법을 범하고 율례를 어기며 영원한 언약을 깨뜨렸음으로 그 땅을 저주하여 황폐하게 하시겠다고 예언하였다.(1~6,11,13,19~22)

　　2) 이사야는 이 모습을 본 무리들이 동방에서 여호와를 영화롭게 하며 모든 섬에서 이스라엘의 하나님 여호와의 이름을 영화롭게 할 것이라고 예언했다.(15~16,23)

4. 준행 - 요한은 성도가 적그리스도에게 미혹되지 않고 계명을 지키는 책임있는 삶을 살아야 한다고 말했다.

　　1) 요한은 대언자 예수 그리스도 안에서 계명을 지키는 자, 형제를 미워하지 않고 사랑하는 자, 세상을 사랑하지 않는 자는 진리 속에 있는 자요 하나님 안에 있는 자라고 말했다.(1~5,8~10,15~16)

　　2) 요한은 예수의 인성과 그리스도이심을 부인하는 적그리스도에게 미혹되지 말고 영원한 생명을 약속하시고 기름부음을 주신 예수 안에 거하라고 권면했다.(18,22~23,25,27~28)

기도

1. 주여, 나의 축복과 믿는 형제의 축복을 항상 함께 이루어 가는 책임적 삶을 살게 하옵소서.
2. 주여, 자기 안에서 회의나 이단의 미혹에 빠지지 않게 하시고 오직 주 안에 거하게 하옵소서.

성경은 주의 성실하심을 증거하고 있다

제 목	성경은 주의 성실하심을 증거하고 있다			
성경본문	민수기 33장	시편 78편 1~37절	이사야 25장	요한일서 3장
개별주제	인도 - 노정과 점령	제공 - 음식과 쉴 곳	기사 - 성실과 진실	사랑 - 행함과 진실함
핵심구절	2~4,7~11,14,38~39, 48,51~56	1~2,4~8,10~11,14~15 17~20,22,27,29,32~37	1~4,6,8~11	1~3,6~10,14~19,21~23

묵상(매일묵상, 구역예배, 성경공부)

1. 인도 - 하나님은 이스라엘 자손을 계획하신 노정대로 인도하시고 약속의 땅을 점령하도록 함께 하셨다.
  1) 모세는 여호와의 명령대로 그 노정을 따라 이스라엘 자손이 행진한 것을 기록하였다.(2~4,8~10,38,48)
  2) 하나님은 이스라엘 자손에게 가나안 땅을 점령하여 거주하되 그 땅의 원주민을 너희 앞에서 몰아내고 우상을 깨뜨리며 산당을 헐어 너희 눈의 가시와 옆구리에 찌르는 것이 되지 않게 하라고 말씀하셨다.(51~56)

2. 제공 - 하나님은 이스라엘 자손이 원하는 물과 고기와 쉴 곳을 제공하시고 원망 중에도 오래 참으셨다.
  1) 아삽은 백성에게 조상의 출애굽 역사와 그 중에 불순종한 일들을 언급하면서 후손으로 하여금 조상을 본받지 말고 소망을 하나님께 두며 그의 계명을 지키는 자들이 되게 하라고 권고했다.(1,4~8,10~11)
  2) 특히 아삽은 조상이 탐욕으로 심중에 하나님을 시험한 일, 기이한 일을 믿지 않고 의지하지 않은 일, 아첨하며 거짓을 말한 일, 주께 정함이 없고 언약에 성실하지 못한 일을 지적했다.(17~20,22,32~37)

3. 기사 - 이사야는 하나님이 모든 기사를 성실과 진실로 행하시며 온 인생을 친히 다스리신다고 고백했다.
  1) 이사야는 여호와 하나님이 행하신 모든 기사와 표적의 성실함과 진실함을 찬양하고, 강한 민족에게는 영광을 받으시며 빈궁하고 가난한 자에게는 요새와 피난처가 되어 주신다고 고백했다.(1~4)
  2) 이사야는 만군의 여호와가 만민을 위하여 연회를 베푸시고, 사망을 영원히 멸하셔서 얼굴에서 눈물을 씻기시며, 하나님을 기다리는 자를 친히 구원하신다고 예언했다.(6,8~9)

4. 사랑 - 요한은 예수가 우리를 속죄의 사랑으로 구원하셨으니 우리도 서로 사랑하여 영생에 이르자고 했다.
  1) 사도 요한은 예수 그리스도의 속죄하심으로 하나님의 자녀가 된 성도들은 마귀에게 미혹되지 않고 마귀의 일을 멸하며 죄를 짓지 않아야 하나님께 속한 자가 된다고 말했다.(1~3,6~10)
  2) 사도 요한은 믿는 형제들이 서로 사랑함으로 생명에 들어간 것이니 말과 혀로만 사랑하지 말고 행함과 진실함으로 하여 주께 무엇을 구하든지 응답받는 자가 되자고 말했다.(14~19,21~23)

기도

1. 주여, 항상 우리의 인생 여정을 인도하시고 축복해 주시는 하나님을 찬양하며 경배하게 하옵소서.
2. 주여, 서로 사랑함으로 마귀의 일을 멸하고 담대히 하나님께 나아가 간구하는 깊은 영성을 주옵소서.

주님은 자기 백성을 끝까지 책임지신다

핵심구절

제 목	주님은 자기 백성을 끝까지 책임지신다			
성경본문	민수기 34장	시편 78편 38~72절	이사야 26장	요한일서 4장
개별주제	기업 - 경계와 사람	긍휼 - 인도와 양육	평강 - 성읍과 백성	사랑 - 분별과 실천
핵심구절	1~3,6~7,10,12~13, 15,17~19,29	38~42,52~60,65~66 68~72	1~4,7~9,12~13,15~17 20	1~3,5~11,13,15~16, 18,20

묵상(매일묵상, 구역예배, 성경공부)

1. 기업 - 하나님은 이스라엘 자손이 받을 기업의 경계와 그 땅의 나눌 자 2명 및 받을 자 10명을 세우셨다.

1) 하나님은 이스라엘 자손에게 약속의 땅 가나안의 동서남북 경계를 가르쳐 주셨다.
   (1~3,6~7,10,12~13)

2) 하나님은 약속의 땅 기업을 나눌 자로 제사장 엘르아살과 여호수아를 세우시고 갈렙을 비롯하여 각 지파에 한 명씩 아홉 명을 세우셨다.(17~19,29)

2. 긍휼 - 하나님은 긍휼하심으로 이스라엘 자손을 인도하시고 땅을 분배하시며 다윗을 통해 기르셨다.

1) 아삽은 하나님이 긍휼하심으로 이스라엘 자손을 애굽과 광야에서 건져내셨다고 고백했다.
   (38~42,52~55)

2) 아삽은 이스라엘 자손이 그 동안 받은 은혜를 다 잊고 하나님을 시험하고 반항하며 배반했으나, 주는 유다 지파와 다윗을 세워 그들을 기르고 지도하게 하셨다고 증언했다.(56~58,65~66,68~72)

3. 평강 - 하나님은 유다 땅에 성읍을 세우시고 그 곳에서 백성은 평강 가운데 노래할 것이라고 말씀하셨다.

1) 하나님은 견고한 성읍을 세우시고 그 가운데 이스라엘 백성을 두시며 평강케 하신다고 했다.
   (1~4,7,15)

2) 이사야는 이스라엘 백성이 하나님의 구원을 기다리면서 노래를 부르고 부르짖어 기도할 것이라고 말했다.(8~9,12~13,16~17)

4. 사랑 - 하나님은 독생자 예수를 이 땅에 화목제물로 보내심으로 우리를 향한 자기의 사랑을 나타내셨다.

1) 사도 요한은 하나님이 우리 죄인을 구속하기 위해 보내 주신 독생자 예수 그리스도의 육체를 부인하는 적그리스도를 분별하라고 권면했다.(1~3,15)

2) 사도 요한은 하나님이 사랑이심으로 오직 서로 사랑함으로써 하나님을 알고 또 하나님 속에 거한다고 가르쳐 주었다.(7~11,16,20)

기도

1. 주여, 하나님이 우리에게 주신 기업을 잘 관리하고 그 안에서 평강을 누리도록 바른 지혜를 주옵소서.
2. 주여, 예수 그리스도를 통해 하나님의 사랑을 깨달은 우리가 더욱 서로 사랑하는 삶을 살게 하옵소서.

하나님은 우리의 앞길을 가르쳐 주신다

핵심구절

제 목	하나님은 우리의 앞길을 가르쳐 주신다			
성경본문	민수기 35장	시편 79편	이사야 27장	요한일서 5장
개별주제	제도 - 성읍과 도피성	인물 - 직시와 간청	간수 - 징벌과 결실	예수 - 생명과 응답
핵심구절	2~4,6,8,10~12,14~15 18~22,25,28,30,33~34	1~4,6,8~9,11~13	1~4,7~9,12~13	1~4,6~8,10~15, 17~18,20

묵상(매일묵상, 구역예배, 성경공부)

1. 제도 - 하나님은 레위인에게 성읍을 주시고 그 안에 도피성을 두어 살인한 자를 보호하는 제도를 세우셨다.
   1) 하나님은 가나안 땅에 들어가기 전에 이스라엘 자손에게 레위인을 위하여 도피성을 포함한 48개의 성읍과 사방의 들을 주도록 명령하셨다.(2~4,6)
   2) 하나님은 이스라엘 자손에게 고의적인 살인은 엄히 경고하셨고 악의가 없는 실수적인 살인은 도피성에 피하여 제사장이 죽기까지 머물다가 그 후 자기 소유의 땅으로 돌아가라고 명령하셨다.(10~12,18~22,28)

2. 인물 - 하나님은 아삽을 통해 패망한 기업의 땅을 직시하게 하시고 회복을 위하여 간청하게 하셨다.
   1) 아삽은 하나님께 주의 기업의 땅 예루살렘이 이방 나라들에게 처참히 짓밟혔음을 고발했다.(1~4)
   2) 아삽은 하나님께 이스라엘 조상의 죄악을 기억하지 마시고 긍휼히 여겨 주시며 특히 주를 알지 못하고 이스라엘을 비방하는 이방나라들을 멸하여 달라고 간청했다.(6,8~9,11~12)

3. 간수 - 이사야는 하나님이 친히 포도원지기가 되셔서 이스라엘 백성을 간수하신다고 선포했다.
   1) 이사야는 하나님이 정한 때에 여호와를 대적하는 모든 악한 세력을 벌하신다고 예언했다.(1,4,9)
   2) 하나님은 이스라엘 백성을 견책하실 뿐 원수와 같이 멸하지 않으시고 그 후에는 친히 포도원지기가 되셔서 모든 것을 간수하심으로 더욱 풍성하게 하시겠다고 약속하셨다.(2~3,7~8,12~13)

4. 예수 - 하나님은 예수 그리스도를 통해서 우리에게 생명과 영생의 길 그리고 응답의 길을 열어 주셨다.
   1) 하나님은 예수 그리스도를 믿는 자마다 자기의 자녀가 되고 자기의 계명을 지키는 자마다 하나님을 사랑하는 자라고 말씀하셨다.(1~3)
   2) 사도 요한은 하나님의 아들이 있는 자에게는 생명과 영생이 있고 또 하나님을 향하여 그의 뜻대로 무엇을 구하면 그것을 얻는다고 가르쳐 주었다.(10~15)

기도

1. 주여, 주님이 주신 계명과 보내 주신 사자의 말씀을 잘 듣고 바른 길로 나아가게 하옵소서.
2. 주여, 우리의 영혼을 간수하여 주사 생명과 영생의 길로, 또 응답의 길로 인도하여 주옵소서.

주는 선민을 위해 특별한 경영을 하신다

핵심구절

제　　목	주는 선민을 위해 특별한 경영을 하신다			
성경본문	민수기 36장	시편 80편	이사야 28장	요한이서 1장
개별주제	보전 - 기업과 결혼	관계 - 목자와 나무	경영 - 심판과 구원	경계 - 부녀와 자녀
핵심구절	1~8,11	1~7,14~15,17~19	1~8,13~18,21~22 24~26,28~29	1~8,10~11

묵상(매일묵상, 구역예배, 성경공부)

1. 보전 - 하나님은 이스라엘 자손의 기업이 분배한 대로 보전될 수 있도록 결혼의 원칙을 세워주셨다.
> 1) 모세는 요셉 자손 지파 슬로브핫의 딸들에게 시집갈 때에는 상속된 기업이 다른 지파로 옮겨지지 않도록 각기 자기 조상 지파 사람에게로 가서 그의 아내가 되라고 했다.(1~6,11)
> 2) 모세는 여호와의 명령에 따라 모든 지파에게 각기 조상의 기업을 보전하는 기준을 세워 주었다.(8)

2. 관계 - 아삽은 하나님을 목자로 이스라엘을 포도나무로 비유하여 끊을 수 없는 구속의 관계를 고백했다.
> 1) 아삽은 이스라엘의 목자이신 하나님께 고통당하는 백성을 구원해 달라고 간곡히 기도했다.(1~7)
> 2) 아삽은 이스라엘을 한 그루의 포도나무로 비유하면서 하나님이 돌봐 주셔서 소생하게 하시면 주의 이름을 부르겠다고 고백했다.(14~15,17~19)

3. 경영 - 이사야는 하나님이 택한 이스라엘에 대해 심판과 구원의 계획을 지혜롭게 경영하신다고 선포했다.
> 1) 하나님은 북왕국 이스라엘의 술취한 자들의 교만을 보시고 그들을 심판하신다고 말씀하셨다.(1~4,7,13)
> 2) 이사야는 예루살렘에 오만한 지도자들의 삶과 태도에 대해 고발한 후 그들에게 한 돌을 시온에 두시어 공의와 정의로 심판하실 지혜로우신 하나님의 계획을 선포했다.(14~18,21~22,29)

4. 경계 - 사도 요한은 부녀와 그의 자녀들에게 미혹하는 적그리스도에 넘어가지 않도록 경계하라고 말했다.
> 1) 교회의 지도자요 장로인 사도 요한은 택하심을 받은 부녀와 그의 자녀들에게 사랑의 계명을 지키라고 권면했다.(4~6)
> 2) 사도 요한은 예수 그리스도의 육체를 부인하는 적그리스도를 조심하고 집에 들이지도 말며 인사도 하지 말라고 권면했다.(7~11)

기도

1. 주여, 양과 같은 우리에게 목자가 되시고 포도나무 같은 우리에게 농부가 되시는 하나님을 사랑합니다.
2. 주여, 우리의 영원한 구원을 위하여 때로는 경고하시고 때로는 경계하시는 주 하나님을 사랑합니다.

168

하나님은 주의 종을 통해 늘 교훈하신다

핵심구절

제　　목	하나님은 주의 종을 통해 늘 교훈하신다			
성경본문	신명기 1장	시편 81~82편	이사야 29장	요한삼서 1장
개별주제	설교 - 율법과 불순종	권면 - 계명과 불공평	예언 - 심판과 회복	편지 - 칭찬과 부탁
핵심구절	3~5,8,10~12,15~17 21~33,35~39,41~43,45	81:1~4,6,9~10,13~14 82:1~4,8	1~3,5~8,13~16, 18~20,22~24	1~3,5~11,14

묵상(매일묵상, 구역예배, 성경공부)

1. 설교 - 모세는 모압평지에서 이스라엘 자손들에게 40년 간 불순종의 광야생활을 상기시키며 설교했다.
   1) 모세는 출애굽 후 40년째 해에 모압 땅에서 이스라엘 자손에게 율법을 설명하고 또한 부장제도를 세워 백성을 다스렸던 그간의 일을 상기시키며 설교했다.(3,5,12,15~17)
   2) 모세는 약속의 땅을 치러 올라가기 전 백성의 뜻에 따라 정탐꾼을 세워 그 산지를 정탐하여 그 소산을 보였으나 결국 원망하고 불순종하며 변덕을 부려 심판받았던 조상의 일을 설교했다.(21~28,35,39~43,45)

2. 권면 - 아삽은 지도자들에게 불공평한 재판을 멈추고 주의 도를 따르며 공의를 베풀라고 권면했다.
   1) 아삽은 능력이 되시는 하나님께 노래하며 그의 계명을 지키고 그의 도를 따르라고 했다.(81:1~4,9~10,13)
   2) 아삽은 모든 나라의 소유자이시며 공평한 재판을 하시는 하나님 앞에서 지도자는 가난하고 빈궁한 자에게 공의와 구원을 베풀라고 권면했다.(82:1~4,8)

3. 예언 - 이사야는 예루살렘이 거짓된 공경으로 심판을 받지만 다시 회복되어 교훈을 받게 된다고 예언했다.
   1) 이사야는 하나님께서 예루살렘에 대하여 거짓된 공경의 죄로 인해 치고 괴롭게 하실 것이지만 결국 그 대적을 더 철저히 심판하실 것이라고 예언했다.(1~3,5~8,13~14)
   2) 이사야는 여호와 하나님이 공의로운 심판을 행하신 후 모든 것을 새롭게 회복하심으로 구속받은 백성들이 여호와를 거룩하다 하고 경외할 것이며 교훈을 받을 것이라고 예언했다.(18~20,22~24)

4. 편지 - 요한은 가이오의 삶을 칭찬하면서 동시에 선한 것을 본받아 하나님께 속한 자가 되라고 편지했다.
   1) 사도 요한은 가이오의 진리와 사랑 안에서 행하는 삶의 소식을 듣고 축복하며 기도해 주었다.(1~3,5~6)
   2) 요한은 가이오에게 디오드레베처럼 으뜸되기를 좋아하고 비방하며 맞아들이지 아니하려는 악한 것을 본받지 말고 선한 것을 본받아 하나님께 속한 자가 되라고 편지했다.(9~11)

기도

1. 주여, 주의 말씀을 들을 때마다 삶을 돌아보고 회개하며 더 옳은 행실을 실천할 수 있도록 힘을 주옵소서.
2. 주여, 주의 종을 통해 주시는 권면과 교훈을 듣고 선한 것을 본받아 하나님께 속한 자가 되게 하옵소서.

참 신앙은 주의 정한 선을 지키는 것이다

핵심구절

제 목	참 신앙은 주의 정한 선을 지키는 것이다			
성경본문	신명기 2장	시편 83~84편	이사야 30장	유다서
개별주제	삼가함 - 다툼과 침노	선포함 - 간구와 고백	잠잠함 - 수치와 응답	멀리함 - 불경과 믿음
핵심구절	1,4~5,7,9,14,19 24~26,28~31,33,35~36	83:1~4,9,11~13,16, 18,84:1~5,7,10~12	1~3,5,7,9~13,15 17~19,21~23,26,29,32	1,3~4,6~8,10, 12~13,16~23

묵상(매일묵상, 구역예배, 성경공부)

1. 삼가함 - 이스라엘 백성은 하나님이 명령하신대로 다투지 않을 자와 다툴 자를 삼가해 응대하였다.
　　1) 하나님은 이스라엘 백성에게 광야를 지날 때 누구와도 다투지 말라고 말씀하셨다.(1,4~5,9,19)
　　2) 하지만 하나님은 이스라엘 백성에게 헤스본 왕 시혼과 그 땅을 넘겨 주셨다.(24,30~31,33,36)

2. 선포함 - 아삽은 주를 미워하는 자에 대해 징계의 기도를 드렸고 고라 자손은 장막의 복을 고백했다.
　　1) 아삽은 주를 미워하고 주의 백성을 치는 자를 징계해 달라고 간구했다.(83:1~4,12~13,16)
　　2) 고라 자손은 주의 장막과 궁정을 사모하여 그 곳에서의 한 날을 더 좋아한다고 고백했다.
　　(84:1~3,10)

3. 잠잠함 - 이스라엘 백성은 애굽을 의지함으로 수치를 당하나 잠잠히 기다릴 때 주의 긍휼을 볼 것이다.
　　1) 여호와는 애굽을 의지하고 여호와의 법 듣기를 싫어하며 선견자에게 부드러운 말만 하라고 하는 패
　　역한 자식같은 이스라엘 백성이 수치를 당할 것이라고 말씀하셨다.(1~3,5,9~11,13)
　　2) 긍휼과 정의의 여호와는 이스라엘 백성에게 돌이켜 조용히 있고 잠잠하며 신뢰하여야 힘을 얻을 것
　　이며 기다릴 때 복이 있을 것이라고 응답을 받을 것이라고 말씀하셨다.(15,18~19,22~23,26)

4. 멀리함 - 유다는 성도에게 경건치 못한 자를 멀리하고 기도 안에서 자신을 세워 영생에 이르라고 말했다.
　　1) 유다는 예수 그리스도를 위하여 지키심을 받은 자들에게 가만히 들어온 경건하지 않고 방탕
　　하며 예수 그리스도를 부인하고 권위를 업신여기며 영광을 비방하는 자들을 멀리하라고 말했
　　다.(3~4,8,10,12~13,16,19)
　　2) 유다는 예수 그리스도를 위하여 지키심을 받은 자들에게 사도들이 미리 한 말을 기억하고 지극히
　　거룩한 믿음 위에 자신을 세우며 성령으로 기도하고 영생에 이르도록 주의 긍휼을 기다리라고 말했
　　다.(17,20~23)

기도

1. 주여, 사람을 대할 때 하나님이 말씀하시는 대로 다투지 말아야 할 자와 싸울 자를 분별하게 하옵소서.
2. 주여, 헛된 자를 의지하지 말고 불경한 자를 멀리하며 오직 믿음 위에서 구원을 이루게 하옵소서.

주님은 그의 백성에게 좋은 것을 주신다

핵심구절

제 목	주님은 그의 백성에게 좋은 것을 주신다			
성경본문	신명기 3장	시편 85편	이사야 31장	요한계시록 1장
개별주제	기업 - 땅과 후계자	은혜 - 사죄와 좋은것	앙모 - 사람과 하나님	계시 - 예수와 교회
핵심구절	1~2,4,6~7,12~13 18~22,25~28	1~4,7~9,12	1~3,6~9	1~3,7~11,13~16,18~20

묵상(매일묵상, 구역예배, 성경공부)

1. 기업 - 하나님은 이스라엘 자손에게 땅을 기업으로 주시고, 후계자 여호수아에게는 새 사명을 주셨다.
> 1) 하나님은 바산 왕 옥의 땅을 이스라엘의 손에 붙여 주셨고 모세는 그 땅을 르우벤, 갓, 므낫세 반지파에게 기업으로 주면서 다른 지파가 기업을 얻을 때까지 함께 싸울 것을 권면했다.(1~2,4,12~13,18~20)
> 2) 모세는 하나님께 약속의 땅에 건너가게 해 달라고 기도했으나 하나님은 허락지 않으시고 대를 이어 사명을 감당할 여호수아에게 강하고 담대하라고 권면할 것을 모세에게 명령하셨다.(25~28)

2. 은혜 - 하나님은 이스라엘 자손에게 은혜를 베푸사 죄를 사하시고 화평과 영광과 좋은 것을 주신다.
> 1) 고라 자손은 여호와 하나님이 은혜를 베푸사 주의 백성의 모든 죄를 사하시고 포로된 자를 돌아오게 하셨다고 고백했다.(1~3)
> 2) 고라 자손은 다시 하나님께 구원의 기도를 올리고 화평과 영광과 좋은 것 주실 것을 믿고 노래하며 선포했다.(4,7~9,12)

3. 앙모 - 이사야는 이스라엘 자손에게 우상이나 사람을 의지하지 말고 하나님만 앙모하라고 선포했다.
> 1) 이사야는 하나님을 앙모하지 않고 애굽을 의지하는 악행하는 이스라엘에게 재앙이 있을 것이라고 예언했다.(1~3)
> 2) 이사야는 이스라엘 자손들에게 하나님께서 구원을 베푸실 것이니 우상이나 사람을 의지하지 말고 돌아오라고 권면했다.(6~8)

4. 계시 - 요한은 예수 그리스도의 계시를 받아 본 것, 지금 있는 일, 장차 될 일을 일곱 교회에 편지했다.
> 1) 요한은 예수 그리스도의 계시를 받은 후 일곱 교회에 편지를 쓰도록 사명을 부여받았다.(1~2,9~11)
> 2) 요한은 촛대 사이에 계신 인자 같은 이인 예수를 보고, 그로부터 본 것과 지금 있는 일과 장차 될 일을 기록하라는 말씀을 들은 후 일곱 별과 일곱 촛대에 관하여 기술했다.(13~16,18~20)

기도

1. 주여, 주신 기업 안에서 악을 행치 말고 오직 하나님을 앙모하며 살아가게 하옵소서.
2. 주여, 주신 계시와 말씀을 따라 장차 될 일을 주의 깊게 살피므로 깨어있는 신앙생활을 하게 하옵소서.

5/31 주님은 절대 순종하는 자를 크게 쓰신다

핵심구절

제 목	주님은 절대 순종하는 자를 크게 쓰신다			
성경본문	신명기 4장	시편 86~87편	이사야 32장	요한계시록 2장
개별주제	모세 - 규례와 법도	다윗 - 은혜와 영광	이사야 - 심판과 회복	요한 - 칭찬과 권면
핵심구절	1~2,4,6~7,9,13~14 16~19,23~26,29~31 34~35,38~40,45~47	86:1~4,7~10,14~17 87:3~7	1~4,7~8,10~11,14~19	1~5,7~11,12~23, 25~28

묵상(매일묵상, 구역예배, 성경공부)

1. 모세 - 모세는 이스라엘 자손에게 십계명에 근거한 규례와 법도 및 우상숭배하지 않는 절대신앙을 가르쳤다.

    1) 모세는 이스라엘 자손에게 약속의 땅에 들어가서 지켜야 할 규례와 법도를 가르쳐 주고 반드시 준행할것을 단호히 설교했다.(1~2,4,6~7,13~14,38~40)

    2) 모세는 이스라엘 자손에게 여호와는 소멸하는 불이시요 질투하시는 하나님이시니 어떤 형상도 만들지말고 경배하지도 말라고 명령했다.(16~19,23~24)

2. 다윗 - 다윗과 고라 자손은 주의 은혜와 속성 및 시온의 영광이 모든 민족에게 퍼진 절대주권을 고백했다.

    1) 다윗은 경건한 중에 하나님께 은혜를 구하고 이어 주의 속성과 절대주권을 고백했다.(86:1~4,7~10,15)

    2) 고라 자손은 모든 민족과 나라가 지존자 여호와에 의해 시온에서부터 세워졌다고 노래했다.(87:3~7)

3. 이사야 - 이사야는 공의의 왕이 오심과 악하고 안일한 자의 심판 및 새로운 회복의 절대통치를 예언했다.

    1) 이사야는 장차 공의로운 왕이 나타나 통치할 것이며 악한 자의 계획은 망하고 존귀한 자의 계획은 서게 될 것이라고 예언했다.(1,7~8)

    2) 이사야는 안일한 여인들과 염려없는 여자들에게 심판을 경고하고, 동시에 때가 되매 하나님이 다시 영을 부어 회복시키실 것을 예언했다.(10~11,14~18)

4. 요한 - 요한은 에베소, 서머나, 버가모, 두아디라 교회를 향한 예수님의 절대감찰을 계시했다.

    1) 요한은 에베소 교회와 서머나 교회에 나타나신 예수님의 모습을 언급하고 각 교회의 잘한 점과 향후 힘써야 할 점에 대해서 권면했다.(1~5,8~10)

    2) 요한은 버가모 교회와 두아디라 교회에 나타나신 예수님의 모습을 언급하고 각 교회의 잘못한 점과 향후 힘써야 할 점에 대해서 권면했다.(12~23,25~28)

기도

1. 주여, 하나님의 규례와 법도를 온전히 지켜 질투하시는 하나님에게 인정받는 자가 되게 하옵소서.
2. 주여, 나의 영혼과 교회를 향한 칭찬과 권면을 잘 듣고 행하여 생명나무의 열매와 만나를 먹게 하옵소서.

172

맥체인성경과
정독구조

맥체인성경은 하나님의 구원의 역사를
한 눈에 볼 수 있도록 구성되어 있다.
따라서 신구약 4장을 입체적으로 읽으면
세상을 향한 하나님의 마음과 생각을
폭넓게 연상할 수 있는 구조임을 깨닫게 된다.

기존 성경을 읽을 때는
등장인물이 주인공이 될 때도 많이 있으나
맥체인성경의 신구약 4장을 읽으면
모든 통일주제와 개별주제의 주인공이
대부분 하나님과 예수님과 성령님이 되는 구조이다.

맥체인성경 통독은 시간의 초월
즉 역사의 초월을 통해
예언과 성취를 동시에 경험할 수 있는 구조이다.
이미 지나간 과거에 대한 긴 역사를
우리는 한 정점에서 동시에 묵상한다.

기존의 성경묵상은 한 책을 읽으므로
한 본문에 한 교훈을 찾는 것이 일반적이지만
맥체인성경 읽기와 묵상은
네 책을 읽고 네 본문의 공통점을 찾기 때문에
몇 개의 교훈이 나타난다.
그 중에 현재 감동을 주는 교훈을 깊이 묵상하는 구조이다.

관계의 중요성을 알고 지킬 때 승리한다

핵심구절

제 목	관계의 중요성을 알고 지킬 때 승리한다			
성경본문	신명기 5장	시편 88편	이사야 33장	요한계시록 3장
개별주제	약속 - 준행과 축복	절규 - 형편과 구원	경외 - 보배와 풍성	회개 - 책망과 권면
핵심구절	1~3,6~13,16~21, 24~29,31~33	1~5,8~13,15,17~18	1~2,5~6,10~16, 19~22,24	1~3,5,7~12,14~21

묵상(매일묵상, 구역예배, 성경공부)

1. 약속 - 이스라엘 자손이 모세의 설교를 듣고 준행약속을 하자 이에 하나님도 축복과 장수를 약속하셨다.
   1) 모세는 현재 살아있는 이스라엘 자손에게 십계명을 전하면서 배우고 지켜 행하라고 했다.
   (1~3,6~13,16~21)
   2) 모세는 하나님이 이스라엘의 맹세를 다 들으시고 기뻐하셨음을 전하고 항상 이같은 마음을 품고 좌로나 우로나 치우치지 않으면 반드시 복을 받을 것이라고 설교했다.(24~29,32~33)

2. 절규 - 고라 자손은 하나님의 침묵 앞에서 자신의 형편을 낱낱이 고하고 구원해 주실 것을 절규했다.
   1) 고라 자손은 재난이 가득하고 죽음 앞에 놓였으며 곤란으로 쇠하였음을 구원의 하나님께 아뢰고 매일 두 손을 들고 간절히 부르짖는다고 고백했다.(1~5,8~9,15,18)
   2) 고라 자손은 죽은 자와 유령이 찬양할 수 없고 무덤과 멸망 중에 주의 인자를 선포할 수 없으며 흑암중에 주의 기적과 공의를 알 수 없으니 자기를 구원하사 영광을 받으시라고 절규했다.(10~13)

3. 경외 - 이사야는 하나님 앞에서 악한 자는 망하고 두려워하며 경외하는 자는 높은 곳에 거한다고 말했다.
   1) 이사야는 남을 학대하고 속이는 자는 화를 당하고 여호와를 경외하는 자는 보배롭게 되며 높은 곳에 거하게 된다고 말했다.(1~2,5~6,13~16)
   2) 이사야는 이방의 강포한 백성은 망하고 시온 성은 왕이시요 재판장이신 하나님으로 인하여 풍성해질 것이라고 예언했다.(19~22)

4. 회개 - 요한은 사데 교회와 라오디게아 교회에게 회개를 선포하고 빌라델비아 교회에 칭찬을 선포했다.
   1) 요한은 사데 교회와 라오디게아 교회가 착각하고 있음을 지적하고 사데 교회가 죽었음을, 라오디게아 교회가 미지근함을 책망하면서 회개하라고 선포했다.(1~3,14~20)
   2) 요한은 빌라델비아 교회가 작은 능력을 가지고서도 예수의 말을 지키고 그 이름을 배반하지 아니함을 칭찬하고 주님이 재림하실 때까지 면류관을 잘 지키라고 권면했다.(7~11)

기도

1. 주여, 삶 속에서 어떤 상황을 만나도 주님과 약속한 것은 반드시 지키는 참 신앙의 자세를 주옵소서.
2. 주여, 촛대 사이를 운행하시는 주 앞에 잘못한 것은 회개하고 주어진 사역은 잘하여 칭찬받게 하옵소서.

주님은 우리의 순종과 경배를 원하신다

6/2

핵심구절

제 목	주님은 우리의 순종과 경배를 원하신다			
성경본문	신명기 6장	시편 89편	이사야 34장	요한계시록 4장
개별주제	계속 - 법도와 선량	항상 - 함께와 희락	모두 - 진멸과 모음	함께 - 장로와 생물
핵심구절	1~2,4~9,12~15, 18~21,24~25	2~5,8,10~11,14~18 20~21,24,26~35, 38~39,46~49	1~2,4,8~10,12,16~17	2~11

묵상(매일묵상, 구역예배, 성경공부)

1. 계속 - 하나님은 이스라엘 자손이 대를 이어 규례, 법도, 정직, 선행을 계속 준행해 주기를 원하셨다.

　　1) 모세는 이스라엘 자손에게 하나님이 주신 규례와 법도를 약속의 땅에 들어가서 대를 이어 지킬 것을
　　　명령했다.(1~2,4~9)

　　2) 모세는 이스라엘 자손에게 애굽에서 건져내신 하나님만을 섬기며 정직하고 선량한 일을 행함으로
　　　복을 받는 삶을 살라고 명령했다.(12~14,18~21,24~25)

2. 항상 - 하나님은 다윗과 그 후손에게 함께하실 것을 약속하시고 그들이 항상 여호와를 기뻐하길 원하셨다.

　　1) 에스라인 에단은 하나님의 인자하심과 성실하심이 어떤 상황 속에서도 다윗과 그 후손에게 함께하
　　　셨고 또 함께하실 것이라고 고백했다.(2~4,20~21,24,26~29,35)

　　2) 시편 기자는 여호와가 자기를 즐거워하고 기뻐하는 자에게는 힘과 방패가 되어 주시고 그 법과 규
　　　례와 율례와 계명을 지키지 않는 자에게는 회초리로 다스리겠다고 말했다.(14~18,30~34)

3. 모두 - 하나님은 거역하는 자들을 진멸하시고 그의 영으로 모든 것이 빠짐없이 모두 모으기를 원하셨다.

　　1) 이사야는 여호와가 거역하는 열방과 에돔을 철저하게 진멸시키실 것이라고 예언했다.(1~2,8~10,12)

　　2) 이사야는 여호와께서 명령하셨음으로 모든 것이 하나도 빠진 것이 없고 제 짝이 없는 것이 없으며
　　　그의 영이 이 모든 것들을 모으셨다고 선포했다.(16~17)

4. 함께 - 하나님은 하늘 보좌 위에 앉으셨고 이십사 장로와 네 생물은 다 함께 찬양과 경배를 올렸다.

　　1) 요한은 성령에 감동되어 하늘 보좌 위에 앉으신 이의 찬란한 모습을 보았다.(2~3)

　　2) 요한은 보좌에 둘러 있는 금관을 쓴 이십사 장로들과 네 생물을 보았고 그들이 외치는 찬양과 경배
　　　의 소리를 들었다.(4~11)

기도

1. 주여, 우리가 주의 말씀과 법도를 배우고 대를 이어 가르치며 실천함으로 큰 복을 누리게 하옵소서.
2. 주여, 우리가 성령에 감동되어 주의 영광을 보고 영과 혼과 육으로 찬양과 경배를 올리게 하옵소서.

성도의 승리는 영적 지구력에 달려 있다

제 목	성도의 승리는 영적 지구력에 달려 있다			
성경본문	신명기 7장	시편 90편	이사야 35장	요한계시록 5장
개별주제	순결 - 인도와 경외	기도 - 사죄와 은총	소망 - 영광과 회복	경배 - 영물과 피조물
핵심구절	1~4,6~10,12~15, 17~19,22,26	1~3,5,8~10,12,14 16~17	1~6,8~10	1~2,5~14

묵상(매일묵상, 구역예배, 성경공부)

1. 순결 - 모세는 이스라엘 자손에게 오직 애굽에서 인도하신 하나님만 순결하게 섬기라고 설교했다.
  1) 모세는 이스라엘 자손에게 약속의 땅에 들어가 일곱 족속을 진멸한 후 그들과 언약이나 혼인하지 말고 오직 신실하신 하나님만을 섬겨 천대까지 복을 받으라고 설교했다.(1~4,6,9~10,26)
  2) 모세는 성민에게 하나님이 조상들에게 맹세하신 언약을 지키시고 사랑하시며 소생에게 은혜를 베푸시고 복을 주시며 질병에 걸리지 않게 하실 것이니 그간 인도하신 여호와를 기억하라고 했다.(12~15,17~19)

2. 기도 - 모세는 인생의 짧음을 알고 하나님께 사죄하심과 즐겁게 하심과 은총 베풀어 주심을 기도했다.
  1) 모세는 하나님은 영원하시고 인간은 풀과 같으니 그 날을 계수하는 지혜를 달라고 기도했다.(1~2,5,10,12)
  2) 모세는 하나님께 죄에 대하여 노하지 마시고 불쌍히 여기사 우리의 일생을 즐겁고 기쁘게 해 주시고 주의 행하신 일과 영광을 대대에 나타내사 하나님의 은총 속에 살게 해 달라고 기도했다.(8~9,14,16~17)

3. 소망 - 이사야는 연약한 자들과 구속함을 입은 자들에게 여호와의 영광이 나타날 소망을 갖으라고 했다.
  1) 이사야는 광야, 메마른 땅, 사막에 여호와의 영광이 나타날 것이니 약한 손과 떨리는 무릎, 겁내는 자들과 맹인, 못 듣는 자와 저는 자에게 현실을 두려워하지 말고 회복의 소망을 가지라고 예언했다.(1~6)
  2) 이사야는 거룩한 길 대로는 구속함을 입은 자들과 여호와의 속량함을 받은 자들만이 그리로 다니고 행할 것이라고 선포했다.(8~10)

4. 경배 - 요한은 어린 양이 두루마리를 취하는 것과 그에게 경배하는 모든 피조물의 벅찬 모습을 보았다.
  1) 요한은 하늘 보좌에 앉으신 이의 오른손에 있는 두루마리를 일찍이 죽임을 당한 어린 양이 나아와 취하는 것을 보았다.(1~2,5~7)
  2) 요한은 두루마리를 취하는 어린 양을 본 네 생물과 이십사 장로들, 둘러선 많은 만만과 천천의 천사들, 하늘 위와 땅 위와 땅 아래와 바다 위와 그 가운데 모든 피조물이 경배하는 소리를 들었다.(8~14)

기도

1. 주여, 어떤 유혹과 시험 속에서도 오직 하나님과 예수님만을 섬기는 순결한 마음을 주옵소서.
2. 주여, 늘 인생의 짧음을 겸손히 생각하면서 회개하는 삶과 경배하는 삶을 지켜 나가게 하옵소서.

하나님은 늘 목적을 가지고 다스리신다

제 목	하나님은 늘 목적을 가지고 다스리신다			
성경본문	신명기 8장	시편 91편	이사야 36장	요한계시록 6장
개별주제	훈련 - 말씀과 경외	보호 - 전염병과 재앙	결속 - 회유와 침묵	심판 - 일곱인과 재앙
핵심구절	2~6,10~18	1~4,7~11,14~16	1~2,4~7,10~16,20~21	1~8,9~16

묵상(매일묵상, 구역예배, 성경공부)

1. 훈련 - 모세는 하나님이 이스라엘 백성을 훈련하시기 위해 광야 길을 걷게 하셨다고 설교했다.

  1) 모세는 이스라엘 자손에게 사십년 동안 광야 길을 걷게 하신 것은 사람이 떡으로만 사는 것이 아니요 하나님의 입에서 나오는 모든 말씀으로 사는 줄을 알고 그를 경외하게 하려하심이라고 설교했다.(2~6)

  2) 모세는 이스라엘 자손에게 배부르고 아름다운 집에 거주하게 될 때 마음이 교만하여 여호와를 잊어버리거나 모든 재물이 내 능력과 내 손의 힘으로 얻은 것이라고 말하지 말 것을 설교했다.(11~18)

2. 보호 - 시편 기자는 하나님이 자기 그늘 아래 사는 자를 전염병, 공포, 재앙에서 보호하신다고 말했다.

  1) 시편 기자는 하나님이 전능자의 그늘 아래 사는 자에게 피난처, 요새, 의뢰하는 하나님, 방패가 되어 주시고 심한 전염병, 공포, 화살, 닥쳐오는 재앙으로부터 건지시고 지키실 것이라고 선포했다.(1~4,7~11)

  2) 시편 기자는 하나님이 자기를 사랑하고 자기의 이름을 알며 자기에게 간구하는 자를 건지시며 높이시고 응답하시며 만족하게 하신다고 선포했다.(14~16)

3. 결속 - 예루살렘은 앗수르 왕 산헤립이 보낸 랍사게의 회유책에 넘어가지 않고 히스기야 왕과 결속했다.

  1) 앗수르 왕 산헤립은 예루살렘을 포위하고 랍사게를 통해 교만한 회유책으로 예루살렘 백성의 항복을 종용했다.(1~2,4~7,10~16,20)

  2) 유다 예루살렘의 왕 히스기야는 엘리아김과 셉나와 요아 그리고 백성들에게 어떤 감언이설에도 넘어가지말고 두려워하지도 말며 침묵하라고 명령했다.(21)

4. 심판 - 어린 양 예수는 두루마리의 인을 떼심으로 재앙이 나타나게 하사 불의한 이 땅을 심판하셨다.

  1) 어린 양이 첫째 인부터 넷째 인을 떼실 때에 흰 말을 탄 자, 붉은 말을 탄 자, 검은 말을 탄 자, 청황색 말을 탄 자가 나타나 이 땅에 재앙을 전개했다.(1~8)

  2) 어린 양이 다섯째 인을 떼실 때에 죽임을 당한 영혼들이 제단 아래에서 신원해 달라고 외쳤고, 여섯째인을 떼실 때에 큰 지진과 하늘 재앙이 나타나 땅의 힘 있는 자들이 어린 양의 진노를 받았다.(9~16)

기도

1. 주여, 말씀 가운데서 살도록 훈련하신 하나님께서 우리의 삶을 전염병과 재앙에서 건져 주옵소서.

2. 주여, 주를 믿지 않고 불순종하며 세상을 짝하는 악한 자들이 채찍을 통해 깨닫고 돌아오게 하옵소서.

하나님을 향한 우리의 최선은 정성이다

제 목	하나님을 향한 우리의 최선은 정성이다			
성경본문	신명기 9장	시편 92~93편	이사야 37장	요한계시록 7장
개별주제	금식 - 돌판과 중보	찬양 - 행사와 능력	경청 - 기도와 음성	순교 - 지파와 무리
핵심구절	1~4,7,9~10,12,14 16~21,24~29	92:1~5,7,9,11~14 93:1~2,4~5	1~4,6~7,12~20, 22~23,29~35,38	2~17

묵상(매일묵상, 구역예배, 성경공부)

1. 금식 - 모세는 하나님의 말씀 십계명을 받기 위해, 이스라엘 백성을 향한 진노를 막기 위해 금식했다.
   1) 모세는 하나님의 말씀인 십계명을 받기 위해 사십 주 사십 야를 금식하며 성산에 있었다.(9~10)
   2) 모세는 항상 여호와를 격노하게 하며 우상을 숭배한 이스라엘 자손을 멸하지 말고 긍휼히 여겨 달라고 하나님께 금식하며 부르짖었다.(12,14,16~21,24~29)

2. 찬양 - 시편 기자는 여호와 하나님이 권위와 능력으로 모든 일을 다스리시는 것에 대하여 찬양했다.
   1) 시편 기자는 지존자 여호와 하나님의 행하신 일과 원수들에게 보응하시는 것과 의인을 번성하게 하시는 것을 보고 감사하며 찬양했다.(92:1~5,7,9,11~14)
   2) 시편 기자는 영원부터 계신 여호와 하나님께서 권위와 능력으로 세계를 견고히 세워 흔들리지 않게 하셨다고 찬양했다.(93:1~2,4~5)

3. 경청 - 히스기야 왕은 산헤립 왕의 오만한 말을 하나님께 아뢴 후 이사야를 통해 주의 음성을 경청했다.
   1) 유다 왕 히스기야는 앗수르 왕 산헤립이 보낸 랍사게의 교만한 말을 듣고 자기 신하들을 이사야에게 보낸 후 여호와의 전에 올라가 기도하며 하나님의 음성 듣기를 원했다.(1~4,14~20)
   2) 이사야는 히스기야 왕에게 오만한 앗수르 왕에 대한 하나님의 뜻과 계획을 자세히 언급하고 예루살렘은 온전할 것이며 이에 대한 징조까지 예언해 주었다.(6~7,22~23,29~35)

4. 순교 - 요한은 이스라엘 12지파와 모든 민족 중에서 환난 때 순교한 자들이 주 앞에 서는 것을 보았다.
   1) 요한은 살아계신 하나님의 인을 가지고 나온 천사가 이스라엘의 열 두지파 중에 하나님의 종들인 총 십사만 사천명의 이마에 인을 치는 것을 보았다.(2~8)
   2) 요한은 각 나라와 족속과 백성과 방언에서 아무도 능히 셀 수 없는 큰 무리가 나와 흰 옷을 입고 손에 종려 가지를 들고 보좌 앞과 어린 양 앞에 서서 찬송하는 것과 그들을 향한 하나님의 음성을 들었다.(9~17)

기도

1. 주여, 하나님의 말씀을 사모하여 음성을 들고자 할 때와 속죄함을 받고자 기도할 때 금식하게 하옵소서.
2. 주여, 어떤 경우에라도 오만한 말과 행동을 하지 말게 하시고 순교적 신앙으로 주를 경배하게 하옵소서.

주님은 우리가 잘 될 조건을 요구하신다

제 목	주님은 우리가 잘 될 조건을 요구하신다			
성경본문	신명기 10장	시편 94편	이사야 38장	요한계시록 8장
개별주제	하기 - 법궤와 경외	찾기 - 절규와 고백	쓰기 - 기도와 응답	보기 - 향로와 재앙
핵심구절	1~4,6,8,12~13, 16~19,21~22	1~7,9~12,14,17~19 22~23	1~7,9~21	1~5,7~12

묵상(매일묵상, 구역예배, 성경공부)

1. 하기 - 하나님은 모세가 돌판과 법궤를 만들고 이스라엘이 명령을 지키고 주를 경외하기를 요구하셨다.

1) 하나님은 모세에게 처음과 같은 두 돌판과 나무궤를 만들어서 다시 받은 십계명을 보관하고 레위인을 구별하여 언약궤를 메고 관리하도록 명령하셨다.(1~5,8)

2) 하나님은 이스라엘 자손에게 여호와를 경외하고 사랑하며 섬기는 것과 명령 및 규례를 지키는 것 그리고 마음에 할례를 행하고 나그네를 사랑하는 것을 요구하셨다.(12~13,16~19)

2. 찾기 - 하나님은 자기 백성이 악인에게 당할 때 주께 절규하기와 응답받았을 때 고백하기를 원하신다.

1) 시편 기자는 복수하시는 하나님께 오만하게 떠들고 죄악을 행하며 주의 백성을 짓밟고 과부와 고아를 죽이는 악인들에게 벌을 달라고 절규했다.(1~7)

2) 시편 기자는 하나님이 자기를 찾는 자에게 요새와 피할 반석이 되시나니 버리지 않으시고 환난 중에 도우시며 붙들어 주시고 근심이 많을 때에 위안하여 주신다고 고백했다.(9~11,14,17~19,22)

3. 쓰기 - 하나님은 선민이 질병가운데 있을 때 간구하기와 치유되었을 때 그 은혜를 기록하기를 원하신다.

1) 히스기야 왕은 병들어 죽게 되자 얼굴을 벽으로 향하고 여호와께 간절히 기도했다.(1~3,14~16)

2) 히스기야 왕은 하나님의 은혜로 병이 나은 후에 신앙고백적인 아름다운 글을 썼다. (5~6,9~13,17~20)

4. 보기 - 하나님은 말세에 모든 자가 하나님이 구원하시고 재앙을 통해 심판하시는 것을 보기 원하신다.

1) 요한은 하나님 앞에 일곱 천사가 나팔을 받은 것, 다른 천사가 제단 곁에 서서 금향로를 가지고 많은 향인 성도의 기도를 제단에 드리는 것, 그 향로에 제단의 불을 담아다가 땅에 쏟는 것을 보았다.(1~5)

2) 요한은 일곱 천사 중 네 천사가 각각 나팔 부는 것과 그 때에 나타나는 네 가지 나팔 재앙을 보았다. (7~12)

기도

1. 주여, 주님의 말씀을 소중하게 관리하고 철저히 지켜 복된 삶을 살게 하옵소서.

2. 주여, 힘들고 어려울 때 부르짖게 하시고 응답되었을 때 감사하며 문학적인 방법으로 고백하게 하옵소서.

주님의 뜻을 아는 자는 담대히 선포한다

제 목	주님의 뜻을 아는 자는 담대히 선포한다			
성경본문	신명기 11장	시편 95~96편	이사야 39장	요한계시록 9장
개별주제	유언 - 기억과 축복	독려 - 노래와 선포	예고 - 소유와 자손	경고 - 황충과 마병
핵심구절	1~6,8~9,12~15, 18~21,25~29	95:1~3,6~8,10 96:1~4,6~10,13	1~8	1~6,11,13~18,20~21

묵상(매일묵상, 구역예배, 성경공부)

1. 유언 - 모세는 이스라엘 자손에게 하나님의 행하신 일을 기억하고 명령과 규례를 지키라고 유언했다.
  1) 모세는 이스라엘 자손에게 하나님의 법도와 교훈 그리고 출애굽 때에 행하신 일과 광야에서 행진할 때에 행하신 모든 일을 기억하라고 유언했다.(1~6)
  2) 모세는 이스라엘 자손에게 약속의 땅에 들어가면 복과 저주가 앞에 있으니 하나님의 명령을 지켜 복을 받고 장수할 것이며, 만일 거역하거나 다른 신을 섬겨 저주를 받지 말라고 유언했다.(8~9,12~15,21,26~29)

2. 독려 - 시편 기자는 선민과 모든 나라 만민에게 여호와께 노래하고 감사하며 영광을 돌리라고 독려했다.
  1) 시편 기자는 이스라엘 백성들에게 여호와께 노래하고 즐거이 외치며 감사하고 경배하며 무릎을 꿇자고 독려했다.(1~3,6~8)
  2) 시편 기자는 모든 나라 만민에게 여호와께 노래하고 송축하며 기이한 행적을 선포하고 경외하며 예물을 들고 그의 궁정에 들어가 영광과 권능을 돌리라고 독려했다.(1~4,6~9)

3. 예고 - 이사야는 실수한 히스기야 왕에게 예루살렘과 백성과 자손에게 환난이 닥쳐올 것을 예고했다.
  1) 히스기야 왕은 바벨론 왕 므로닥발라단의 사자들로부터 왕이 보낸 글과 예물을 받고 기뻐서 보물창고와 모든 무기고와 궁중의 모든 소유를 보여 주었다.(1~2,4)
  2) 이사야는 히스기야 왕에게 모든 소유와 쌓아 둔 것과 자손 중의 몇이 사로잡혀 갈 것이라는 만군의 여호와의 말씀을 예고했다.(5~7)

4. 경고 - 요한은 일곱 교회에게 황충 재앙과 마병대 재앙이 닥쳐와 사람 1/3이 죽을 것을 경고했다.
  1) 요한은 다섯째 천사가 나팔을 불매 무저갱이 열리고 황충이 나와 땅에 오직 이마에 하나님의 인침을 받지 않은 사람들만 다섯 달 동안 괴롭게 하는 환상을 보고 일곱 교회에 경고했다.(1~6)
  2) 요한은 여섯째 천사가 나팔을 불매 큰 강 유브라데에 결박된 네 천사가 놓여 정한 때에 마병대 이만 만이 불과 연기와 유황을 쏟아내어 사람 1/3을 죽이는 환상을 보고 일곱 교회에 경고했다.(13~18,20~21)

기도

1. 주여, 살아오면서 주님의 은혜를 체험한 자로서 하나님과 예수 그리스도를 열심히 선포하게 하옵소서.
2. 주여, 말세에 여호와를 항상 노래하고 주 예수 그리스도의 계시를 기억하면서 깨어 기도하게 하옵소서.

주님은 깊은 사랑으로 우리를 돌보신다

제 목	주님은 깊은 사랑으로 우리를 돌보신다			
성경본문	신명기 12장	시편 97~98편	이사야 40장	요한계시록 10장
개별주제	원칙 - 금지와 허락	공평 - 구원과 심판	능력 - 인도와 세움	복음 - 말씀과 예언
핵심구절	1~7,11~13,15~16 19~20,25~26,28~30	97:1~2,6~10,12 98:1~4,8~9	1~3,5,8~11,13~15,17 21~24,26~31	1~3,5~9,11

묵상(매일묵상, 구역예배, 성경공부)

1. 원칙 - 모세는 하나님이 금할 것, 행할 것, 먹을 것, 피할 것, 함께 할 것을 원칙으로 주셨다고 말했다.
- 1) 모세는 이스라엘 자손이 약속의 땅에 들어갔을 때에 절대 하지 말아야 할 것과 택하신 곳인 그 계실 곳에서 반드시 해야 할 것을 명령했다.(1~7,26)
- 2) 모세는 이스라엘 자손이 마음에 원하는 대로 가축을 잡아 고기를 먹되 그 피와 같이 먹지 말고 즐겁게 레위인과 함께 먹으라고 명령했다.(15~16,19~20,25)

2. 공평 - 시편 기자는 모든 자에게 하나님의 공평하신 통치를 전하고 기쁨과 즐거움으로 노래하라고 했다.
- 1) 시편 기자는 여호와를 사랑하는 자에게 하나님이 의와 공평으로 다스리시며 건지심을 전하고 즐거워하며 기뻐하며 감사하라고 말했다.(97:1~2,6~10,12)
- 2) 시편 기자는 이스라엘과 온 땅에게 하나님이 기이한 일을 행하사 구원과 심판을 베푸심을 증거하고 찬송하며 즐겁게 노래하라고 말했다.(98:1~4,8~9)

3. 능력 - 이사야는 하나님이 능력으로 예루살렘을 회복하시고 인도하시며 다시 세워주실 것이라고 예언했다.
- 1) 이사야는 예루살렘이 죄에 대하여 두 배의 벌을 받고 그 후 여호와가 긍휼하심으로 다시 회복시키시며 먹이시고 안으시며 인도하신다고 예언했다.(3,5,8~11)
- 2) 이사야는 전능하신 여호와 하나님은 모든 것 위에 뛰어나신 분이시며 천지만물을 창조하셨고 친히 주관하심으로 이스라엘을 능히 일으켜 세우실 수 있다고 예언했다.(13~15,17,21~24,26~31)

4. 복음 - 요한은 하나님이 천사를 통해 두루마리를 주심으로 먹고 다시 복음을 전하게 되었다고 말했다.
- 1) 요한은 바다와 땅을 밟고 서 있는 힘 센 천사가 펴 놓인 작은 두루마리를 가지고 나타나 창조하신 이에게 맹세하여 이르되 지체하지 아니하고 하나님의 비밀이 이루어지리라고 선포하는 것을 보았다.(1~2,5~7)
- 2) 요한은 하늘에서 들린 음성에 따라 바다와 땅을 밟고 서 있는 천사의 손에 펴 놓인 두루마리를 취하여 먹고 많은 백성과 나라와 방언과 임금에게 다시 예언하게 되었다.(8~9,11)

기도

1. 주여, 철저히 우상숭배를 금하고 성전에서 온전한 예물을 드리며 기쁨으로 노래하고 경배하게 하옵소서.
2. 주여, 허물을 사하여 주시고 삶과 환경을 회복시켜 주사 주 안에서 새롭게 세워져 가게 하옵소서.

주는 성도가 시험에서 이기길 원하신다

핵심구절

제 목	주는 성도가 시험에서 이기길 원하신다			
성경본문	신명기 13~14장	시편 99~101편	이사야 41장	요한계시록 11장
개별주제	경계 - 유혹과 십일조	단속 - 예배와 정의	재판 - 참 신과 진술	전쟁 - 증인과 짐승
핵심구절	13:1~8,11,13~15,17 14:1~4,6,9~10,19 21~26,28~29	99:1~3,5~9 100:1~5 101:1~3,5~7	1~4,8~11,14~17, 21~24,26~27	1~5,7~13,15~19

묵상(매일묵상, 구역예배, 성경공부)

1. 경계 - 모세는 이스라엘 자손에게 유혹하는 자를 경계하고 십일조를 들이며 함께 먹으라고 명령했다.

   1) 모세는 이스라엘 자손에게 이적과 기사를 보이는 선지자나 꿈꾸는 자, 가족이나 친구, 불량배 등 다른 신을 섬기자고 유혹하는 자는 반드시 죽이라고 명령했다.(13:1~8,13~15)

   2) 모세는 이스라엘 자손에게 가증한 것은 먹지 말고 정한 것을 먹으며, 매 년과 매 삼 년 끝에 소산의 십일조를 드리고 레위인과 객과 고아와 과부들과 함께 먹으라고 했다.(3,9~10,19,22~23,28~29)

2. 단속 - 시편 기자와 다윗은 오직 하나님을 예배하고 정의로운 삶을 살기위해 자신을 단속하자고 권면했다.

   1) 시편 기자는 위대하신 여호와께서 다스리시니 그에게 찬송하고 경배하며 또 우리는 그가 기르시는 양이니 그에게 기도하여 응답받았던 모세, 아론, 사무엘처럼 간구하고 예배하자고 말했다.(99:1~2,5~9,100:1~3)

   2) 다윗은 어떤 상황 속에서도 정의를 벗어난 삶은 살지 않을 것이며, 비방하고 교만한 자를 용납하지 않을 것이고, 충성된 자와 함께 살겠다고 고백했다.(101:1~3,5~7)

3. 재판 - 하나님은 다른 신들에게 참 신과 살아서 일하는 신이 누구인지 진술하고 재판해 보자고 말씀하셨다.

   1) 이사야는 모든 것을 주관하시는 여호와가 스스로 누가 참 신임을 재판해 보자고 말씀하셨음을 전하고, 그가 이스라엘을 땅 끝에서부터 붙들고 부르며 택하고 강하게 세우신다고 예언했다.(1~4,8~11,14~17)

   2) 이사야는 여호와가 다른 신들에게 너희가 살아서 역사하는 신임을 보이거나 진술하라고 외치셨음을 전하고, 오직 하나님이 스스로 예루살렘에 모든 일을 행하실 것이라고 선포했다.(21~24,26~27)

4. 전쟁 - 요한은 두 증인과 무저갱에서 올라 온 짐승과의 전쟁을 보고 또 하나님의 성전과 언약궤도 보았다.

   1) 요한은 하나님께로부터 권세를 받은 두 증인이 1,260일을 예언하다가 무저갱에서 올라온 짐승과 전쟁을 하던 중에 죽임을 당하고 삼일 반 후에 부활하여 하늘로 승천할 것을 듣고 기록했다.(3~5,7~12)

   2) 요한은 일곱째 천사가 나팔을 불 때 하늘에 큰 음성들이 외치는 말을 듣고, 이십사 장로가 엎드려 하나님께 경배하는 말도 들으며, 하나님의 성전이 열리고 언약궤가 있는 환상을 본 후 기록했다.(15~19)

기도

1. 주여, 이적을 행하는 자와 가까운 자로부터 오는 유혹과 헌금으로부터 오는 유혹을 이기게 하옵소서.

2. 주여, 어떤 상황 속에서도 의로운 삶을 살며 하나님을 예배하고 예수를 증거하는 자가 되게 하옵소서.

주님의 열심은 모든 믿는 자의 기쁨이다

핵심구절

제 목	주님의 열심은 모든 믿는 자의 기쁨이다			
성경본문	신명기 15장	시편 102편	이사야 42장	요한계시록 12장
개별주제	면제 - 빚과 남 여종	들음 - 기도와 은혜	열심 - 백성과 이방	보호 - 선민과 교회
핵심구절	1~5,7~10,12~14, 16~20	1~5,8,11,13~17, 20~22,24,26~27	1~7,10,13,16~17 21~22,24	1~17

묵상(매일묵상, 구역예배, 성경공부)

1. 면제 - 하나님은 이스라엘 자손에게 칠년이 되면 빚은 면제해 주고, 종은 자유하게 하라고 하셨다.

　　1) 모세는 이스라엘 자손에게 매 칠년 끝에는 빚을 면제해 주되 가난한 자가 있을 때 손에 움켜쥐지 말고 쓸것을 넉넉히 주면 기업으로 주신 땅에서 반드시 복을 받고 가난한 자가 없을 것이라고 말했다.(1~5,7~10)

　　2) 모세는 동족 남자나 여자가 종으로 팔렸을 때 일곱째 해가 되면 빈 손이 아닌 후히 채워 자유롭게 하고, 종이 주인을 사랑함으로 동거하고 싶어 할 경우에는 귀를 뚫어 함께하라고 말했다.(12~14,16~18)

2. 들음 - 하나님은 고난당한 자가 기도하면 반드시 들으시고 긍휼히 여기셔서 은혜를 베푸신다.

　　1) 원수로부터 고난당한 자는 마음이 상하여 그의 근심을 여호와 앞에 고하는 기도를 드렸다.(1~5,8,11)

　　2) 고난 당한 자는 하나님이 영원하시고 긍휼히 여기시며 은혜 베푸시는 그 능력으로 시온을 건설하시고 빈궁한 자를 돌보시니, 자기를 중년에 데려가지 말아 달라고 기도했다.(13,16~17,20~21,24)

3. 열심 - 이사야는 자기 종에게 영을 부어 백성의 언약과 이방의 빛이 되게 하시는 하나님의 열심을 전했다.

　　1) 이사야는 하나님이 자기의 종, 마음에 기뻐하는 자, 택한 사람에게 자기의 영을 주어 백성의 언약과 이방의 빛이 되게 하시고 눈먼 자들, 갇힌 자, 흑암에 앉은 자를 나오게 하실 것이라고 예언했다.(1~7)

　　2) 이사야는 모든 자들에게 맹인들이요 범죄한 이스라엘인 자기 백성을 인도하시고 구원을 베푸시는 여호와께 새 노래로 찬송하라고 선포했다.(10,16~17,21~22,24)

4. 보호 - 요한은 하나님이 큰 용과의 싸움에서 이스라엘과 예수와 교회를 보호하시는 환상을 보고 기록했다.

　　1) 요한은 해를 옷 입은 한 여자가 아이를 낳았는데 머리가 일곱이요 뿔이 열인 큰 붉은 용이 그 여자와 아이를 괴롭혀 1,260일 동안 하나님의 예비하신 곳으로 피하여 양육을 받는 환상을 보았다.(1~6)

　　2) 요한은 용과 그의 사자들이 미가엘과 그의 사자들과 싸워 패한 후 땅으로 내쫓겨 아이를 낳은 여자를 핍박하나 큰 독수리의 도움으로 그 낯을 피하고 물을 토하자 땅이 삼켜 보호받는 환상을 보았다.(7~9,13~16)

기도

1. 주여, 우리에게 하나님의 뜻을 따르는 자비의 마음을 주사 모든 빚과 종의 관계를 탕감하게 하옵소서.
2. 주여, 악한 영으로 인하여 큰 환난과 고난을 당할 때에 간절히 기도하게 하시고 역사를 보게 하옵소서.

184

성도의 믿음은 구체적인 행동을 동반한다

핵심구절

제 목	성도의 믿음은 구체적인 행동을 동반한다			
성경본문	신명기 16장	시편 103편	이사야 43장	요한계시록 13장
개별주제	지킴 - 절기와 예물	송축 - 성품과 역사	증인 - 창조와 구원	인내 - 핍박과 짐승표
핵심구절	1~3,6~7,9~11,13~19	1~6,8~11,13~15,17~18,22	1~7,10~15,18~25	1~8,10~18

묵상(매일묵상, 구역예배, 성경공부)

1. 지킴 - 모세는 이스라엘에게 힘대로 예물을 가지고 나와 유월절, 칠칠절, 초막절을 지키라고 명령했다.
   1) 모세는 이스라엘 자손에게 아빕(니산)월에 유월절과 무교절을 지키고, 일곱 주가 지난 후 칠칠절을 지키며, 타작마당과 포도주 틀의 소출을 거두어 들인 후에 초막절을 지키라고 명령했다.(1~3,9~10,13)
   2) 모세는 세 절기를 지킬 때 하나님의 택하신 곳에서 주신 복을 따라 그 힘대로 예물을 가지고 나와 드릴것이며, 본인과 자녀, 노비, 레위인, 객, 고아, 과부가 함께 즐거워하라고 명령했다.(6~7,11,14~17)

2. 송축 - 다윗은 하나님을 경외하는 자들에게 그의 성품과 하시는 일들을 보고 송축하라고 선포했다.
   1) 다윗은 하나님의 거룩하심과 은택주심과 인자하심과 다스리심이 자기를 경외하는 자와 그의 자손에게까지 영원하시니 송축하고 또 송축하라고 했다.(1~2,17~18,22)
   2) 다윗은 하나님이 모든 죄악을 사하시며 모든 병을 고치시며 인자와 긍휼로 관을 씌우시며 소원을 만족하게 하시며 청춘을 새롭게 하시며 노하기를 더디하시며 공의로 행하시니 송축하라고 했다.(3~6,8~10,13)

3. 증인 - 이사야는 이스라엘에게 하나님은 구원자이시니 그의 백성으로서 그의 증인이 되라고 선포했다.
   1) 이사야는 하나님이 이스라엘을 창조하셨으며 구속하셨고 지명하여 불렀으며 보배롭고 존귀하게 여기시고 사랑하셨기 때문에 모든 것을 대가로 지불하여 친히 회복시키시니 증인이 되라고 선포했다.(1~7)
   2) 하나님은 이사야를 통해서 나 외에 다른 신이 없고, 구원자도 없으며, 자기는 거룩한 이요 이스라엘의 창조자요, 왕이심으로 친히 새 일을 행하리니 이전 일을 기억하지 말라고 말씀하셨다.(10~15,18~19)

4. 인내 - 요한은 용과 짐승이 하나님을 모독하고 짐승의 표를 받게 할 때 성도에게 인내가 필요하다고 했다.
   1) 요한은 바다에서 나온 일곱 머리와 열 뿔 가진 표범같은 짐승이 용의 능력과 보좌와 큰 권세를 가지고 용에게 경배하게 하고, 마흔두 달 동안 하나님과 하늘에 사는 자들을 비방하는 환상을 보았다.(1~8)
   2) 요한은 용과 짐승이 신성모독하고 성도들을 핍박할 때 성도들의 인내와 믿음이 여기있다고 말했다.(10)
   3) 요한은 땅에서 나온 두 뿔을 가진 다른 짐승이 용처럼 말하고 짐승의 권세를 행하며 이적을 행하여 사람들을 미혹하고 우상을 만들어 경배하지 않는 자를 죽이며 짐승의 표 666을 받게 하는 환상을 보았다.(11~18)

기도

1. 주여, 성회를 맞이할 때 창조자와 구원자이신 주 앞에 나와 힘을 다한 예물을 가지고 경배하게 하옵소서.
2. 주여, 우리로 하여금 항상 주 예수를 송축하고 증거하게 하시며 환난과 핍박 때에 인내하게 하옵소서.

주님은 세상을 질서 가운데 운영하신다

핵심구절

제 목	주님은 세상을 질서 가운데 운영하신다			
성경본문	신명기 17장	시편 104편	이사야 44장	요한계시록 14장
개별주제	질서 - 예물과 재판	운영 - 창조와 운영	중건 - 유다와 성전	구원 - 순결과 노래
핵심구절	1~5,8~9,11~12,14~19	1,4,8~9,13~15,19~24,27~31,33~35	2~4,6,8~11,13~17 21~25,28	1,3~10,12~20

묵상(매일묵상, 구역예배, 성경공부)

1. 질서 - 하나님은 모세를 통해 제사예물과 재판과 왕을 세우는 방법을 말씀하심으로 질서를 잡아 주셨다.
> 1) 모세는 흠이 있는 가증한 예물을 드리지 말고, 다른 신들을 섬기는 자와 고소된 일을 처리하는 제사장과 재판장의 판결을 따르지 않는 자는 돌로 쳐 죽이라고 했다.(1~5,8~9,11~12)
> 2) 모세는 약속의 땅에서 왕을 세우고자 할 때에 한 명을 세우고 병마와 아내와 은금을 많이 두지 말고 율법서를 옆에 두고 읽어 여호와를 경외하며 규례를 지키라고 했다.(14~19)

2. 운영 - 시편 기자는 하나님이 만물을 창조하시고 운영하시며 새롭게 하심으로 송축하라고 선포했다.
> 1) 시편 기자는 위대하시고 존귀하신 여호와 하나님이 천지만물을 조화롭고 질서있게 창조하셨고 또 모든 피조물들이 풍성하게 누리며 살 수 있도록 역사하셨다고 선포했다.(1,8~9,13~15,19~24,27~29)
> 2) 시편 기자는 여호와 하나님이 주의 영으로 지면을 새롭게 하시고 스스로 행하시는 일들로 인해 기뻐하시며 기도하는 자의 간구를 즐거워하시니 그를 송축하라고 선포했다.(30~31,33~35)

3. 중건 - 이사야는 하나님이 이스라엘의 죄와 허물을 사하시고 예루살렘과 성전을 중건하신다고 예언했다.
> 1) 이사야는 이스라엘을 다시 세우실 분은 구원자이신 만군의 여호와 밖에 없으며, 철공과 목공이 만든 신이 거짓 신임을 증명하는 증인은 이스라엘이라고 말했다.(2~4,6,8~11,13,16~17)
> 2) 이사야는 하나님이 이스라엘을 잊지 않으시고 허물과 죄를 없이하여 구속하시며, 고레스를 세워 예루살렘을 중건하고 성전의 기초를 세우시리니 만물은 소리 내어 노래하라고 말했다.(21~24,28)

4. 구원 - 요한은 어린 양이 144,000명을 구원하시는 것과 짐승과 우상을 경배하는 자가 심판받는 것을 보았다.
> 1) 요한은 어린 양이 시온 산에 섰고, 이마에 어린 양의 이름과 그 아버지의 이름을 쓴 순결한 자 십사만 사천이 새 노래를 배워 부르는 것을 보았다.(1,3~5,14~16)
> 2) 요한은 심판의 시간이 이르렀으니 하나님께 경배하라는 천사의 음성과, 짐승과 우상에게 경배하는 자는 진노의 잔을 마시고 고난을 받을 것이라는 다른 천사의 말을 들었다.(6~10,18~20)

기도

1. 주여, 만물을 창조하시고 운영하시며 새롭게 하시는 하나님께 온전한 예물을 드리게 하옵소서.
2. 주여, 짐승과 우상을 경배하지 말고 구원받아 오직 어린 양과 아버지를 새 노래로 경배하게 하옵소서.

주는 철저한 계획과 원칙 중에 일하신다

6/13

핵심구절

제 목	주는 철저한 계획과 원칙 중에 일하신다			
성경본문	신명기 18장	시편 105편	이사야 45장	요한계시록 15장
개별주제	규율 - 분깃과 징계	언약 - 맺음과 지킴	구원 - 계획과 사역	예전 - 대접과 노래
핵심구절	1~2,4~7,9~13, 18~20	1~4,8~13,15,17~19 24~27,36~37,39~45	1~7,9,13~15,17,19 20~22,25	1~8

묵상(매일묵상, 구역예배, 성경공부)

1. 규율 - 하나님은 레위인에 대한 분깃의 규율 그리고 가증한 일과 거짓 선지자의 징계규율을 말씀하셨다.
- 1) 하나님은 레위 지파에게 기업이 되어 주시고, 어느 성읍으로 이주하든지 여호와께서 택하신 곳에 이르면 같은 대우를 받게 하시며, 백성은 그에게 처음 거둔 것을 주어야 한다고 말씀하셨다.(1~2,4~7)
- 2) 하나님은 백성에게 가증한 일을 행하는 자들을 용납하지 말고, 선지자의 대언의 말씀은 반드시 들으며 거짓 선지자가 제 마음대로 전하거나 다른 신들의 이름으로 말하면 죽이라고 말씀하셨다.(9~13,18~20)

2. 언약 - 시편 기자는 하나님이 약속하신 것을 지키신 역사를 언급하며 감사와 찬양과 능력을 구하라고 했다.
- 1) 시편 기자는 이스라엘 백성들에게 여호와께 감사하고, 그 이름을 노래하며 찬양하고, 그 하신 일을 말하고 자랑하며, 그의 능력을 구하라고 했다.(1~4)
- 2) 시편 기자는 하나님이 아브라함과 맺은 영원한 언약을, 수가 적어 나그네가 되었을 때부터 애굽으로 이주하여 강하게 된 후 이적을 통해 구원하기까지 지키셨다고 증거했다.(8~13,24~27,36~37,39~45)

3. 구원 - 이사야는 하나님이 이스라엘과 열방을 구원하실 계획과 사역을 알리시고 행하셨다고 선포했다.
- 1) 이사야는 하나님이 고레스에게 기름을 부어 열방을 굴복하게 하시고, 어떤 대가도 지불하지 않고 이스라엘은 회복시키시며, 이 모든 일은 오직 구원자 이스라엘의 하나님만이 행하신다고 선포했다.(1~6,13~14)
- 2) 이사야는 열방에게 우상에게 기도하는 무지함을 버리고, 구원의 일을 계획하시며 옛부터 그 일을 듣게 하신 여호와 하나님께 나아와 구원을 받으라고 선포했다.(20~22)

4. 예전 - 요한은 한 생물이 일곱 대접재앙을 전달하는 것과 짐승에게 승리한 자가 노래하는 예전을 보았다.
- 1) 요한은 네 생물 중의 하나가 영원토록 살아계신 하나님의 진노를 가득히 담은 금 대접 일곱을, 하늘에 증거장막의 성전에서 일곱재앙을 가지고 나온 일곱 천사들에게 전해주는 환상을 보았다.(1,5~8)
- 2) 요한은 짐승과 그의 우상과 그의 이름의 수를 이기고 벗어난 자들이 불이 섞인 유리바다 가에 서서 하나님의 거문고를 가지고 의로우신 일을 행하신 구원의 노래를 부르는 환상을 보았다.(2~4)

기도

1. 주여, 생활 속에 침투하는 가증한 일과 거짓 선지자의 말과 교사들의 가르침을 멀리하게 하옵소서.
2. 주여, 택한 자를 향한 하나님의 끝없는 사랑과 인도하심을 믿고 날마다 천성을 향해 행진하게 하옵소서.

주님은 어떤 경우에도 선민을 관리하신다

핵심구절

제 목	주님은 어떤 경우에도 선민을 관리하신다			
성경본문	신명기 19장	시편 106편	이사야 46장	요한계시록 16장
개별주제	지킴 - 생명과 기업	베품 - 사죄와 구원	돌봄 - 인생과 알림	갖춤 - 신앙과 예복
핵심구절	1~3,5~6,9~10,13~15 18~19,21	1~5,9~16,19~20,23~33 35,37,40~41,43~46	3~12	2~6,8~15,17,19~21

묵상(매일묵상, 구역예배, 성경공부)

1. 지킴 - 하나님은 실수로 살인한 자와 제비뽑아 얻은 기업과 인간관계의 진실을 지키도록 명령하셨다.

   1) 모세는 이스라엘 백성들에게 부지중에 살인한 자의 무죄한 피를 흘리지 않기 위하여 성읍 중에 도피성 여섯을 구별하라고 명령했다.(1~3,5~6,9~10)

   2) 모세는 이스라엘 백성들에게 조상이 정한 이웃의 경계표를 옮기지 말고, 모든 악과 죄에 대하여는 두세 증인의 입으로 확정하며, 위증하는 자는 판명하여 꾀한 대로 갚아주라고 명령했다.(14~15,18~19)

2. 베품 - 시편 기자는 이스라엘이 교묘하게 하나님을 거역해도 끝까지 구원을 베풀어 달라고 기도했다.

   1) 시편 기자는 여호와의 선하심과 인자하심과 권능을 찬양하고, 주의 백성에게 은혜와 구원을 베푸시듯 자기에게도 주의 나라의 기쁨과 유산을 나눠주어 자랑하게 해 달라고 기도했다.(1~5)

   2) 시편 기자는 하나님이 이스라엘을 애굽에서 건져내시고 인도하셨으나 그들은 항상 모세를 대적하고 우상을 숭배하며 교묘하게 거역하여 하나님의 진노를 샀다고 회고했다.(9~12,16,19~20,32~33, 40~41,43)

3. 돌봄 - 이사야는 선민이 태어날 때부터 백발이 될 때까지 죄악 중에 있어도 하나님은 돌보신다고 선포했다.

   1) 이사야는 하나님이 이스라엘을 태어남으로부터 백발이 되기까지 품고 돌보신다고 선포했다.(3~5)

   2) 이사야는 패역한 이스라엘에게 하나님의 옛적 일을 기억하고 유일하신 여호와를 온전히 알며 그의 구원 및 심판의 계획하심과 시행하심을 기다리라고 선포했다.(8~11)

4. 갖춤 - 요한은 일곱 대접재앙 때에 자기 옷을 지켜 갖춰 입고 부끄러움을 보이지 않는 성도를 보았다.

   1) 요한은 첫째 천사로부터 여섯째 천사가 진노의 대접을 땅에 쏟으매 독한 종기와 죽은 자의 피와 불과 아픈 것과 전쟁 등의 재앙이 일어나 많은 사람이 죽고 바벨론이 망하는 것을 보았다.(2~4,8,10,19~20)

   2) 요한은 일곱 대접재앙 때에 귀신의 세 영에 이끌리어 회개하지 않고 하나님을 비방하는 무리를 보았고 또 깨어 자기 옷을 지켜 벌거벗지 않고 부끄러움을 보이지 아니하는 성도를 보았다.(9,11~15,21)

기도

1. 주여, 신앙생활 중에 주님이 주신 규율과 계명을 잘 지켜 선을 넘지 않고 덕을 세우는 자가 되게 하옵소서.

2. 주여, 저희로 하여금 고난과 환난이 닥쳐와도 신앙의 예복을 잘 갖춰 입게 하시고 백발까지 지켜 주옵소서.

하나님은 항상 주의 나라를 정돈하신다

제 목	하나님은 항상 주의 나라를 정돈하신다			
성경본문	신명기 20장	시편 107편	이사야 47장	요한계시록 17장
개별주제	타당 - 귀가와 조공	평온 - 간구와 항구	예고 - 교만과 주술	심판 - 음행과 비방
핵심구절	1~8,10~14,17~19	1~3,6~7,9~12,15,17 19~21,23~31,36~39,41	1~4,6~13,15	1~10,12~17

묵상(매일묵상, 구역예배, 성경공부)

1. 타당 - 하나님은 이스라엘 백성이 전쟁에 나갈 때에 이유가 있는 자는 타당하게 제외시켜 주셨다.

    1) 모세는 이스라엘 자손들에게 적군과 싸울 때에 말과 병거와 백성의 수를 보지 말고, 하나님이 함께 행하시니 두려워하지 말며 건축한 자, 포도원을 만든 자, 약혼한 자는 돌아가라고 말했다.(1~8)

    2) 모세는 이스라엘 자손들에게 화평을 선언하고 받아 들이는 성읍은 조공을 받치게 하고 그렇지 않은 성읍은 점령할 것이며, 가증한 일을 가르칠 가나안 여섯 족속은 진멸하라고 말했다.(10,12~13,17~18)

2. 평온 - 시편 기자는 주가 말씀을 거역한 자에게 고난을 주시나 부르짖는 자에게는 평온을 주신다고 말했다.

    1) 시편 기자는 사람이 흑암과 사망의 그늘과 곤고에 매임은 하나님의 말씀을 거역하고 그의 뜻을 멸시하기 때문임으로 다시 여호와께 부르짖으면 그 고통에서 구원해 주신다고 말했다.(2~3,6~7,9~12,19~20)

    2) 시편 기자는 인생이 바다 위를 항해하는 배와 같아서 여러 가지 광풍을 만나 심히 곤고하지만 오직 여호와를 의지하면 그가 기이한 일을 행하사 소망의 항구에 인도하신다고 말했다.(23~30)

3. 예고 - 이사야는 하나님께서 교만한 바벨론이 어떤 주술과 주문을 행할지라도 멸하신다고 예고했다.

    1) 하나님은 이사야를 통해 이스라엘이 범죄하였을 때에 막대기로 사용했던 바벨론이 자기뿐이라고 말하는 교만을 보시고 이 바벨론을 재앙으로 심판하신다고 예고하셨다.(1~4,6~7,10~11)

    2) 이사야는 바벨론이 어떤 주술과 주문과 계략과 동맹을 맺은 자들로도 이 심판을 결코 피하지 못한다고 선포했다.(9,12~13,15)

4. 심판 - 요한은 만왕의 왕이신 예수님이 사단과 마귀를 탄 음녀 바벨론을 심판하시는 환상을 보았다.

    1) 요한은 붉은 빛 짐승을 탄 큰 음녀가 백성과 무리와 열국과 방언들 위에 앉아 땅의 임금들과 음행하는 환상과 결국 심판 받는 환상을 보았다.(1~4,15)

    2) 요한은 일곱 머리와 열 뿔을 가진 짐승이 만주의 주시요 만왕의 왕이신 어린 양과 더불어 싸워 지는 환상을 보았다.(7,9,12,14)

기도

1. 주여, 주의 말씀과 뜻을 거역하거나 멸시하지 말고 오직 순종하며 부르짖음으로 평온을 얻게 하옵소서.
2. 주여, 마귀가 지배하는 세상과 음행하지 말게 하시고 오직 어린 양의 말씀 안에서 거룩하게 하옵소서.

성도는 성실하게 영성을 관리해야 한다

제 목	성도는 성실하게 영성을 관리해야 한다			
성경본문	신명기 21장	시편 108~109편	이사야 48장	요한계시록 18장
개별주제	시행 - 시체와 가족	고발 - 대적과 저주	주의 - 곁길과 명령	피함 - 우상과 죄악
핵심구절	1~5,7~8,10~15,17~21	108:1~4,6,11~13 109:1~6,9~12,16~17 20~22,26~28,30~31	1~2,4~9,12,14~15 17~20,22	2~9,11~15,17~20,24

묵상(매일묵상, 구역예배, 성경공부)

1. 시행 - 모세는 원인 모를 죽음, 포로아내 맞음, 이복형제 서열, 패륜아들 처단의 시행에 대해 명령했다.
  1) 모세는 죽인 자를 알지 못하는 경우 시체의 제일 가까운 성읍이 소를 잡아 속량의 제사와 기도를 드릴것이며, 여자 포로를 아내로 삼을 때에는 정해진 의전을 행하라고 명령했다.(1~5,7~8,10~14)
  2) 모세는 남자가 두 아내로부터 각각 아들을 낳았을 때 사랑과 미움에 관계없이 먼저 난 자를 장자로 인정하여 두 몫을 주고, 부모의 말을 듣지 않는 패역한 아들은 성읍의 사람들이 죽이라고 말했다.(15,17~21)

2. 고발 - 다윗은 여호와 하나님께 자기의 대적의 악에 대해 철저히 고발하고 저주해 주실 것을 기도했다.
  1) 다윗은 마음을 다해 하나님을 찬양하고, 사람을 의지하는 것은 헛됨으로 오직 인자하신 하나님을 의지하오니 도와 주사 대적을 물리치게 해 달라고 기도했다.(108:1~4,11~13)
  2) 다윗은 말과 행위로 자기를 대적하는 자들에게 하나님이 그와 그 자녀와 그 모든 것을 철저히 저주해달라고 기도했다.(109:1~4,9~12,16,20,26~28,31)

3. 주의 - 하나님은 선민이 그동안 곁길로 갔을지라도 다시 주의 명령을 주의하면 구속하신다고 말씀하셨다.
  1) 하나님은 이스라엘 백성들이 진실과 공의가 없고 외식함을 아셨으나 모든 일을 미리 예언하여 알게 하시고 또 성취해 가심으로 그들로 하여 오직 하나님이 하셨다고 말할 수밖에 없도록 하셨다.(1~2,4~9)
  2) 처음이요 마지막이시며 구속자시요 거룩하신 자이신 여호와께서 이스라엘에게 주의 명령에 주의하면 평강과 공의와 자손의 번성과 이방으로부터의 구속을 받게 된다고 말씀하셨다.(12,14,17~20)

4. 피함 - 하나님은 음행과 사치를 일삼는 바벨론은 멸망시키시고, 죄악을 피하는 백성들은 구원하신다.
  1) 요한은 땅의 왕들과 상인들이 사치의 세력으로 치부하고 음행하던 곳인 큰 성 바벨론이 강하신 하나님의 심판으로 말미암아 하루 동안에 화를 당하여 무너짐을 환상으로 보았다.(2~3,5~8,14,17~19)
  2) 요한은 주의 백성들에게 죄에 참여하지 말고 받을 재앙들을 피하라는 음성과, 음행하고 사치하던 땅의 왕들과 상인들이 불타는 심판 가운데서 애통하는 일이 있을 것이라는 음성을 들었다.(4,9,11~13,15,20,24)

기도

1. 주여, 삶에서 악을 제하여 버리고 주님의 말씀을 따라 거룩한 삶을 살아가게 하옵소서.
2. 주여, 삶에서 대적자와 원수의 고난과 괴롭힘을 당할 때에 오직 기도뿐임을 알고 간구하게 하옵소서.

주의 말씀에 순종하면 영적 체험을 한다

핵심구절

제 목	주의 말씀에 순종하면 영적 체험을 한다			
성경본문	신명기 22장	시편 110~111편	이사야 49장	요한계시록 19장
개별주제	준수 - 소유와 도리	경외 - 신뢰와 지혜	들음 - 목적과 회복	체험 - 경배와 불못
핵심구절	1~3,5,8,13~19, 23~25,28~29	110:1~3,5 111:1~5,7~8,10	1~3,5~6,8,10,13~19 22~23,25~26	1~2,4~9,11~21

묵상(매일묵상, 구역예배, 성경공부)

1. 준수 - 모세는 이웃의 소유에 대한 소중성 및 성의 정체성과 책임성과 순결성을 준수하라고 명령했다.
  1) 모세는 이스라엘 자손들에게 이웃의 물건에 대한 소중성과 남성 및 여성의 정체성을 잘 지키라고 명령했다.(1~3,5)
  2) 모세는 이스라엘 자손들에게 성의 책임성과 순결성을 실례를 들어 자세히 권면했다.(13~19, 25,28~29)

2. 경외 - 시편 기자는 심판의 주시며 위대한 일을 행하시는 하나님을 경외하는 것이 지혜의 근본이라고 했다.
  1) 다윗은 자기의 주가 되는 자에게 하나님이 권능을 주셔서 원수와 뭇 나라의 왕들을 심판하실 것이라고 고백했다.(110:1~3,5)
  2) 시편 기자는 여호와께서 행하시는 일들이 크고 존귀하며 엄위하고 진실하니 그를 경외하는 것이 지혜의 근본이요, 하나님은 경외하는 자에게 양식을 주시고 언약을 기억하신다고 말했다.(111:2~5,7~8,10)

3. 들음 - 이사야는 시온에게 하나님이 특별한 목적을 가지고 조성하셨음으로 회복의 약속을 들으라고 말했다.
  1) 하나님은 이스라엘에 대하여 조성하실 때부터 이방의 빛이 되게 하실 특별한 목적을 가지고 계셨음으로 때가 되면 반드시 회복할 것이라는 약속을 이사야를 통해서 말씀하셨다.(1~3,5~6,8,13)
  2) 시온은 여호와께서 자기를 버리고 잊으셨다고 말하였으나, 하나님은 자식 같은 이스라엘을 결코 버리지 않으시고 반드시 신부처럼 꾸며주며 위대하게 세우시겠다고 이사야를 통해 선포했다.(14~19,22~23,25~26)

4. 체험 - 요한은 하늘에서 경배하는 소리를 들었고 백마를 탄 예수가 짐승을 물리치는 환상을 체험했다.
  1) 요한은 하늘에 허다한 무리가 큰 음성으로 하나님께 찬양하는 소리, 이십사 장로와 네 생물이 하나님께 경배하는 소리, 천사가 어린양의 혼인잔치에 청함을 받은 자는 복이 있다는 음성을 들었다.(1~2,4~9)
  2) 요한은 하늘이 열리고 충신, 진실, 하나님의 말씀, 만왕의 왕, 만주의 주라 이름하는 백마를 탄 자가 희고 깨끗한 세마포 옷을 입고 백마를 탄 군대들과 함께 나타나는 것을 보았다.(11~16)
  3) 요한은 왕들, 장군들, 장사들, 말들, 말을 탄 자들, 자유인들, 종들, 작은 자, 큰 자의 살을 새들이 먹는 것과 짐승, 거짓 선지자가 싸움에서 패한 후 유황불 붙는 못에 던져지는 것을 보았다.(17~21)

기도

1. 주여, 일상생활에서 경건의 연습뿐만이 아니라 주님의 명령을 준행하는 그리스도인이 되게 하옵소서.
2. 주여, 말세에 환난과 심판이 있고 예수님이 재림하셔서 성도를 온전히 구원하시는 것 을 믿게 하옵소서.

191

주는 인간에게 철저한 룰을 적용 하신다

제 목	주는 인간에게 철저한 룰을 적용 하신다			
성경본문	신명기 23장	시편 112~113편	이사야 50장	요한계시록 20장
개별주제	규정 - 총회와 일상	기준 - 축복과 찬양	확정 - 포로와 사명	판결 - 결박과 불못
핵심구절	3~10,13~17,19,21 23~24	112:1~7,10 113:1~3,5~9	1~2,4~10	1~15

묵상(매일묵상, 구역예배, 성경공부)

1. 규정 - 하나님은 모세를 통해 여호와의 총회에 들어올 자와 이웃 사랑 실천에 대한 규정을 말씀하셨다.
   1) 모세는 이스라엘 자손에게 여호와의 총회에 들어오지 못할 자와 들어올 자와 나중에 들어올 자를 지정해 주었다.(3~5,8)
   2) 모세는 이스라엘 자손에게 도망한 종의 문제, 창기와 남창의 문제, 이자의 문제, 서원이행의 문제 등을 자세히 규정해 주었다.(15~17,19,21)

2. 기준 - 시편 기자는 하나님이 복을 주시는 자의 기준과 하나님 자신이 어떤 사역을 하시는지 선포했다.
   1) 시편 기자는 여호와를 경외하며 그의 계명을 즐거워하는 자, 정직하며 은혜를 베풀고 꾸어 주는 자는 복을 받을 것이라고 선포했다.(112:1~6)
   2) 시편 기자는 여호와 하나님이 스스로 낮추사 천지를 살피시고 가난한 자를 일으키시며 궁핍한 자를 들어 지도자들과 함께 세우시니 그의 이름을 찬양하고 찬송하라고 선포했다.(113:1~3,6~8)

3. 확정 - 하나님은 선민이 이방에 팔린 원인과 회복의 뜻을 선포케 하기 위해 이사야를 예언자로 확정하셨다.
   1) 하나님은 이스라엘 백성들에게 선민이 이방에 팔린 것은 너희 스스로의 죄악 때문이요 하나님의 능력이 부족하기 때문은 아니라고 말씀하셨다.(1~2)
   2) 이사야는 여호와께서 자기에게 학자와 같은 혀와 귀를 주사 알아듣게 하시고 곤고한 자를 돕게 하셨으니 어떤 모욕을 당해도 거역하거나 뒤로 물러가지 않고 주가 함께하심을 믿고 승리하겠다고 했다.(4~10)

4. 판결 - 요한은 사탄의 결박, 짐승과 우상을 숭배한 자의 심판적 판결, 순교자들의 첫째 부활을 보았다.
   1) 요한은 천사가 무저갱의 열쇠와 큰 쇠사슬을 가지고 내려와서 용, 옛뱀, 마귀, 사탄을 천년 동안 결박하여 무저갱에 던져 넣어 잠그고 천년이 차도록 만국을 미혹하지 못하게 하는 것을 보았다.(1~3)
   2) 요한은 예수를 증언함과 하나님의 말씀 때문에 순교한 영혼들과, 짐승과 우상에게 경배하지 않고 짐승의 표를 받지 않은 자들이 첫째 부활을 하여 그리스도와 함께 왕노릇하게 되는 것을 보았다.(4~6)
   3) 요한은 천년 후 사탄이 불과 유황 못에서 괴로움을 받는 광경과 생명책에 기록되지 못한 자가 행위에 따라 기록된 대로 심판을 받고 둘째 사망과 불못에 던져지는 것을 보았다.(7~15)

기도

1. 주여, 하나님이 우리에게 명령하신 일상의 규정과 기준을 온전히 지킴으로 복을 받게 하옵소서.
2. 주여, 우리의 죄와 불신앙으로 세상에서 고통을 받고 또 재림 때 백보좌 심판 받는 것을 알게 하옵소서.

하나님은 선민에게 너그럽게 역사하신다

핵심구절

제 목	하나님은 선민에게 너그럽게 역사하신다			
성경본문	신명기 24장	시편 114~115편	이사야 51장	요한계시록 21장
개별주제	자비 - 구제와 배려	도움 - 건짐과 방패	위로 - 회복과 보응	새것 - 생명책과 장막
핵심구절	1~2,5~6,9~10, 12~13,15~20	114:1~3,7~8 115:1,3~5,9~15,17~18	1~5,7~8,11~13, 16~19,22	1~7,9~12,14,16~18 21~27

묵상(매일묵상, 구역예배, 성경공부)

1. 자비 - 하나님은 모세를 통해 선민사회를 운영할 때에 자비롭고 인색하기 않게 행하라고 말씀하셨다.
   1) 하나님은 모세를 통하여 이스라엘 자손들에게 결혼했을 때, 전당잡을 때, 꾸어줄 때 자비롭게 처리하라고 말씀하셨다.(5~6,10,12~13)
   2) 하나님은 이스라엘 자손들에게 품삯은 절대 미루지 말고, 부자지간에는 살인하지 말며, 객이나 고아의 송사를 공평하게 하고 과부의 옷을 전당잡지 말며 추수할 때 이삭을 남겨두라고 말씀하셨다.(15~20)

2. 도움 - 하나님이 인자와 진실로 이스라엘의 도움과 방패가 되신다고 시편 기자는 고백하고 떨며 찬송했다.
   1) 시편 기자는 하나님이 이적으로 이스라엘을 애굽에서 나오게 하사 그들을 성소와 영토로 삼으셨으니 그 앞에 떨며 두려움으로 나아가야 한다고 선포했다.(114:1~3,7~8)
   2) 시편 기자는 이스라엘 백성들에게 살아계신 하나님이 인자하심과 진실하심으로 친히 우리의 도움과 방패와 복이 되어 주시니 그를 송축하라고 선포했다.(115:1,3,9~15,17~18)

3. 위로 - 하나님은 분노의 잔을 마신 이스라엘을 위로하사 에덴동산 같이 회복하시겠다고 말씀하셨다.
   1) 이사야는 하나님이 이스라엘을 향하여 황폐한 곳을 에덴같게 광야를 동산같게 하시고, 공의로 구원을 베푸시니 선민을 위로할 자는 여호와 밖에 없다고 선포했다.(2~5,7~8,11~13)
   2) 이사야는 여호와의 손에 있는 분노의 잔을 마심으로 비틀걸음치는 이스라엘을 향하여 하나님이 억울함을 풀어주시고 분노의 잔을 거두시며 괴롭게 하던 자들에게 보응하시겠다는 말씀을 선포했다.(17~19,22)

4. 새것 - 하나님은 생명책에 기록된 자가 들어갈 거룩한 성 새 예루살렘을 영원한 장막으로 보여 주셨다.
   1) 요한은 단장한 신부같은 거룩한 성 새 예루살렘이 하나님의 장막이 되어 하나님의 백성과 함께 하니 눈물도 사망도 애통하는 것도 곡하는 것도 아픈 것도 없고, 생명수 샘물이 넘쳐나는 것을 보았다.(1~7)
   2) 요한은 성령에 이끌리어 하늘에서 내려온 거룩한 성 예루살렘의 모습, 성곽, 열두 기초석, 열두 문, 성의 크기, 성의 재질 등을 보고, 생명책에 기록된 자만 들어가리라는 음성도 들었다.(9~12,14,16~18,27)

기도

1. 주여, 하나님의 뜻과 명령에 따라 인색하지 말고 자비와 인자함으로 이웃을 사랑하게 하옵소서.
2. 주여, 하나님의 도우심과 회복하심을 늘 체험하고 깨달아 생명책에 기록되는 성도가 되게 하옵소서.

하나님은 믿는 자에게 온전히 갚으신다

핵심구절

제 목	하나님은 믿는 자에게 온전히 갚으신다			
성경본문	신명기 25장	시편 116편	이사야 52장	요한계시록 22장
개별주제	공정 - 재판과 거래	은혜 - 응답과 긍휼	속량 - 전함과 정결	보상 - 치료와 권세
핵심구절	1~3,5~7,10,13~15	1~7,10,12~14,17~19	1~3,6~7,9~13,15	1~5,7,9~16,18~20

묵상(매일묵상, 구역예배, 성경공부)

1. 공정 - 하나님은 모세를 통해 하나님의 선민은 공정한 사회생활과 가계를 이루어 가라고 명령하셨다.

    1) 모세는 이스라엘 자손들에게 시비가 생기면 공정한 재판을 하여 태형을 집행하고, 형제가 죽으면 계속대를 이을 수 있도록 결혼을 하되 원치 않으면 신 벗김 받은 자의 집이라 부르라고 했다.(1~3,5~7,10)

    2) 모세는 모든 거래에 있어서 속이지 말고 온전하고 공정하게 행하라고 명령했다.(13~15)

2. 은혜 - 시편 기자는 주님이 기도를 들으시고 베푸시는 은혜가 너무 커서 감사와 찬송을 드린다고 고백했다.

    1) 시편 기자는 여호와 하나님이 자기의 간구를 들으시고, 은혜로우시며 의로우시며 긍휼이 많으심으로 평생에 기도하겠다고 고백했다.(1~5)

    2) 시편 기자는 하나님이 자기에게 주신 은혜가 너무 커서 자기의 서원한 것을 갚으며 감사제를 드리고 여호와의 이름을 부르며 찬송하겠다고 고백했다.(12~14,17~19)

3. 속량 - 이사야는 하나님이 시온을 속량할 것이니 깨고 털고 풀고 전하고 정결하고 느긋하라고 명령했다.

    1) 이사야는 시온 예루살렘을 향하여 하나님이 속량하실 것이니, 깨고 털고 스스로 푼 후 여호와의 이름을 알리고 평화를 공포하며 복된 좋은 소식을 전하라고 명령했다.(1~3,6~7)

    2) 이사야는 황폐한 예루살렘을 향해 하나님이 자기의 형통한 종을 통하여 구속하실 것이니, 포로된 곳을 떠나며 부정한 것을 만지지 말고 정결하며 느긋하게 행동하라고 명령했다.(9~13,15)

4. 보상 - 요한은 광명한 새벽별이신 예수님이 재림하셔서 그 행한 대로 보상하시겠다는 음성을 들었다.

    1) 요한은 하나님과 및 어린 양의 보좌로부터 나온 수정같이 맑은 생명수 강과, 그 좌우에 생명나무가 열두가지 열매와 그 잎사귀들로 만국을 치료하려고 있고, 그의 종들이 그를 섬기려는 광경을 보았다.(1~3)

    2) 요한은 다윗의 뿌리요 광명한 새벽별이신 예수께서 속히 오셔서 각 사람에게 그 행한 대로 상을 주시고, 자기 두루마기를 빠는 자들은 새 성에 들어갈 권세를 주시겠다는 주의 음성을 들었다.(12~16,20)

기도

1. 주여, 믿는 자로서 생활에서나 거래에서나 공정하고 정직하여 하나님의 채우심을 경험하게 하옵소서.
2. 주여, 하나님이 값없이 구속하셨으니 스스로 풀고 느긋하게 좋은 소식을 전파하여 상을 받게 하옵소서.

성도의 참됨은 주의 뜻을 수용함에 있다

핵심구절

제 목	성도의 참됨은 주의 뜻을 수용함에 있다			
성경본문	신명기 26장	시편 117~118편	이사야 53장	마태복음 1장
개별주제	준행 - 맏물과 규례	경배 - 찬양과 감사	감당 - 상함과 질고	순종 - 잉태와 결혼
핵심구절	1~4,7~12,15~19	117:1~2 118:1~9,13~14,17,21	2~7,9~12	1~3,5~6,12~13,16 18~21,23~25

묵상(매일묵상, 구역예배, 성경공부)

1. 준행 - 모세는 이스라엘 자손들에게 소산의 맏물을 드리는 것과 명령와 법도 준행하는 것을 명령했다.
   1) 모세는 이스라엘 자손들에게 약속의 땅에 들어가 소산을 얻으면 주의 이름을 두시려고 택한 곳으로 그 맏물을 가지고 가서 신앙고백과 함께 드리고 레위인과 객과 함께 즐거워하라고 명령했다.(1~4,7~12)
   2) 모세는 이스라엘 자손들에게 여호와를 인정하고 그 도를 행하며 규례와 명령과 법도를 마음과 뜻을 다하여 지켜 행하면 하나님의 보배로운 백성과 여호와의 성민이 될 것이라고 선포했다.(16~19)

2. 경배 - 시편 기자는 모든 나라와 백성들, 이스라엘과 구원받은 자들에게 여호와를 경배하라고 말했다.
   1) 시편 기자는 모든 나라들과 백성들에게 여호와의 인자하심과 진심하심을 찬양하라고 말했다.(117:1~2)
   2) 시편 기자는 이스라엘과 아론의 집과 여호와를 경외하는 자가 여호와의 인자하심이 영원함을 고백하고 또 여호와가 우리의 편이 되어 주셔서 구원하셨으니 감사하라고 말했다.(118:1~7,13~14,21)

3. 감당 - 이사야는 고난의 종이 모든 자의 죄를 위해 주의 뜻에 순종하여 상함과 질고를 감당했다고 말했다.
   1) 이사야 선지자는 겸손한 고난의 종이 도수장으로 끌려가는 어린 양같이 오셔서 우리의 허물과 죄악과 평화와 나음의 문제를 해결할 것이라고 예언했다.(2~7,11)
   2) 이사야는 하나님이 고난의 종에게 상함과 질고를 당하게 하셨고, 그는 스스로 모든 고난을 감당하여 범죄자 중에 하나로 헤아림을 받았다고 증거했다.(10,12)

4. 순종 - 마태는 임마누엘이신 예수 그리스도가 의로운 요셉과 마리아의 순종을 통해 태어났음을 증거했다.
   1) 마태는 예수 그리스도의 계보를 아브라함부터 요셉까지 일목요연하게 정리하여 기술했다.(1~3,5~6,12,16)
   2) 마태는 구약에 예언된 임마누엘이신 예수 그리스도가 성령으로 잉태되어 의로운 요셉과 거룩한 마리아를 통해 태어나셨음을 증거했다.(18~21,23~25)

기도

1. 주여, 하나님이 주시는 모든 소유의 십일조를 온전히 드리게 하시고 말씀따라 사는 자가 되게 하옵소서.
2. 주여, 하나님의 인자하심과 진심하심을 체험하고, 찬양하며 감사하는 순종의 사람이 되게 하옵소서.

주는 복을 주시기 위해 조건을 제시하신다

제 목	주는 복을 주시기 위해 조건을 제시하신다			
성경본문	신명기 27~28장 19절	시편 119편 1~24절	이사야 54장	마태복음 2장
개별주제	청종 - 율법과 제사	실행 - 증거와 율례	노래 - 성벽과 자녀	순종 - 경배와 피신
핵심구절	27:2~6,8,12~16,19,25 28:1~9,12~14	1~2,5~6,8~11,14~15 17~18,20~22,24	2~8,10~14,17	1~2,4~8,10~14,16 19~21,23

묵상(매일묵상, 구역예배, 성경공부)

1. 청종 - 모세는 백성에게 율법을 기록하고 청종하며 단에서 제사할 때 하나님이 복을 주신다고 역설했다.

1) 모세는 백성에게 약속에 땅에 들어가면 율법을 기록한 큰 돌들을 세우고, 돌단을 쌓아 번제와 화목제를 드리며, 그리심 산과 에발 산에서 축복과 저주를 선포하되 백성은 아멘하라고 명령했다.(27:2~6,12~16)

2) 모세는 이스라엘 백성에게 하나님의 말씀을 듣고 지켜 행하면 그가 세계 모든 민족 위에 뛰어나게 하실 것이며, 하늘의 아름다운 보고를 열어 모든 복을 때를 따라 주실 것이라고 선포했다.(28:1~9,12~14)

2. 실행 - 시편 기자는 주의 말씀을 실행하는 자가 복이 있으므로 주께 도우심을 구하고 또 즐거워했다.

1) 시편 기자는 여호와의 율법, 증거, 법도, 율례를 지키는 자들이 복이 있다고 말했다.(1~2)

2) 시편 기자는 여호와의 말씀을 온전히 지키기 위해 하나님의 섬세하신 도우심을 구하고, 또 실행한 후에는 즐거워하며 감사한다고 고백했다.(5,8,10~11,14~15,17~18,24)

3. 노래 - 이사야는 주가 선민의 남편이 되어 영원한 자비로 성과 자녀를 다시 세울 것이니 노래하라고 했다.

1) 이사야는 여호와 하나님이 이스라엘의 남편과 구속자가 되어 주셔서 수치와 치욕을 잊게 하시고, 잠시 버렸으나 영원한 자비로 긍휼히 여기시며, 화평의 언약은 흔들리지 않게 하신다고 예언했다.(2~8,10)

2) 이사야는 여호와 하나님이 예루살렘 성을 다시 보석으로 세울 것이며, 자녀는 하나님의 교훈을 받고 평안할 것이며, 모든 대적자들은 다 정죄를 받을 것이라고 예언했다.(11~14,17)

4. 순종 - 동방박사와 요셉 부부는 주의 사자의 지시하심에 순종함으로 생명을 보전하고 고국으로 돌아왔다.

1) 동방박사들은 예수가 유대 베들레헴에서 나심을 알고 경배하기 위해 별을 보고 찾아와 황금과 유향과 몰약을 예물로 드리고, 꿈에 지시하심을 받아 다른 길로 돌아갔다.(1~2,4~8,10~12)

2) 요셉과 마리아는 주의 사자의 지시하심을 받아 예수와 함께 애굽으로 피신했다가 헤롯이 죽은 후 이스라엘 땅 나사렛 동네에 와서 살았다.(13~14,16,19~21,23)

기도

1. 주여, 주의 율법과 법도를 청종하고 준행하며 화목의 제단을 쌓음으로 축복을 받게 하옵소서.
2. 주여, 인류를 구원하기 위해 오신 예수님을 경배하고 그를 통한 영원한 자비로 회복되게 하옵소서.

주는 성도가 입체적 삶을 살기 원하신다

핵심구절

제 목	주는 성도가 입체적 삶을 살기 원하신다			
성경본문	신명기 28장 20~68절	시편 119편 25~48절	이사야 55장	마태복음 3장
개별주제	경고 - 거역과 형식	간구 - 도움과 깨달음	권면 - 찾기와 만나기	전파 - 천국과 예수
핵심구절	20~22,25,27~29,32,34 36~37,43~44,47~50,52 56~59,62~63,67~68	25~29,32~36,41~43 47~48	1~3,5~9,11	1~2,5~11,13~17

묵상(매일묵상, 구역예배, 성경공부)

1. 경고 - 모세는 이스라엘 백성에게 하나님을 거역하고 형식적 섬김을 행하면 저주를 받는다고 경고했다.
   1) 모세는 이스라엘 백성이 여호와를 향해 악을 행하고 그를 잊으면 모든 일에 저주, 혼란, 책망이 임하여 각종 병에 걸리고 적군에게 패하며 포로가 되어 미치게 된다고 말했다.(20~22,25,27~28,34,36~37,68)
   2) 모세는 이스라엘 백성이 여호와를 기쁨과 즐거운 마음으로 섬기지 아니하면 적군으로 인해 주리고 목마르고 헐벗고, 동족끼리 서로 미운 눈으로 바라보며, 질병이 오래 갈 것이라고 말했다.(47~50,56,59,67)

2. 간구 - 시편 기자는 영혼의 눌림과 육체의 연약을 도와주시고 율법과 계명을 깨닫게 해달라고 간구했다.
   1) 시편 기자는 자기의 영혼과 육체의 행위가 연약하고 부패하여 넘어지니 하나님께서 율례와 법도와 계명으로 살려주시기를 간구했다.(25~29,32)
   2) 시편 기자는 하나님이 주의 율례와 법과 계명과 증거를 가르쳐 주시고 깨닫게 하시며 행하게 하시면 날마다 전심으로 지키고 즐거워하며 의지하겠다고 말했다.(33~36,41~43,47~48)

3. 권면 - 이사야는 선민들에게 여호와께 나아가 그를 찾고 그를 만나며 그의 음성을 들으라고 권면했다.
   1) 이사야는 목마른 자들과 돈 없는 자들에게 여호와께 나아가 그의 음성을 들으며 그의 영원한 언약에 참예하라고 권면했다.(1~3)
   2) 이사야는 선민에게 여호와의 생각과 길이 뛰어나심으로 그를 만날 만한 때에 찾고 가까이 계실 때에 부르며 그의 말씀을 들을 때, 그로 인하여 형통하게 될 것이라고 말했다.(6~9,11)

4. 전파 - 세례요한은 회개와 천국과 예수를 전파하고, 예수는 세례와 성령 임재와 하늘의 음성을 들으셨다.
   1) 세례 요한은 유대 광야에서 회개와 천국을 전파하고, 바리새인들과 사두개인들을 독사의 자식들이라고 야단치며, 회개의 합당한 열매를 맺으라고 책망하면서 오신 예수 그리스도를 증거했다.(1~2,5~11)
   2) 예수 그리스도는 요한에게 세례를 받으시고 하늘로부터 성령의 임재를 보며 사랑하는 아들이요 기뻐하는 자라는 음성을 들으셨다.(13~17)

기도

1. 주여, 하나님을 잊거나 그의 말씀에 불순종하여 저주를 받는 일이 없게 하옵소서.
2. 주여, 하나님을 찾고 만나고 그의 말씀을 들으며 그 말씀을 깨닫고 항상 행하게 하옵소서.

주님은 우리의 자발적 의지를 원하신다

제 목	주님은 우리의 자발적 의지를 원하신다			
성경본문	신명기 29장	시편 119편 49~72절	이사야 56장	마태복음 4장
개별주제	결단 - 형통과 저주	인정 - 위로와 분깃	경계 - 지킴과 분별	사역 - 시험과 치유
핵심구절	1~6,9~15,19~21,23 25~26,28	49~52,54~57,59~60 62~63,66~67,69~72	1~3,6~7,10~11	1~10,12~13,17~23

묵상(매일묵상, 구역예배, 성경공부)

1. 결단 - 모세는 선민이 여호와의 언약의 말씀을 준수할 결단여부에 따라 형통과 저주가 결정된다고 했다.
   1) 모세는 모압 땅에서 세우신 여호와의 언약의 말씀을 이스라엘 사손에게 나시 설교하고, 이 언약의 말씀을 지켜 행하므로 그의 백성이 되고 모든 일을 형통케 하라고 권면했다.(1,5~6,9,12~13)
   2) 모세는 여호와의 언약의 말씀이 모든 사람들과 세운 것임을 선포하고, 이 말씀을 듣고도 우상을 섬기는 자는 주의 분노와 질투로 율법책에 기록된 언약의 저주를 다 받을 것이라고 말했다.(14~15,19~21,25~26)

2. 인정 - 시편 기자는 주의 말씀이 자기에게 소망과 위로와 노래와 분깃과 배움의 근간이 됨을 인정했다.
   1) 시편 기자는 주의 말씀이 자기에게 소망이요 고난 중에 위로요 노래요 소유요 분깃이라고 고백했다.(49~52,54~57)
   2) 시편 기자는 행위를 돌아보고 주의 말씀을 지체치 않고 신속히 행하며, 밤에 감사하고, 주의 법도를 지키는 자들을 친구로 삼으며, 고난을 통해 주의 율례들을 더 배운다고 고백했다.(59~60,62~63,67,71~72)

3. 경계 - 이사야는 선민에게 하나님의 공의와 안식일을 지키고 이스라엘의 파수꾼을 경계하라고 말했다.
   1) 이사야는 여호와의 이름과 공의와 안식일을 지키는 자는 하나님이 선민이나 이방인이나 구별치 않고 주의 성산이요 만민이 기도하는 집에서 그의 제사를 받으실 것이라고 선포했다.(1~3,6~7)
   2) 이사야는 이스라엘의 파수꾼들은 맹인이요, 무지하며 벙어리 개들이요, 짖지 못하며 잠자기를 좋아하는 자들이요, 탐욕이 심한 몰지각한 목자들이라고 선포했다.(10~11)

4. 사역 - 예수는 성령에 이끌려 마귀에게 시험을 받으시는 사역과 제자 선택 및 치유의 사역을 감당하셨다.
   1) 예수는 성령에 이끌려 광야로 나가 마귀에게 세 가지 시험을 받으셨으나 말씀으로 능히 이기셨다.(1~10)
   2) 예수는 세례 요한이 잡히심을 들으시고 비로소 회개와 천국을 전파하시며, 시몬, 안드레, 야고보, 요한을 사람 낚는 어부로 부르시고, 백성 중의 모든 병과 모든 약한 것을 고치셨다.(12~13,17~23)

1. 주여, 하나님의 언약의 말씀을 지켜 행하므로 범사에 형통함을 얻고 날마다 주를 경배하게 하옵소서.
2. 주여, 몰지각한 목자들을 분별하고 오직 예수 그리스도를 닮아 사역하는 참 목자를 따라가게 하옵소서.

6/25 온전한 축복과 저주가 마음에 달려 있다

핵심구절

제 목	온전한 축복과 저주가 마음에 달려 있다			
성경본문	신명기 30장	시편 119편 73~96절	이사야 57장	마태복음 5장
개별주제	결심 - 회개와 준수	중심 - 기쁨과 단심	변심 - 공의와 소생	심령 - 팔복과 법완성
핵심구절	1~3,5~6,9~12,14~15 17~18,20	73~74,76~77,79,81~82 85~87,91~95	1~5,8,11~19,21	3~11,13~14,16~18,20 22~24,28~30,34~45,48

묵상(매일묵상, 구역예배, 성경공부)

1. 결심 - 모세는 이스라엘이 포로에서 돌아오는 것과 하나님의 명령을 지키는 것은 결심에 달렸다고 했다.
   1) 모세는 이스라엘이 하나님의 말씀을 거역하여 다른 나라에 포로로 잡혀 갔을 때, 마음을 돌이켜 마음을 다하고 뜻을 다하여 하나님께 돌아오면 할례를 베푸시고 회복시키신다고 설교했다.(1~3,5~6,9~10)
   2) 모세는 이스라엘 자손에게 자신이 전한 하나님의 명령은 지키기 어려운 것이 아니며 매우 가까워서 네 입과 네 마음에 있는데 만일 유혹받아 다른 신을 섬긴다면 망할 것이라고 설교했다.(11~12,14~15,17~18)

2. 중심 - 시편 기자는 자기를 만드신 주의 계명을 즐거워하고 시험이 와도 버리지 않는다는 중심을 가졌다.
   1) 시편 기자는 주의 손이 자기를 만드셨음으로 주의 계명을 배우고 바라며 위안을 삼고 즐거워한다고 고백했다.(73~74,76~77)
   2) 시편 기자는 주의 법을 따르지 않는 교만한 자들이 해하려고 웅덩이를 파고 이유없이 핍박하며 멸하려고 할 때에도 주의 구원과 말씀을 바라며 주의 법도를 버리지 않았다고 고백했다.(81~82,85~87,92~95)

3. 변심 - 이사야는 하나님이 변심한 자에게 공의를 보이시지만 결국 소생시키시고 고쳐주신다고 선포했다.
   1) 이사야는 의인과 진실한 이들이 죽어도 깨닫는 자가 없고, 오히려 우상숭배를 일삼으며 자기를 높이고 거짓을 말하며 경외하지 않으니 결국 하나님의 공의를 보게 될 것이라고 경고했다.(1~5,8,11~12)
   2) 거룩하신 하나님은 이사야를 통해 통회하는 자와 마음이 겸손한 자의 영을 소생시키시고, 패역하여 자기 마음의 길로 가는 자에게까지도 노하지 않으시고 고쳐 주시며 위로하시겠다고 말씀하셨다.(14~19)

4. 심령 - 예수님은 무리와 제자들에게 심령을 바르게 하여 복을 받고 율법을 완성하며 살라고 교훈하셨다.
   1) 예수님은 무리와 제자들에게 팔복을 가르쳐 주시고 또한 그들에게 세상의 소금과 빛이 되어야 함을 주지시켜 주셨다.(3~11,13~14,16)
   2) 율법을 완성하러 오신 예수님은 형제들에게 노하거나 욕하지 말고, 원망들을 만한 것이 있으면 화목하며, 음욕을 품지 말고, 맹세를 하지 말며, 이웃과 원수를 사랑하라고 말씀하셨다.(17~18,22~24,28,34,39~44)

기도

1. 주여, 주의 계명을 배우고 즐거워하며 위안을 삼고 어떤 경우에도 버리는 않는 자가 되게 하옵소서.
2. 주여, 우리로 하여금 팔복을 사모하고 깨달은 자가 되어 율법을 완성하며 살아가게 하옵소서.

하나님은 백성을 위해 친히 행동하신다

핵심구절

제 목	하나님은 백성을 위해 친히 행동하신다			
성경본문	신명기 31장	시편 119편 97~120절	이사야 58장	마태복음 6장
개별주제	아심 - 낭독과 노래	주심 - 명철과 광명	보심 - 금식과 안식일	하심 - 교육과 부탁
핵심구절	1~4,6~7,9~12,14 16~21,26~27,29	97~101,103,105 107~111,113,116,119	3~11,13~14	1~7,9~13,15~16,20~22 24~25,27,30,33~34

묵상(매일묵상, 구역예배, 성경공부)

1. 아심 - 하나님은 이스라엘의 타락을 미리 아시고 율법을 낭독하게 하시며 미리 타락을 노래하게 하셨다.

1) 모세는 이스라엘에게 여호와가 먼저 약속의 땅으로 건너가실 것이며, 백성 앞에는 여호수아를 세우리니 강하고 담대하라고 권면한 후, 율법은 매 칠년마다 낭독하라고 명령했다.(3~4,6~7,9~11,26)

2) 여호와는 모세와 여호수아를 불러 이스라엘이 배부르고 살찌면 나를 떠나 우상을 섬길 것이며, 그 때 나는 얼굴을 숨길 것이라고 말씀하시고 이것을 노래로 만들어 자손이 부르게 하라고 명령하셨다.(14,16~21)

2. 주심 - 시편 기자는 하나님이 주의 법을 사랑하는 자기에게 지혜와 명철과 빛이 되어 주신다고 고백했다.

1) 시편 기자는 주의 법이 자기를 원수보다 지혜롭게 하고 모든 스승보다 명철하게 하며 노인보다 낫게 하여 너무 사랑스럽고 그 맛이 꿀보다 더 달다고 고백했다.(97~100,103)

2) 시편 기자는 주의 말씀이 자기의 발에 등이요 길에 빛이요 삶의 기업이니 모든 고난과 악인들과 두 마음을 품는 자들에게로부터 자기를 붙들어 주시고 살려달라고 주께 간구했다.(105,107~111,113,116,119)

3. 보심 - 이사야는 하나님이 선민들의 금식과 안식일을 어떻게 지키는지 보시고 은혜를 베푸신다고 했다.

1) 이사야는 여호와가 기뻐하시는 금식은 외식이 아니라 압제 당하는 자를 풀어주며 주린 자에게 양식을 나눠 주고 빈민을 돌아보며 입히는 것이니 이런 자에게는 빛과 치유가 급속할 것이라고 말했다.(3~11)

2) 이사야는 안식일에 오락을 하지 않고 그 날을 즐거운 날이라 존귀한 날이라 하며 자기 길로 행하지 아니하고 사사로운 말을 하지 아니하면 하나님이 땅의 높은 곳에 올리신다고 말했다.(13~14)

4. 하심 - 예수님은 제자들에게 올바른 구제, 기도, 금식, 염려금물, 그 나라와 의를 구할 것을 교육하셨다.

1) 예수님은 무리와 제자들에게 올바른 구제와 올바른 기도생활 및 주기도문과 올바른 용서와 올바른 금식을 가르쳐 주셨다.(1~7,9~13,15~16)

2) 예수님은 제자들에게 보물은 하늘에 쌓아 두고 하나님과 재물을 겸하여 섬기지 말며 무엇을 먹을까 마실까 입을까 염려하지 말고 오직 먼저 그 나라와 의를 구하라고 말씀하셨다.(20,24~25,27,33)

기도

1. 주여, 날마다 올바른 금식을 행함으로 치유가 급속하고 높은 곳에 오르는 삶이 되게 하옵소서.
2. 주여, 올바른 구제를 행하고 세상 것을 염려하지 않으며 그 나라와 그 의를 구하는 자가 되게 하옵소서.

주님은 위대한 속성으로 자녀를 돌보신다

핵심구절

제 목	주님은 위대한 속성으로 자녀를 돌보신다			
성경본문	신명기 32장	시편 119편 121~144절	이사야 59장	마태복음 7장
개별주제	불변 - 배반과 긍휼	정의 - 박해와 판단	자원 - 죄악과 구원	교육 - 비판과 열매
핵심구절	3~6,9~13,15,17,20~21 24,26~29,36~39,43 46~47,50,52	121~123,126,128,130 132~134,136~138 140~143	1~4,6~8,10~14, 16~18,21	1~3,5,7,11~15,17, 19,21~25

묵상(매일묵상, 구역예배, 성경공부)

1. 불변 - 모세는 이스라엘이 하나님의 은혜를 배반해도 하나님은 여전히 불변의 사랑으로 돌보신다고 말했다.
> 1) 모세는 모든 일을 완전하고 정의롭게 행하시는 하나님이 이스라엘을 황무지와 광야에서 호위하시고 보호하시며 인도하셨으니 살찌고 비대하며 윤택해졌을 때 하나님을 버리지 말라고 권면했다.(3~6,9~13,15,17)
> 2) 모세는 하나님이 이스라엘을 패역한 세대요 진실이 없는 자녀라고 여김으로 어리석은 민족을 일으켜 그들을 분노케 하며 더위와 질병으로 징계하시나 결국 불쌍히 여겨 구속하실 것이라고 예언했다.(20~21,24,26,36,39,43,47)

2. 정의 - 시편 기자는 하나님과 그의 계명이 정의로우니 자기를 박해하는 자들로부터 구해달라고 기도했다.
> 1) 시편 기자는 박해하는 자들과 교만한 자들로부터 자신을 지켜 달라고 은혜를 베푸시는 하나님께 기도했다.(121~122,126,132,134)
> 2) 시편 기자는 하나님의 판단과 증거와 말씀과 계명은 옳고 의로우며 성실하고 순수하며 진리이고 즐거움이라고 고백했다.(137~138,140,142~143)

3. 자원 - 이사야는 하나님이 이스라엘의 죄악을 보고 노하셨으나 자원하여 구원을 베푸실 것이라고 선포했다.
> 1) 이사야는 이스라엘 백성이 공의롭지 못하고 진실하지 못하며 거짓을 일삼고 포악한 행동을 함으로 캄캄함과 맹인같이 되었으니 여호와 앞에 배반과 허물과 죄악을 자백하라고 선포했다.(2~4,6~7,10~14)
> 2) 이사야는 하나님이 이스라엘에게 중재자가 없음으로 여호와가 공의를 갑옷으로 삼으시며 구원을 투구로, 보복을 속옷으로 삼으시고 스스로 구원을 베푸신다고 선포했다.(16~18,21)

4. 교육 - 예수님은 제자들에게 대인관계, 기도, 삶의 방향, 열매 맺음, 주 뜻대로 행동하기를 교육하셨다.
> 1) 예수님은 무리와 제자들에게 자신을 보고 비판하지 말며, 기도하여 좋은 것을 얻고, 좁은 문으로 들어 가되 나쁜 열매를 맺는 거짓 선지자들을 삼가라고 말씀하셨다.(1~3,7,11,13,15,17,19)
> 2) 예수님은 무리와 제자들에게 아버지의 뜻대로 행하는 자가 되어 비가 내리고 창수가 나고 바람이 불어 부딪치되 무너지지 아니하는 반석 위에 집의 주초를 놓은 자가 되라고 말씀하셨다.(21~25)

기도

1. 주여, 변함없으신 하나님의 사랑을 알고 범사에 바른 길을 걸으며 거룩한 삶을 살게 하옵소서.
2. 주여, 사람과의 관계 속에서 비판하지 않고 좋은 열매를 맺으며 반석 위에 집을 짓는 자가 되게 하옵소서.

자격과 행동을 갖춘 성도는 역사를 본다

핵심구절

제 목	자격과 행동을 갖춘 성도는 역사를 본다			
성경본문	신명기 33~34장	시편 119:145~176절	이사야 60장	마태복음 8장
개별주제	충성 - 축복과 안수	경건 - 기도와 말씀	발광 - 영광과 회복	믿음 - 병자와 중보자
핵심구절	33:1~3,6~8,10~14 17~24,26~27,29 34:1,4~5,7,9~10	145~148,151,153~154 157,160~162,164~165 168~172,175~176	1~6,9~11,13~16,18 20~22	2~3,5~10,13~16,19~22 24~26,28~32,34

묵상(매일묵상, 구역예배, 성경공부)

1. **충성 - 모세는 이스라엘 백성을 인도하며 축복하고 대를 이을 여호수아에게 안수함으로 죽기까지 충성했다.**
   1) 모세는 죽기 전에 여호와께서 일만 성도인 열 한 지파 가운데 강림하셔서 그들을 수중에 두시고 말씀과 율례를 베푸시며 풍성한 은혜를 내리신다고 이스라엘을 향해 예언적 축복을 했다.(33:1~3,26~27,29)
   2) 여호와께서 대면하여 아신 모세는 모압 평지 느보산에 올라가 비스가 산꼭대기에서 약속의 땅을 바라 본 후 120세에 죽었고 지혜의 영이 충만한 눈의 아들 여호수아가 대를 이었다.(34:1,4~5,7,9~10)

2. **경건 - 시편 기자는 고난과 핍박과 대적들을 물리치기 위해 오직 경건생활인 기도와 말씀에 매진했다.**
   1) 시편 기자는 고난과 핍박과 많은 대적들로부터 구원과 응답을 받기 위하여 전심으로 부르짖었다.(145~147,153,157,169~170,175~176)
   2) 시편 기자는 주의 말씀을 진리와 규례로 고백하고, 하루 일곱 번씩 찬양하며, 오직 말씀만 경외하고 즐거워하며 노래했다.(160~162,164,172)

3. **발광 - 이사야는 구원자요 전능자요 영원한 빛이신 하나님이 선민을 회복시키시니 발광하라고 예언했다.**
   1) 이사야는 여호와의 영광이 이스라엘 위에 임하여 자손들이 돌아오고 재물과 부귀와 영화와 견고한 성벽이 세워지며 괴롭히던 자들이 낮아짐으로 빛을 발하게 될 것이라고 예언했다.(1~6,9~11,13~14)
   2) 이사야는 여호와가 이스라엘의 구원자, 구속자, 전능자, 영원한 빛이 되어 주시니 다시는 강포한 일과 황폐와 파멸이 없을 것이며 슬픔의 날이 끝나고 강국을 이룰 것이라고 예언했다.(16,18,20~22)

4. **믿음 - 예수님은 모든 병자의 믿음과 중보자의 믿음을 보시고 말씀으로 치료해 주셨다.**
   1) 예수님은 나병환자, 백부장의 하인, 베드로의 장모를 기쁜 마음으로 치유해 주셨다 .(2~3,5~10,13~16)
   2) 예수님은 말씀으로 풍랑을 잔잔케 하시고 귀신을 쫓아내어 주셨다.(19~22,24~26,28~32,34)

기도

1. 주여, 마지막까지 맡은 바 사명을 감당하게 하사 하나님의 예비한 곳에 입성하게 하옵소서.
2. 주여, 긍정적인 믿음으로 모든 질병과 문제를 해결 받는 하나님의 자녀가 되게 하옵소서.

202

적극적으로 일하는 자가 약속을 이룬다

제　　목	적극적으로 일하는 자가 약속을 이룬다			
성경본문	여호수아 1장	시편 120~122편	이사야 61장	마태복음 9장
개별주제	준비 - 담대함과 양식	노래 - 고백과 축복	선포 - 회복과 직분	믿음 - 치료와 변화
핵심구절	1~2,5~8,10~12, 14~16,18	120:1~2,6~7,121:1~8 122:1,3~7,9	1~4,6~8,10	2~3,6~9,12~25,27~30 32~33,35,37~38

묵상(매일묵상, 구역예배, 성경공부)

1. 준비 - 하나님은 여호수아에게 담대함을, 여호수아는 백성에게 땅을 차지할 양식을 준비하도록 명령했다.
> 1) 하나님은 여호수아에게 함께할 것을 약속하시면서 강하고 담대하여 조상에게 맹세한 땅을 차지하고 율법책을 주야로 묵상하여 명령한 그 율법을 다 지켜 행하면 형통할 것이라고 말씀하셨다.(1~2,5~8)
> 2) 여호수아는 백성의 관리들과 르우벤, 갓, 므낫세 반 지파에게 양식을 준비하고 사흘 안에 요단을 건너 여호와께서 주시기로 약속한 땅을 차지하기 위해 들어갈 것을 명령했다.(10~12,15~16,18)

2. 노래 - 시편 기자는 지키시는 하나님을 고백함으로, 다윗은 성전에 오르면서 평안을 빌므로 노래했다.
> 1) 시편 기자는 화평을 미워하는 자의 거짓된 입술과 속이는 혀 중에 거주하지만 졸지도 주무시지도 않으시는 여호와께서 자기를 지켜 주심으로 낮의 해와 밤의 달도 해치지 못한다고 고백했다.(120:1~2,6~7,121:1~8)
> 2) 다윗은 성전에 올라가면서 기쁜 마음으로 하나님의 집과 이스라엘을 위하여 평안을 빌었다.(122:1,3~7)

3. 선포 - 이사야는 기름부음을 받아 선민에게 아름다운 회복의 소식과 거룩한 직분의 부여를 선포했다.
> 1) 이사야는 여호와의 영으로 기름부음을 받아 선민에게 아름다운 소식, 즉 마음이 상한 자에게 고침을, 포로된 자에게 자유를, 갇힌 자에게 놓임을, 여호와의 은혜와 보복의 날을 선포했다.(1~3)
> 2) 이사야는 선민이 황폐하였던 곳과 무너진 곳을 중수할 것이고, 여호와의 제사장이요 하나님의 봉사자라 일컬음을 받을 것이며, 그들의 땅에 즐거움과 기쁨이 있을 것이라고 선포했다.(4,6~8,10)

4. 믿음 - 예수님은 병자들의 믿음을 보시고 치료해 주셨으며, 생각과 마음의 변화를 위해 교훈을 주셨다.
> 1) 예수님은 침상에 누운 중풍병자, 한 관리의 죽은 딸, 열두 해 혈루증을 앓는 여자, 두 맹인, 귀신 들려 말 못하는 사람을 불쌍히 여기시고 또 믿음을 보시고 치료해 주셨다.(2,6~7,18~25,27~30,32~33,35)
> 2) 예수님은 마태를 제자로 선택하시고, 자신이 병든 자 즉 죄인을 위해 오셨으며, 새 포도주는 새 부대에 넣어야 한다는 교훈과 추수를 위해 일꾼을 보내 달라고 기도할 것을 말씀하셨다.(9,12~13,16~17,37~38)

기도

1. 주여, 모든 성도가 하나님께서 주시기로 약속한 것들을 얻기 위해 믿음으로 준비하고 받게 하옵소서.
2. 주여, 모든 성도가 예수님의 치유하심과 교훈하심을 받아 축복의 삶, 변화의 삶을 살게 하옵소서.

하나님은 일꾼에게 모든 은사를 주셨다

핵심구절

제 목	하나님은 일꾼에게 모든 은사를 주셨다			
성경본문	여호수아 2장	시편 123~125편	이사야 62장	마태복음 10장
개별주제	작전 - 정탐과 숨겨줌	의지 - 은혜와 도움	용기 - 시온과 이방	권능 - 은사와 사역
핵심구절	1~4,6,9~15,17~18 23~24	123:1~4,124:1~3,5~8 125:1~5	1~4,6~10,12	1,5~9,11~12,14,16~20 22~23,26,28~34,38,42

묵상(매일묵상, 구역예배, 성경공부)

1. 작전 - 하나님은 여호수아와 라합에게 민족과 가족을 구원하기 위한 작전수립의 지혜의 은사를 주셨다.
 1) 여호수아는 싯딤에서 여리고로 두 정탐꾼을 보내 약속의 땅을 엿보게 하였다.(1~2,23~24)
 2) 라합은 하나님이 출애굽 때 홍해에서와 시온과 옥에 행하신 일을 듣고 온 가족의 구원을 위해 두 정탐꾼을 숨겨주며 뒤쫓는 자들이 돌아갔을 때 성벽 창문에서 붉은 줄로 도주하도록 도와주었다.(4,9~15)

2. 의지 - 시편 기자와 다윗은 조소와 멸시, 치고 씹는 고난 속에서 하나님만 의지하는 믿음의 은사를 보였다.
 1) 시편 기자는 하나님께 안일한 자의 조소와 교만한 자의 멸시에서 구속하시는 은혜를 베풀어 주시기를 바라고, 자기 백성을 두르사 흔들리지 않게 해 주시기를 간절히 노래했다.(123:1~4,125:1~3,5)
 2) 다윗은 도움의 하나님이 우리 편에 계셔서 이스라엘을 치고 씹으려는 사람들에게로부터 친히 건져 주셨음으로 그 이름을 찬송하고 노래한다고 했다.(124:1~3,5~8)

3. 용기 - 이사야는 시온과 예루살렘과 이방 나라들에게 시온의 회복과 영광을 담대한 용기로 선포했다.
 1) 이사야는 시온의 의가 빛 같이, 예루살렘의 구원이 횃불 같이 나타나도록 시온을 위하여 잠잠하지 않으며 쉬지 않고 선포할 것을 각오했다.(1)
 2) 이사야는 이방 나라들이 시온의 공의, 영광, 새 이름을 보고 주의 손의 아름다운 관, 왕관, 헵시바, 쁄라, 거룩한 백성으로 불리는 것을 들으며, 양식과 포도주를 빼앗지 못할 것을 선포했다.(2~4,6~10.12)

4. 권능 - 예수님은 제자들에게 영적 육적 권능을 주시고 지혜와 순결과 경외함으로 사역하라고 말씀하셨다.
 1) 예수님은 12제자에게 귀신을 쫓아내며 모든 병과 약한 것을 고치는 권능을 주시고, 이스라엘 집의 잃어버린 양에게로 가되 은금과 옷을 가지지 말고 천국과 평안을 선포하라고 말씀하셨다.(1,5~9,11~12)
 2) 예수님은 제자들을 보내시면서 뱀 같이 지혜롭고 비둘기 같이 순결하라고 하시고, 박해를 두려워하지 말며, 몸과 영혼을 능히 지옥에 멸하실 수 있는 하나님을 두려워하라고 말씀하셨다.(16~20,22~23,28~34)

기도

1. 주여, 주께서 주신 비전과 목적을 이루기 위해 영적 육적 은사를 사용하게 하옵소서.
2. 주여, 주의 일을 맡은 자로서 도움의 하나님을 온전히 의지하고 강한 용기로 싸워 이기게 하옵소서.